地方自治体会計改革論

わが国と諸外国及び国際公会計基準との比較

石 田 晴 美 著

東京 森 山 書 店 発行

序　文

「鉛筆1本買っても仕訳をするなど無意味だ」。公会計を学び始めた頃，地方自治体に発生主義会計を導入すべきという主張に対し，ある中央省庁の官僚が吐き捨てるように言ったこの言葉を今でも忘れることができない。会計士として監査法人に勤務し，企業会計に慣れ親しんできた身にとり，単式簿記・現金主義会計という自治体の会計システムはあまりに時代遅れに思われ，当然世の中の誰もが自治体会計を複式簿記，発生主義会計へ変革し，自治体が企業と同じように貸借対照表，損益計算書（行政コスト計算書）を作成・公表することを望んでいるだろうとそれまで私は思っていた。しかし，行政当事者は，発生主義会計への移行を実は欲していないのだということを，初めて認識させられた瞬間だった。

あれから約7年が経つが，自治体の会計システムは今も変わらず単式簿記・現金主義会計であり，行政当事者の意識も大きく変わっているとは思えない。「発生主義会計への移行は時代の流れからいって仕方がないかもしれないが，そんなことに莫大なカネをかけることに住民は納得するだろうか」という自治体職員の声を多く聞く。さらに，「発生主義会計への移行はあくまでも財政課マターであり，自分たちの業務とは直接関係がない」と言い切る職員もいる。しかし，現金主義会計から発生主義会計への移行は行政の現場に何の変化ももたらさないものなのだろうか。何のために発生主義会計が必要なのか。

本書では，これらの根本的な問いに答えるために，第1章において，わが国自治体に発生主義会計を導入する意義を明らかにした。次に，第2章から第5章を各論と位置づけ，自治体に発生主義会計を導入する際に資産，負債，収

益・費用,純資産のそれぞれにつきどのような問題が存在するかを明らかにし,それをいかに会計処理すべきかを考察した。第6章では,自治体のあるべき情報開示制度を,第7章では,行政評価制度の枠組みはいかにあるべきかを考察し,終章において全体のまとめを行い,今後の課題を明らかにした。

本書の課題は,わが国自治体に適した発生主義会計制度,情報開示制度,および,行政評価制度の枠組みはいかにあるべきかを明らかにすることである。そして,そのために地方政府等に既に発生主義会計を導入している英国,米国,ニュージーランド等先進各国の会計規定,および,国際会計士連盟 (International Federation of Accountants, IFAC) の公共部門委員会 (Public Sector Committee, PSC) が策定している国際公会計基準 (International Public Sector Accounting Standards, IPSAS) の比較検討を行った。

本書は,2005年3月に横浜国立大学大学院国際社会科学研究科において学位を取得した博士論文「わが国の地方公会計制度に関する研究」である。論文提出後,自治体および会計を取り巻く環境は内外で大きく変化している。

国外では,2005年3月にIFACのPSCが,その名称を国際公会計基準審議会 (International Public Sector Accounting Standards Board, IPSASB) に変更し,IPSASの設定作業を引き続き精力的に行っている。そして,2006年1月に公開草案「非交換取引による収益」を公表した。さらに,現在,修正発生主義を採用している国連が2010年を目途にIPSASに基づく発生主義会計を採用することを決定した。今後,公会計分野におけるIPSASの影響力が国際的にさらに強まることが予想される。

国内では,会計基準の国際的統合化の流れのなか,会社法の2006年5月1日施行に伴い,2005年12月に企業会計基準第5号「貸借対照表の純資産の部の表示に関する会計基準」,企業会計基準第6号「株主資本等変動計算書に関する会計基準」が公表されるなど新たな企業会計基準の設定が相次いでいる。

また,自治体を取り巻く環境の変化も著しい。2004年3月末に3,179団体で

あった自治体数は，2005年3月末で2,568団体に，さらに2006年3月末には1,821団体と大幅に減少した。規模を拡大することで財政基盤を強化し効率的な行政運営を行おうとする合併市町村では，資源配分の公平性や効率的な財政運営について今まで以上に財政の透明性とアカウンタビリティを高め，住民の理解を求める必要性が増大している。さらに東京都は，2006年4月からわが国自治体初の試みとして複式簿記・発生主義会計を都の全ての会計に導入した。この試みは，発生主義会計による財務諸表を都政改革のツールとして使いこなすことを目的に掲げており，今後その具体的な成果が示されることで，今まで遅々として進まなかった公会計改革が一気に加速することが大きく期待されている。

　本書の研究は，隅田一豊先生（関東学園大学教授・横浜国立大学名誉教授）のご指導がなければ完成に至らなかった。隅田先生は，博士前期・後期課程の6年間にわたり，怠惰な学生であった私を決して見捨てることなく，辛抱強く叱咤激励してくださった。ここに心より深く感謝申し上げる。博士論文審査では，河野正男先生（中央大学教授・横浜国立大学名誉教授），濱本道正先生（横浜国立大学教授），八木裕之先生（横浜国立大学教授），泉宏之先生（横浜国立大学教授）から多くの貴重なコメントを頂戴した。この場をお借りして御礼申し上げる。また，本書を構成するそれぞれの論文につき日本地方自治研究学会，国際公会計学会の多くの先生方から貴重なご教示を頂いた。亀井孝文先生（南山大学教授）からは，報告の都度，貴重なコメントとともに心温まる励ましのお言葉を頂戴した。厚く御礼を申し上げる次第である。

　なお，本書の出版にあたり文教大学情報学部の出版助成金を受けた。また，文教大学からは，恵まれた研究環境を頂いている。記して謝意を表する。

　さらに，研究者としてまだ駆け出しであるにもかかわらず，本書の出版を快く引き受けて下さった森山書店代表取締役・菅田直文氏，編集・校正等で多大

な労力を費やして下さった白鳥里和氏に心からの御礼を申し上げる。

　このように本書は，多くの諸先生方のご指導を得て完成したものである。しかしながら，私の未熟さゆえに頂いたご指導に十分に応えられず，不完全な部分が多々あることも自覚している。今まで頂戴した多くのご恩に報いるためには，今後一層精進するしか術はないことを心に深く刻み，努力を怠ることのないよう，微力ながらわが国の公会計の発展に寄与できるよう今後さらに研究活動に励んでいきたい。

2006年5月

石　田　晴　美

目　　次

序章　本書の課題と構成 …………………………………………… *1*

 1　は じ め に …………………………………………………… *1*
 2　地方公会計制度をめぐる環境条件 ………………………… *3*
 3　自治体の財務報告の目的 …………………………………… *6*
 4　地方公会計制度が抱える問題点 …………………………… *9*
 5　本書の構成 …………………………………………………… *12*

第1章　発生主義会計導入の意義 ……………………………… *19*

 1　は じ め に …………………………………………………… *19*
 2　現金主義会計のメリットおよび限界 ……………………… *20*
 3　発生主義会計のメリット …………………………………… *23*
 4　発生主義会計が実際にもたらした便益 …………………… *27*
 5　発生主義会計への批判と反論 ……………………………… *31*
 6　発生主義会計の限界 ………………………………………… *35*
 7　お わ り に …………………………………………………… *37*

第2章　固定資産会計 ……………………………………………… *45*

 1　は じ め に …………………………………………………… *45*
 2　有形固定資産の再評価および歴史的遺産・インフラ資産に
   関する諸外国等の会計規定 ………………………………… *47*
 3　会計規定の比較検討 ………………………………………… *52*
 4　自治体固定資産に適用すべき会計処理 …………………… *60*
 5　お わ り に …………………………………………………… *68*

第3章　負債会計 …… 79

1　はじめに …… 79
2　資産・負債の定義および認識規準 …… 80
3　交付税措置が行われる地方債 …… 83
4　退職給与引当金 …… 93
5　おわりに …… 102

第4章　収益・費用会計 …… 111

1　はじめに …… 111
2　非交換取引から生ずる収益に関する規定 …… 112
3　非交換取引規定の比較検討 …… 123
4　わが国において適用すべき会計処理 …… 127
5　減価償却，および，退職給与引当金繰入の意義 …… 131
6　おわりに …… 135

第5章　純資産会計 …… 143

1　はじめに …… 143
2　諸外国の純資産 …… 144
3　自治体の現行の純資産 …… 153
4　自治体の純資産の意義 …… 157
5　おわりに …… 159

第6章　情報開示制度 …… 163

1　はじめに …… 163
2　米国の財務報告制度 …… 164
3　英国の財務報告制度 …… 171
4　ニュージーランドの財務報告制度 …… 177

	5	IPSASの財務諸表 …………………………………………… *182*
	6	比較検討 …………………………………………………… *187*
	7	自治体のあるべき情報開示制度 …………………………… *192*

第7章 行政評価制度 …………………………………………… *197*

	1	はじめに …………………………………………………… *197*
	2	公的サービス協定（PSA）および サービス提供協定（SDA）の概要 ………………………… *199*
	3	PSAの有効性を担保する諸制度等の意義と役割 ………… *204*
	4	予算・歳出管理制度全体のフレームワークおよび意義・評価 …… *211*
	5	三重県の行政評価制度 …………………………………… *215*
	6	三重県行政評価制度の評価 ……………………………… *225*
	7	わが国行政評価制度の課題および克服のシナリオ ……… *231*
	8	おわりに …………………………………………………… *234*

終章 本書のまとめと今後の課題 ………………………………… *245*

	1	はじめに …………………………………………………… *245*
	2	各章のまとめ ……………………………………………… *245*
	3	今後の課題 ………………………………………………… *251*

参考文献 ……………………………………………………………… *253*
索　引 ………………………………………………………………… *267*

主要略語表一覧

ASB	Accounting Standards Board	会計基準審議会
CIPFA	Chartered Institute of Public Finance and Accountancy	勅許理財官協会
DIS	Departmental Investment Strategy	省庁投資戦略
FASAB	Federal Accounting Standards Advisory Board	連邦会計基準諮問審議会
FASB	Financial Accounting Standards Board	財務会計基準審議会
FRS	Financial Reporting Standards	財務報告基準（英）（ニュージーランド）
FRSB	Financial Reporting Standards Board	財務報告基準審議会
GAAP	Generally Accepted Accounting Principles	一般に認められた会計原則
GASB	Governmental Accounting Standards Board	公会計基準審議会
IAS	International Accounting Standards	国際会計基準
IASB	International Accounting Standards Board	国際会計基準審議会
IASC	International Accounting Standards Committee	国際会計基準委員会
IFAC	International Federation of Accountants	国際会計士連盟
IPSAS	International Public Sector Accounting Standards	国際公会計基準
PSA	Public Service Agreements	公的サービス協定
PSC	Public Sector Committee	公共部門委員会
RAB	Resource Accounting and Budgeting	資源会計・予算
SFAC	Statement of Financial Accounting Concepts	財務会計の諸概念に関するステートメント
SFAS	Statement of Financial Accounting Standards	財務会計基準書
SDA	Service Delivery Agreements	サービス提供協定
SEA	Service Efforts and Accomplishments	サービス提供努力と成果
SSAP	Statement of Standard Accounting Practice	会計実務基準書

序章　本書の課題と構成

1　はじめに

　企業の財務会計の目的は，経営者が外部利害関係者から委託された財の管理・運用に関する受託責任を明らかにすること，各種利害関係者に対する財の分配に資すること，および，企業の外部利害関係者がこうした会計情報にもとづいてそれぞれの意思決定を合理的に行い得るようにすることである[1]。したがって，企業は，これらの目的を果たすために発生主義会計に基づく貸借対照表，損益計算書，キャッシュ・フロー計算書等の財務諸表を作成・公表して，企業の経営成績と財政状態を明らかにする。そして，営利企業の活動目的は利潤の追求にあるため，その業績を測定する中心的な尺度は利益となる。

　これにたいし，地方公共団体（以下，自治体という）の活動目的は福祉の増大を図ることであるため，自治体は，有限の資源を経済的，効率的に使用し，住民ニーズにあった効果的なサービスを継続的に提供することが必要となる。ゆえに，自治体の業績は，企業会計のように利益で測ることはできはない。自治体の業績を測定・評価するためには，自治体が有限の資源を経済的，効率的に使用し，住民ニーズにあった効果的なサービスを提供したか否かの判断に資するための情報，および，現在のサービスを継続的に提供することが可能か否かの判断に資するために財政状態や当期の支出・費用をまかなうのに十分な収入・収益があったか否かの情報が必要である。したがって，自治体の業績を測定・評価するための情報は，財務情報のみでは足りず，非財務情報も含む成果

情報が必要となる。

　また，自治体の主な活動資源は住民から徴収する税金であるため，自治体は，資源提供者である住民にたいし，自らの業績を説明する責任，および，委託された財の管理・運用に関する受託責任を明らかにする義務が生じる。これらの責任・義務がアカウンタビリティである。自治体がアカウンタビリティを果たすためには，単に予算に準拠して支出を行ったことのみを示すだけでなく，財政状態，当期の収益・費用，および，現金フローに関する情報を明らかにしなければならない。さらに，提供したサービスがコストとの関係で経済的，効率的であったか否か，サービス提供がより良い効果をもたらしたか否かといった成果に関する情報も明らかにする必要があるのである。

　しかしながら，わが国自治体は，いまだに単式簿記による現金主義会計を採用しており，これに基づき作成される財務表は単に当年度の現金収入と支出を示す収支計算書であって，自治体の業績を評価するための財務情報が十分に提供されているとは言い難い。また，サービスのコスト，量，質，および，効果等に関する成果情報を提供する行政評価制度は，わが国自治体に現在，十分に普及・機能しているとはいえず，自治体の業績を評価するための成果情報も十分に提供されているとはいえない[2]。

　これにたいし，米国，英国，ニュージーランド等の先進各国は，近年，行財政改革の一貫として，また，住民に対するアカウンタビリティを果たすため，さらに，効率的な行政活動を行うためのマネジメント・ツールとして，地方政府等に発生主義会計を導入し，会計情報と成果情報を結びつけ，予算策定段階を含めたPlan-Do-See-Actというマネジメント・サイクルを可能とするための取り組みを活発に行ってきている。

　本書の課題は，わが国自治体がアカウンタビリティを果たすためには，発生主義会計の導入が必要不可欠であるという認識のもと，わが国自治体に発生主義会計を導入する意義をあらためて考察し，わが国自治体に適した発生主義会計制度，情報開示制度，および，行政評価制度の枠組みはいかにあるべきかを明らかにすることである。そして，そのために上記先進各国の地方政府等に既

に導入されている発生主義会計，および，国際会計士連盟（International Federation of Accountants, IFAC）の公共部門委員会（Public Sector Committee, PSC）が策定している国際公会計基準（International Public Sector Accounting Standards, IPSAS）を詳細に検討する。

序章では，第1章以降の考察に先立ち，まず第2節でわが国地方公会計制度をめぐる環境条件を考察する。次に，第3節で自治体の財務報告の目的を考察し，第4節でわが国地方公会計制度が抱える問題点を明らかにする。そして，第5節で，本書の全体の構成を明らかにする。

2 地方公会計制度をめぐる環境条件

後述するように，わが国地方公会計制度が抱える問題点については，相当長期間にわたって多くの指摘がなされてきたにもかかわらず今日まで抜本的な改革が行われてこなかった。しかしながら，平成11年2月に小渕元首相の諮問機関である「経済戦略会議」がその「最終答申」で中央政府および自治体の会計制度等の抜本的な改革を唱え[3]，平成12年12月の政府「行政改革大綱」が公会計の見直し・改善を盛り込む[4]等ようやく公会計制度改革の機運が高まりつつある[5]。

このように公会計制度改革の必要性が認識されるようになった主な理由としては，後述する現行制度が抱える問題点とともに，バブル崩壊後の自治体の財政状況の逼迫，さらに平成12年4月に施行された地方分権一括法案に象徴される地方分権の推進の2つを挙げることができる。これらにより，自治体は今まで以上に，有限の資源を経済的，効率的に使用して住民ニーズにあった効果的なサービスを継続的に提供する必要性が増し，行政の透明性を高めアカウンタビリティを果たすために公会計制度改革の機運が高まったのである。そこで本節では，わが国地方公会計制度をめぐる環境条件として，自治体の財政状況の逼迫，および，地方分権の推進について考察する。

(1) 自治体の財政状況の逼迫

総務省の地方財政白書によれば、普通会計の地方債残高は、平成2年度の約52兆円から平成14年度では約134兆円と倍以上に増加している[6]。また、地方債の歳入全体に占める割合も平成2年度の7.8％から平成14年度では13.7％まで増加し、地方財政が借り入れに依存している度合いを高めていることがわかる[7]。

さらに、自治体の財政状況を示す指標も悪化の一途をたどっている。地方債の元利金返済に充当された一般財源の一般財源総額に対する割合を示す公債費負担比率は、平成2年度の10.9％から平成14度には19.2％に上昇している[8]。また、自治体の財政構造の弾力性を判断する指標である経常収支比率は、平成2年度の70.2％から平成14年度では90.3％と上昇しており、財政が硬直化し政策の裁量の余地が極めて狭められていることを示している[9]。

自治体の財政状況がここまで逼迫した大きな原因は、地方税収入が増加しないにもかかわらず歳出規模を増大させたことにある。普通会計の地方税収入は、平成2年度の33兆5千億円から平成14年度の33兆4千億円まで12年間ほぼ横ばいであったにもかかわらず、歳出総額は平成2年度の78兆4千億円からピーク時の平成11年度には102兆円まで増加し、その後減少に転じたものの平成14年度においても94兆8千億円と依然として高い水準にある[10]。このように歳出規模が拡大した主な要因は、公共事業の無規律な増大であり、それは、バブル崩壊後の「失われた10年間」の景気対策のために、地方財政を動員すべく国が仕組んだ財政誘導（地方債の償還財源を国が一定割合保障する交付税措置や、適債事業・起債枠を裁量的に操作する起債許可方針等）が自治体を「はじめに財源ありき」の公共事業に向かわせたからであるという指摘がなされている[11]。公共事業の財源の多くが補助金や交付税措置付きの地方債等、国からの財政移転によって賄われたため、自治体は「最少の地元負担で最大の事業費を」というスローガンのもと、国からの財源獲得と事業拡大に精を出し、財政支出が膨張していったのである[12]。そして、そこでは、国の補助金を獲得するために各省庁が定める規格にあわせ計画や規模が修正された結果、住民ニー

ズから乖離した施設が多数存在することとなり，さらに，完成後の維持・運営費が地方財政を圧迫することになったのである[13]。

(2) 地方分権の推進

平成5年に宮沢内閣のもと，衆参両院本会議全会一致で「地方分権の推進に関する決議」が行われ，平成7年5月に地方分権推進法が成立した。この地方分権推進法は，その目的を「国民がゆとりと豊かさを実感できる社会を実現することの緊要性にかんがみ地方分権の推進について，基本理念並びに国及び地方公共団体の責務を明らかにするとともに，地方分権の推進に関する施策の基本となる事項を定め，並びに必要な体制を整備することにより，地方分権を総合的かつ計画的に推進すること」（法第1条）とし，分権推進の基本理念を「国民福祉の増進に向かって相互に協力する関係にあることを踏まえつつ，国と地方公共団体とが分担すべき役割を明確にし，地方公共団体の自主性及び自立性を高め，個性豊かで活力に満ちた地域社会の実現を図ること」（法第2条）であるとしている。

従来の中央集権型行政システムでは，自治体への国の関与が高かったために，憲法第92条から第95条において自治体の「住民自治」と「団体自治」が保障されていたにもかかわらず，自治体は実質的に国の出先機関として指示待ち・財源待ちの状態に陥り，行財政を自らの責任で運営していくという意識を失ってしまっていた[14]。そのため，地方分権を進め自治体の自治を高めることにより，中央集権型行政システムを見直し，個性豊かで活力に満ちた地域社会の実現を図ろうというのが地方分権推進法の趣旨である。

地方分権推進法に基づき，地方分権推進委員会が平成7年7月に発足し，第一次から第五次までの勧告を行い，平成12年4月に地方分権の成果として「地方分権の推進を図るための関係法律の整備等に関する法律」（以下，地方分権一括法と呼ぶ）が施行された。この地方分権一括法により，今まで国が自治体を下部機関とみなし，仕事を代行させる機関委任事務が廃止され，従来の機関委任事務の5割強が自治体が主体的に担う「自治事務」に，4割強が法令に基づ

いて国が自治体に委託する「法定受託事務」となり，法令に反しない限り独自の条例の制定が可能となるなど自治体の自己決定権が拡充した[15]。また，法定外普通税が許可制から事前協議制になるとともに法定外目的税が新設されるなど自主課税権が強化され，地方債の発行および発行条件についても，平成18年より許可制から事前協議制に移行することとなった。その他にも都市計画の決定や児童扶養手当の受給資格の認定等従来の国の権限が都道府県に，また都道府県の権限が市町村に委譲され，必置規制の見直し，地方事務官制度の廃止等が定められた[16]。

　地方分権推進委員会中間報告では，地方分権型社会の自治体においては，条例制定権の範囲が拡大し，自主課税権を行使する余地が広がることに伴い，地方議会と首長の責任は従来に比べ重くなり，自治体の自治責任が飛躍的に拡大すると述べている。そして，自治体はこれまで以上にその政策形成過程への地域住民の広範な参画を要請し，行政と住民・関連企業との連携・協力による地域づくりと暮らしづくりに努め，地域住民のニーズに迅速，的確に応答する責任を負うという[17]。これは，今までの全国に画一的なサービスを提供しようとする中央集権型行政システムから地域の個性や文化，ニーズを取り込む地方分権型行政システムへの転換に伴い，自治体の行政活動の裁量権が拡大すると同時に，住民にたいする自治体の責任が増大するということである。したがって，自治体は，限られた資源を地域住民のニーズにそう形で有効に活用するために政策形成過程への住民参画を積極的に促すことは勿論のこと，住民に対しアカウンタビリティを果たすために今まで以上に情報を公開することが必要となるのである。

3　自治体の財務報告の目的

　自治体の主な資源提供者は，税金を納める住民である。住民は，税金という資源の提供を行うか否かの意思決定を自発的に行うことはできず，かつ，退出の自由も認められない。つまり，住民は，好むと好まざるとにかかわらず，税金を支払い続けなければならない。これにたいし，営利企業の資源提供者であ

る投資家や債権者は,企業への資源提供の意思決定を自発的に行うことができ,かつ,自由に退出することが可能である。このことが自治体の資源提供者と営利企業の資源提供者とで大きく異なる点である。したがって,自治体には,住民にたいし,自らの業績を説明し,かつ,委託された財の管理・運用を適切に行ったことを説明する責任,つまり,アカウンタビリティが生じるのである。そして,これは,営利企業が資源提供者にたいし有する責任より,より重い責任であると考えられる。

米国の州および地方政府(地方政府等)の会計基準設定団体である公会計基準審議会(Governmental Accounting Standards Board, GASB)の概念報告書第1号「財務報告の目的」[18]は,このアカウンタビリティを「自らの行動を説明する義務があること。自らの行動を正当化する義務があること」であり,「政府が公的資源の調達と使用について市民に答えることを要求する」ものであると説明している[19]。そして,地方政府等の財務報告は,利用者がアカウンタビリティを評価し,経済的,社会的,政治的意思決定に役立つような情報を提供すべきであると指摘した[20]。さらに,GASBは,アカウンタビリティが地方政府等の財務報告目的の最上位に位置するとしたうえで,他に以下のような9つの財務報告目的を掲げている[21]。それらは,利用者がアカウンタビリティを評価することができるように,1) 当年度の収入が当年度のサービスを支払うのに充分であったかどうかを明らかにする情報を提供すること,2) 資源の獲得と使用が法的な予算及びその他の法的要求や契約に準拠しているか否かを明らかにすること,3) 利用者が政府のサービス提供努力,コスト,成果を評価するのに役立つ情報を提供することである。そして,利用者がその年度の運営成果を評価するのに役立つように,4) 財務資源の源泉と使用についての情報を提供すること,5) 活動資金をどのように調達し,また資金需要にどのように応えたかの情報を提供すること,6) 会計年度の運営結果として財政状態が改善されたのか,悪化したのかを明らかにするための情報を提供することである。さらに,利用者が提供されたサービスのレベルと債務弁済能力を評価するのに役立つように,7) 財政状態に関する情報を提供すること,8) 当期以降も

使用可能な物理的およびその他の非財務資源についての情報を提供すること，および，9）資源に関する法律または契約上の制限および資源喪失の潜在的リスクを開示することである。

また，GASB概念報告書第2号「サービス提供努力と成果（SEA）報告」[22]では，SEA報告の目的は，利用者が提供されたサービスの経済性，効率性，有効性を評価するのに役立つように，財務諸表で明らかにされない政府の業績についての情報を提供することであると述べ，SEA情報は地方政府等の業績測定の重要な要素であり，アカウンタビリティの評価と適切な意思決定のために必要であると結論づけている[23]。

SEA情報が何故，地方政府等の業績測定の重要な要素であるのかに関し，GASB概念報告書第2号は財務会計基準審議会（Financial Accounting Standards Board, FASB）の財務会計の諸概念に関するステートメント（Statement of Financial Accounting Cocepts, SFAC）第4号「非営利組織体の財務報告目的」[24]を引用し，営利企業と非営利組織との違いを次のように述べている[25]。すなわち，営利企業の財務報告は，企業の財務業績に関する情報を提供しなければならず，それは稼得利益およびその内訳要素の測定によって提供される企業の業績に関する情報に主たる焦点をあわせる。これにたいし，非営利組織の財務報告は，業績についての情報を提供しなければならず，そのためには，純資源の金額，および，性質についての変動の期間的測定とサービス提供努力および成果についての情報が業績を評価するのに最も有用な情報となる。営利企業と非営利組織の財務報告のこれらの基本目的の目標は，ともに実体の努力と成果を測定しようとすることである。しかし，非営利組織における業績評価には，中心的尺度としての稼得利益が存在しないため，サービス提供努力および成果に関する情報に対するニーズが生じるという。

いいかえれば，地方政府等の目的は福祉の維持または増大であり，この目的を達成するために政府は多様かつ広範囲のサービス提供について責務を負う[26]。故に，利益の獲得を一義的目的とする営利企業とは異なり，地方政府等の業績は利益という一つの業績尺度で測定することができない[27]。したが

って，地方政府等の業績を測定するためには，多様なサービスのゴールと目的についての達成度合を報告し，異なる利用者の多様なニーズを満たす広範囲で多様なSEA測定と報告が要求されるのである[28]。

つまり，利用者が自治体のアカウンタビリティを評価し，かつ，経済的，社会的，政治的意思決定を行うのに役立つような情報を提供するためには，自治体の業績を明らかにすることが必要不可欠であり，それには，財務情報と成果情報の両方が必要であるということである。

4 地方公会計制度が抱える問題点

わが国自治体の会計は，一般会計，特別会計に分かれ，特別会計はさらに地方公営企業法の適用を受ける特別会計と適用を受けない特別会計の2つに分類される。

一般会計とは，地方税，地方交付税や国庫支出金を主な財源として，福祉，医療，教育，消防など市民生活に必要なサービスの提供や道路，公園の建設など自治体の目的を達成するための事務事業にかかる会計であり，特別会計で経理される事業活動以外のすべての行政活動に関わる会計である。一方，特別会計とは，自治体が特定の事業を行う場合に特定の収入をもって特定の歳出に充て，一般会計と区分して経理する必要がある場合に条例で設置できるものである（地方自治法第209条2項）。特別会計のうち地方公営企業法で定められた水道事業，工業用水道事業，軌道事業，自動車運送事業，鉄道事業，電気事業，ガス事業の7つの公営企業と病院事業（公営企業法第2条1項）を公営企業会計と言い，これらについては発生主義に基づく企業会計方式を行うことが要求されている（公営企業法第20条）。これにたいし，一般会計，および，特別会計のうち公営企業会計に含まれないものは，普通会計と呼ばれ，官庁会計といわれる出納整理期間を考慮した現金主義に基づく単式簿記による歳出，歳入のみの単年度会計が行われている。

普通会計につき，このような明治以来の前近代的制度をそのまま踏襲した現行制度が抱える問題点については昭和37年3月の地方財務会計制度調査会の答

申で「財産等のストック会計が不備であり会計記録が不完全であって会計責任が果たされていない」等[29]が指摘されてきたが，昭和38年の地方自治の大改正ではこの答申の提言は実現せずに見送られ，これらについて地方自治法の抜本的な改革はいまだに行われていない。そのため，今日までに多くの学者，および，各種研究グループが現行地方会計制度に関する問題点を指摘しているところである[30]。

以下では，普通会計の問題点を記録・測定，報告の2つに分けて明らかにする。

(1) 記録・測定

普通会計では，会計年度内に実際に現金の受け払いが行われたもののみをその会計年度の収入及び支出として認識する現金主義を原則としつつ，「各会計年度における歳出は，その年度の歳入をもってこれに充てる」(地方自治法第208条2項)こと，および，「毎会計年度の歳出予算の経費の金額は，これを翌年度において使用することができない」(地方自治法第220条3項)という「会計年度独立の原則」から，地方自治法施行令第142条及び143条で権利の発生と実際の受け払いが会計年度をまたがる可能性のある歳入と歳出の項目の年度所属区分を別に定めている[31]。さらに，翌会計年度の4月1日から5月31日までの2ヶ月間を出納整理期間とし，年度末までに権利・義務の確定した債権・債務の未収分または未払い分のうち出納整理期間内に現金の受け払いがなされたものについては，当年度の収入・支出として処理する調整を設けた現金主義を採用している。そして，会計管理の手法としては，単式簿記を用いている。

このような単式簿記，および，現金主義会計を用いることによる問題点としては，まず，①記録の網羅性・完全性に欠け，また，記録の正確性を独自に検証しえないこと，②経常収支と資本的収支との区別がされず，当該年度の支出はすべて経費として処理されることから，作成される財務表である「歳入歳出決算書」が，当該年度の収入支出の適正な期間対応を表示しないこと，③ストック（財産）とフロー（現金収支）に関して有機的な関連を持った一組の財務

諸表（貸借対照表と行政コスト計算書）を会計帳簿から誘導的に作成できないことが指摘されている[32]。つまり，複式簿記では，日常の取引毎の仕訳が正確に行われない場合には，借方－貸方の残高が合わなくなり，自動的に誤りが発見される自動検証機能があるのにたいし，単式簿記では，取引毎の記録が間違っていても，年度末の残高が合えばその間違いを発見することは難しい。また，現金主義会計を採用しているため，当該年度に支出されたものはそれが固定資産の建設・購入のための支出であっても，すべて経費として処理され，また公債の発行に関わる収入も当該年度の収入として処理されてしまう。したがって，経常的な歳入と歳出を期間的に対応して地方財務の健全性，経済性を明らかにすることが困難となる。さらに，貸借対照表と行政コスト計算書を会計帳簿から誘導的に作成できないことから，自治体の財政状態，サービス提供コスト，および，当期の収益が費用をまかなうのに十分であったか否か等の自治体の業績評価のための基本的な財務情報を明らかにすることができない。つまり，住民が行政のアカウンタビリティを評価し，意思決定を行ううえで有用な情報が提供されていないといえる。

(2) 報　　告

自治体の財政情報の公表義務制度として地方自治法は，予算要領の公表（法第219条2項），決算要領の公表（法第233条6項），および，財政状況の公表（法第243条の3，1項）を定めている。したがって，自治体の長は，議会の議決があった予算の要領，および，議会の認定のあった決算の要領を住民に公表し，また，財政状況の公表として，条例の定めにより年二回以上，歳入歳出予算の執行状況，財産，地方債および一時借入金の現在高，その他財政に関する事項を住民に公表することとなっている。しかし，通常「財政のあらまし」として6月と12月に公表される財政状況の公表は，法定事項以外につき条例で何を定めるかが各自治体の裁量に任されているため，自治体により公表内容は実に様々となっている。

そこでは，①貸借対照表等の財務諸表の公表が不十分であること，②一部の大都市を除き，公有財産や物品は金額表示がなく，物量単位で表示されている

こと，③住民にとって最も関心のある行政活動の効率性や有効性に関する業績評価情報がほとんど開示されないこと，④監査報告書が添付されないこと，⑤決算情報の開示が会計年度終了後9ヶ月も後の12月であること等が指摘されている[33]。また，自治体の決算報告は，一般会計，特別会計ごとに行われているが，一般会計から特別会計への繰出金支出など各会計間での資金のやりとりが行われているため，会計ごとの決算報告では，財政全体の状況がわかりにくくなっている。したがって，現行制度の下では，公表される情報が本来具備すべき目的適合性や信頼性，理解可能性，適時性，さらに比較可能性を欠いており，住民が行政のアカウンタビリティを評価し，意思決定を行ううえで有用な情報が提供されていないといえるのである。

5　本書の構成

　本書の課題は，わが国自治体に適した発生主義会計制度，情報開示制度，および，行政評価制度の枠組みがいかにあるべきかを明らかにすることである。したがって，本書では，総論として，まず，第1章において，わが国自治体に発生主義会計を導入する意義を明らかにする。次に，第2章以下を各論と位置づけ，第2章から第5章にわたり，自治体の資産，負債，収益・費用，純資産のそれぞれにつき，どのような問題が存在するかを明らかにしたうえで，それをいかに会計処理すべきかを考察する。第6章では，自治体のあるべき情報開示制度を考察し，第7章では，行政評価制度の枠組みはいかにあるべきかを考察する。そして，終章において全体のまとめを行い，今後の課題を明らかにする。各章における具体的な内容は，以下に示すとおりである。
　第1章「発生主義会計導入の意義」では，米国，英国，ニュージーランド等，実際に地方政府等に発生主義会計を導入した国々から報告されている発生主義会計導入によるメリットを整理し，わが国自治体に発生主義会計を導入することの意義を明らかにする。そこではまず，従来の伝統的な現金主義会計の持つメリット，および，限界を明らかにしたうえで，発生主義会計のメリットを検討する。次に，発生主義会計を導入した国々が指摘する発生主義会計が実

際にもたらした便益を検討するとともに，発生主義会計に対する批判を紹介し，それに対する反論を試みる。さらに，発生主義会計の有する限界を検討したうえで，わが国自治体に発生主義会計を導入する意義を明らかにする。

　第2章「固定資産会計」では，発生主義会計に基づく自治体の貸借対照表において，資産全体に占める割合がもっとも大きい有形固定資産に焦点を絞り，わが国自治体で適用すべき有形固定資産の会計処理を明らかにする。ここでは，有形固定資産を一般の有形固定資産と，国・地方政府特有のものに分け，前者については「有形固定資産の再評価」の問題を取り上げる。後者については，「歴史的遺産およびインフラ資産の会計処理」につき，一般の有形固定資産と異なる会計処理を行うべきか否かについて考察を行う。そこではまず，「有形固定資産の再評価」および「歴史的遺産およびインフラ資産の会計処理」について，米国，英国，ニュージーランド各国および国際会計基準（International Accounting Standards, IAS），IPSASの現行の会計規定を明らかにする。次に，各国会計規定等の比較検討を行い，それぞれの有する背景を明らかにしたうえで，わが国自治体の有形固定資産に適用すべき会計処理を明らかにする。

　第3章「負債会計」では，自治体普通会計の主要な負債である地方債と退職給与引当金に焦点を絞り，交付税措置が行われる地方債，および，退職給与引当金をめぐる問題を考察し，それをいかに会計処理すべきかを明らかにする。まずはじめに，財務会計の諸概念に関するステートメントを早くから設定してきた米国における資産・負債の定義および認識規準，さらに，IAS等の規定を検討したうえで，自治体においてあるべき負債の定義，認識規準を明らかにする。次に，元利償還につき交付税措置が予定されている地方債を負債として計上すべきか否か，および，自治体における退職給与引当金の見積方法として企業会計の退職給付会計基準を適用することの適否について考察を行い，それぞれをいかに会計処理すべきかを明らかにする。

　第4章「収益・費用会計」では，自治体特有の問題である非交換取引から生ずる収益をどのように認識・測定すべきか，および，自治体における減価償

却，および，退職給与引当金繰入の意義を明らかにする。まず，非交換取引から生ずる収益の定義，および，認識・測定について米国，英国，ニュージーランド，IFACのPSCの規定を明らかにする。次に，これらの規定の比較検討を行い，わが国自治体において非交換取引から生ずる収益をどのように取り扱うべきかを明らかにする。さらに，自治体における減価償却，および，退職給与引当金繰入の意義を明らかにする。

第5章「純資産会計」では，自治体における純資産の意義，および，あるべき開示を明らかにする。そこではまず，米国，英国，ニュージーランド等の諸外国の地方政府等の純資産の意義と開示を検討する。次に，現在わが国の多くの自治体で採用されている総務省方式，および，東京都における純資産の考え方について検討し，わが国自治体における純資産の意義，および，あるべき開示を明らかにする。

第6章「情報開示制度」では，米国，英国，ニュージーランドの財務報告制度，さらに，IPSASが規定する財務諸表を検討したうえで，わが国自治体のあるべき情報開示制度を明らかにする。はじめに，米国，英国，ニュージーランドの各地方政府等の具体的な年次財務報告書を検討し，各国の財務報告制度を明らかにする。次に，IPSASの示す財務諸表を検討し，これらの財務報告制度の比較検討を行い，わが国自治体のあるべき情報開示制度を明らかにする。

第7章「行政評価制度」では，行政評価制度の先進的な事例として英国の政策評価制度と三重県の行政評価制度をとりあげ，わが国自治体の行政評価制度がより良く機能するための課題，および，課題克服のシナリオを明らかにする。まず，英国の政策評価制度である公的サービス協定（Public Service Agreement, PSA），および，PSAの有効性を担保している諸制度を検討したうえで，PSA制度全体の評価を行う。次に，三重県の行政評価制度を概観したうえで，英国制度との比較，および，三重県制度の評価を行う。そして，わが国自治体の行政評価制度の課題および課題克服のための改革のシナリオを明らかにする。

(注)
(1)　新井清光『新版　財務会計論第7版』中央経済社，2003年，7-8頁。
(2)　自治体の行政評価制度は，中央省庁のそれと異なり法律等で制度が一律に導入されるものではなく，各自治体が独自の判断で導入の可否を決めるものである。総務省の調査によれば，平成14年度に行政評価制度を既に導入済みの自治体は，都道府県で43団体（92％），政令指定都市で8団体（67％），市区町村では254団体（8％）となっている（総務省自治行政局行政体制整備室「地方公共団体における行政評価の導入の実態と今後の展開について」2003年3月）。
(3)　「経済戦略会議」（議長・樋口廣太郎アサヒビール名誉会長）は，21世紀に向けた日本経済の再生に関する『最終答申』で，「小さな政府」の実現に向けた構造改革に着手することを明記した。その中で「政策の事後評価を行う観点から決算はこれまで以上に重視されるべきであり，中央政府（特殊法人等を含む）及び地方公共団体（外郭団体を含む）のいずれにおいても会計制度等の抜本的な改革を進め，会計財務情報基盤を整備する必要がある」と述べ，具体的には，企業会計原則の基本的要素を踏まえつつ財務諸表を導入すること，決算に関しては外部監査の導入・拡充を行うとともに徹底した情報開示を行うことが挙げられた。
(4)　平成12年12月1日閣議決定の『行政改革大綱』では，「国民に対して，国の財政事情をわかりやすく開示し，財政にかかる透明性，一覧性の向上を図るとともに，説明責任を確保するとの観点から，公会計の見直しを行い，公会計にかかる網羅的な基準の設定につき，整合性の確保に配慮しつつ検討を進める」とし，具体的には平成12年10月に発表した「国の貸借対照表（試案）」を改善することが明記された。
(5)　平成16年12月閣議決定の『今後の行政改革の方針』では，「公会計の見直し」として，各府省が財務状況の開示を一層進めて説明責任の履行の向上および行政効率化に資する財務情報の提供を図るために，各府省が一般会計，特別会計および特殊法人等を連結した省庁別連結財務書類を試行を経て平成18年度から「年次報告書（仮称）」として公表すること，および，「地方行革の推進」として，自治体にたいしバランスシート，行政コスト計算書等の財務状況などについて他の団体と比較可能な形での公表など住民等にわかりやすい形での公表を一層推進するよう要請すること等を挙げている。
(6)　自治省『地方財政白書平成11年版』1999年，422-423頁，および，総務省『平成16年版地方財政白書ビジュアル版』2004年，17-18頁。
(7)　自治省，同上書，15頁，および，総務省，同上書，6頁。
(8)　自治省，同上書，266-267頁，および，総務省「地方財政の現状」。

（9） 経常収支比率とは，人件費，扶助費，公債費等のように毎年度経常的に支出される経費（経常的経費）に充当された一般財源の額が，地方税，普通交付税を中心とする毎年度経常的に収入される一般財源（経常一般財源）の総額に占める割合を示すものである。自治省，同上書，266-67頁，および，総務省，同上書，15頁。
（10） 総務省『地方財政白書平成14年版』2002年，478-479頁，および，総務省，同上書，4-6頁。
（11） 醍醐聰『自治体財政の会計学』新世社，2000年，6-10頁。
（12） 林宣嗣「日本経済—地方の課題②」日本経済新聞，2000年2月11日。
（13） 宮脇淳『図解　財政のしくみ』東洋経済新報社，1999年，177頁。
（14） 和田八束・野呂昭朗・星野泉・青木宗明編『現代の地方財政』有斐閣ブックス，1999年，164頁。
（15） 機関委任事務は，地方自治法だけで561項目あり，都道府県の仕事の8割，市区町村の仕事の4割を占めていた。この機関委任事務に関しては，原則として自治体の首長に裁量権はなく，機関委任事務の数はそれだけ国の自治体に対する関与の幅の大きいことを示し，3割自治の実体を形成していたのである。天明茂・米田正巳『自治体のバランスシート』ぎょうせい，1999年，169頁，および，鳴海正泰『現代日本の地方自治と地方財政』公人社，1994年，103頁。
（16） 地方分権推進本部『スタート！地方分権』2000年，5-18頁。
（17） 地方分権推進委員会「中間報告」1996年，第1章Ⅱ。
（18） Governmental Accounting Standards Board (GASB), *Concepts Statement No.1 : Objectives of Financial Reporting,* 1987.
（19） *Ibid.,* par.56.
（20） *Ibid.,* par.76.
（21） *Ibid.,* par.76-79.
（22） GASB, *Concepts Statement No.2 : Service Efforts and Accomplishments Reporting,* 1994.
（23） *Ibid.,* par.54-55.
（24） Financial Accounting Standards Board (FASB), *Statement of Financial Accounting Concepts No.4 : Objectives of Financial Reporting by Nonbusiness Organizations,* 1980.
（25） GASB, *Concepts Statement No.2, op. cit.,* par.40.
（26） *Ibid.,* par.48.
（27） *Ibid.* par.37.
（28） *Ibid.* par.58.

(29) 兼村高文「分権時代の財務会計システム―公会計を中心に―」『地方財務』第508号（1996年9月），60頁。
(30) 例えば，吉田寛『地方自治と会計責任』税務経理協会，1980年，吉田寛・原田富士雄編『公会計の基本問題』森山書店，1989年，神戸都市問題研究所編『自治体公会計の理論と実践』勁草書房，1985年，隅田一豊『住民自治とアカウンタビリティ』税務経理協会，1998年，公認会計士協会公会計特別委員会「我が国と諸外国の公会計制度の国際比較について」『JICPAジャーナル』第437号（1991年12月），109-116頁。がある。
(31) 歳入についてはその性質により，納期の末日に属する年度，納入通知書等を発した日の属する年度，現金を領収した年度等，権利確定主義または現金主義を採用し，歳出についてはその性質により，支払期日の属する年度，支出の原因である事実の存した期間の属する年度，支出をした日の属する年度等，権利確定主義，発生主義，または現金主義を採用している。詳しくは，隅田一豊，同上書，1998年，30-32頁参照。
(32) 隅田一豊，同上書，38-39頁，108-109頁。
(33) 隅田一豊，同上書，102-105頁。総務省（平成12年時は自治省）は，平成12年3月および平成13年3月に『地方公共団体の総合的な財政分析に関する調査研究会報告書』を公表し，主に決算統計に基づく貸借対照表および行政コスト計算書の作成手法を示した。しかしながら，この総務省方式に基づいて作成される財務諸表は，年に1回作成される決算統計という統計資料から簡便的に導き出されるものにすぎず，会計記録から有機的に作成される財務諸表とはいえない。総務省方式の貸借対照表は，その作成過程において集計可能な資産・負債を対比しただけで網羅性に欠け，評価においても普通建設事業費の積み上げの推計値でしかなく，財政状態を総括的に表しているにすぎないとの批判を受けている（兼村高文「自治体財政と発生主義」『都市問題』第92巻第1号（2001年1月），41-51頁）。また，正確性の問題だけでなく，決算統計を用いる財務諸表ではその作成は年に1回のみであり，日常的な行政活動を管理・統制することは極めて困難であるといえる（隅田一豊『自治体行財政改革のための公会計入門』ぎょうせい，2001年，136頁）。さらに，このような簡便な作成方法を用いても平成14年度の自治体の財務諸表の作成状況は，バランスシートは市区町村3,155団体中の56.1％，行政コスト計算書は30.3％にとどまり，特別会計を連結した自治体全体のバランスシートにいたっては，9.9％しか作成されておらず，極めて不十分であるといえる（総務省「地方公共団体のバランスシート等の作成状況：調査日平成16年3月31日」2004年）。

第1章　発生主義会計導入の意義

1　は　じ　め　に

　わが国自治体の普通会計は，いわゆる官庁会計と呼ばれ，単式簿記に基づく現金主義会計による歳出・歳入のみの単年度会計を行っている[1]。このような明治以来の前近代的制度をそのまま踏襲した現行制度が抱える問題点について，昭和37年3月の地方財務会計制度調査会の答申は，「現金の収支に比べ財産・物品・債権債務の管理が不当に軽視されており，かつ日々の記録が不完全で会計責任が果たされていない」等の指摘を行った。しかし，昭和38年の地方自治法の大改正ではこの答申の提言は実現せず，地方自治法の抜本的な改革は現在まで行われていない[2]。

　そのため，今日までに多くの学者及び各種研究グループが現行公会計制度に関する主要な問題点を指摘し[3]，①複式簿記の導入，②発生主義会計の採用，③経常収支と資本的収支の区別，④連結決算の実施等の提案がなされているところである[4]。

　これにたいし，近年，主要先進国の間では，行財政改革の一環として国および地方政府等（以下，地方政府等という）の会計システムを従来の現金主義会計から発生主義会計へ移行する事例が増加している。ニュージーランドでは，1989年に中央政府および地方政府が発生主義会計を導入し，1992年に世界で初めて発生主義会計に基づく国の財務諸表が作成された[5]。英国では，1993年に地方政府が，1999年に中央政府がそれぞれ発生主義会計を導入してい

る[6]。米国では，1997年に連邦政府が，2001年に州および地方政府が発生主義会計に基づく財務諸表を作成している[7]。フランスでも1997年から地方政府が発生主義会計を導入し，2006年から中央政府も発生主義会計を導入する予定である[8]。さらに，他にも多くの国において，地方政府等が発生主義会計を導入している[9]。このように，地方政府等への発生主義会計の導入が世界的な広がりをもつにつれ，実際に発生主義会計を導入することによるメリット，あるいはもたらされる効果について国際会計士連盟（IFAC）の研究報告書第11号や事例報告書第3号などで数多くの報告がなされている[10]。

　本章の目的は，これら実際に報告されている発生主義会計導入によるメリットを整理し，利益獲得を目的としない地方政府等の会計において発生主義会計を導入する意義を明らかにすることである。そこで，まず第2節では，地方政府等で伝統的に採用されてきた現金主義会計の持つメリットおよびその限界を明らかにする。第3節では，地方政府等に発生主義会計を採用することのメリットを検討し，第4節で，実際に発生主義会計を地方政府等に導入した国々が指摘する便益を検討する。そして，第5節では，地方政府等における発生主義会計の採用に対する批判を紹介し，それに対する反論を試みる。さらに，第6節で地方政府等において発生主義会計を採用する場合の限界を検討し，第7節でわが国自治体に発生主義会計を導入する意義を明らかにする。

2　現金主義会計のメリットおよび限界

(1)　現金主義会計のメリット

　地方政府等において現金主義会計が伝統的に採用されてきた最も大きな要因は，予算が現金主義で作成されていることにある。そのため，現金主義会計による財務報告は，法的に承認された予算への準拠性を議会に説明することができ，かつ，現金支出のモニタリングと次年度の予算策定に有用であるというメリットを有する[11]。そして，現金主義会計は，詳細な会計知識を要求しないという点で，情報利用者の理解可能性が高く，政治家や一般の利用者が情報を理解するための特別な支援やトレーニングを必要としない。さらに，財務諸表

の作成者にとっては，現金主義会計情報の収集は相対的に容易であり，その情報作成および提供コストは一般的に発生主義会計より低い[12]。また，現金主義会計は，現金の収支という客観的な事実により会計記録を行うため見積や判断が介入しないという意味で恣意性が入らず，客観性，確実性，検証可能性に優れている[13]。

(2) 現金主義会計の限界

現金主義会計の限界は，以下に詳述するように①全ての資産情報を提供しないこと，②全ての負債情報を提供しないこと，および，その結果として③財政状態を適切に評価する基礎を提供しないことが挙げられる。さらに，報告期間の④活動コストを示さないこと，そのため，行政活動の⑤経済性，効率性，有効性の評価の基礎を提供しないこと，⑥財務業績（financial performance）を適切に示さないことが挙げられる。

すなわち，①現金主義会計では，資本的資産についての情報が欠如しており，全ての資産情報を提供しない。つまり，多年にわたって使用される資本的資産であっても単に現金支払いが行われた時に支出が記録されるにとどまるため，資本的資産が使用され続けているか，残存耐用年数がどれだけあるか，もしくは，途中で売却されたか等を説明しない[14]。したがって，現金主義会計は現金の使用についてはアカウンタビリティを果たし得るが，資本的資産のマネジメントについてはアカウンタビリティを果たし得ない[15]。

②現金主義会計は，退職給与引当金等の負債性引当金を設定せず，全ての負債情報を提供しない。特に，カナダの地方政府等においては，職員給与の引き上げのかわりに年金等の引き上げが行われていたため，年金給付債務等がインフレに伴い巨額になっていたにもかかわらず，これを負債として認識しなかった点を現金主義会計の大きな限界として挙げている[16]。つまり，年金給付債務等は，負債として認識されなかったために，予算や財務計画の策定等の意思決定において考慮されることがなく，適切な長期支払い計画が策定されなかったという。

また，このように全ての資産および負債情報を提供しないことから，現金主義会計では③財政状態を適切に評価する基礎を提供しない。現在提供しているサービスを継続的に提供するためには，現在の資本的資産を維持する必要がある。また，将来の収入は，将来のサービス提供と過去に発生した債務の支払いに充てられるため，将来収入を拘束する負債の情報は重要である。すなわち，地方政府等が現在提供しているサービスを継続的に提供することが可能か否か，あるいは，新たな資源を必要とする新規サービスを提供することが可能か否かの判断を行うためには，全ての資産および負債情報が明らかにされなければならないのである[17]。

　さらに，現金主義会計では，固定資産の減価償却費，退職給与引当金の当期発生額等の費用が認識されないため，地方政府等の提供するプログラムや活動について当期コストがいくら発生したのかという④活動コストについての情報を提供することができない。適切なコスト情報は，利用者料金の決定や，行政活動の業績評価・管理，および，その他の意思決定を行ううえで有用かつ必要なツールである[18]。したがって，適切なコスト情報を提供しない現金主義会計は，行政活動の⑤経済性，効率性，有効性の評価の基礎を提供しない。つまり，サービス提供のために要したコストが経済的であったか否か，提供したサービス（アウトプット）がコストと比較して効率的であるか否か，サービス提供による効果（アウトカム）がコストと比較して満足できるものであるか否かという業績評価の基礎を提供しないのである。

　また，総収益と総費用との差額である⑥財務業績が適切に示されないため，当該期間に必要な費用をまかなうために当期に十分な収益があったか否か，つまり，現在のサービス提供コストを現在世代がどれだけ負担しているか，現在と将来世代の負担のトレードオフの指標を提供しない[19]。

　この他に現金主義会計が持つ限界としては，現金の受け払いを翌期に延ばすことによって容易に会計操作を行うことが可能であることが指摘されている[20]。

3　発生主義会計のメリット

　IFACの研究報告書第14号[21]は，発生主義会計に基づき作成される地方政府等の財務報告は，アカウンタビリティの評価と意思決定の両方において有用であり，財務報告の利用者が以下のことを行うことを可能にすると述べている[22]。すなわち，①実体（entity）の管理する全ての資源のアカウンタビリティを評価すること，②実体の財務業績，財政状態，キャッシュ・フローを評価すること，および③実体に資源を提供する，あるいは，実体と共同事業を行うことについての意思決定を行うこと，の3つである。さらに，より詳細なレベルでは発生主義会計に基づく財務報告は，④政府がどのように活動資金を調達し現金必要額を満たしているかを示し，⑤財政状態とその変動を明らかにする。また，⑥政府に自らの資源マネジメントを説明する機会を与え，⑦財務報告の利用者が実体の持続可能性（継続的に活動資金を調達しながら負債を返済する能力）を評価することを可能にし，かつ⑧サービス提供コスト，効率性，成果に関する政府の業績を評価するのに有用であるという[23]。つまり，発生主義会計は，第2節で述べた現金主義会計の限界を克服するものであるといえる。

　これら発生主義会計によるメリットを資産，負債，純資産，収益，費用，および財務業績という発生主義会計情報の構成要素別に以下に詳しく検討する。

(1)　資産・負債

　現金主義会計の下では，完全な資産・負債の記録を有しない組織が多い[24]。資産・負債の適切なマネジメントを行うためには，資産・負債の完全な情報が必要不可欠である[25]。発生主義会計に基づく全ての資産および負債の認識・測定は，資産・負債のマネジメントの意思決定に有用であり，より良い資産・負債のマネジメントを可能にする。

　すなわち，発生主義会計は，全ての資産を特定し所有を確かめ，価値を確定するという厳格なプロセスを要求する[26]。このような発生主義会計に基づく

資産情報は，資産の存在および維持・運営コストを特定するため，資産の維持・更新，余剰資産の処分，資産の効率的な利用といった資産のマネジメントにおいてより良い意思決定を導くといえる[27]。固定資産の維持コストの把握は，マネージャーが将来コストを予想し，資産更新の最適な時期を決定することを可能にする[28]。使用または陳腐化による資産価値の減少の認識は，固定資産の所有コストおよび使用コストを考慮し，リースか購入かという選択においてより良い意思決定を行うことを可能にする[29]。また，棚卸資産の回転数や受取債権のエイジング等の分析は，資源の非効率な利用を明らかにし，より良い資産管理のインセンティブを与えることができる[30]。さらに，発生主義会計の下では盗難や事故，災害での損失情報を容易に特定することができ，保険等によりリスクを管理することが可能となる[31]。

　負債についても，単に借入金だけでなく長年蓄積されていく年金給付債務等のすべての負債を認識することにより，政府に負債の存在を自覚させ返済計画の策定を可能にする。負債は直接，将来の収入を拘束し，返済能力および将来の資金調達に影響を与えるものである[32]。すべての負債が報告されなければ，現在提供しているサービスの量と質を継続することが可能か否か，あるいは新規プログラムまたはサービスをまかなう余裕があるか否かという判断において現実的な評価を行うことができず，適切な意思決定を行うことができない[33]。また，すべての負債を認識することは，それぞれの負債のマネジメントを担当する部署を明確にし，責任の所在を明らかにする[34]。カナダの年金給付債務等の情報は，現金主義会計の下でも補足的注記として開示されたこともあったが，それが財務方針や歳出予算の策定の際に考慮されることはなく，意思決定情報としては極めて不十分であったという。これに対し，現在カナダでは，連邦政府および，ほとんどの地方政府が発生主義会計の導入により年金給付債務等を貸借対照表に計上し，その結果，年金給付債務等は財務の長期計画策定等の意思決定において十分に考慮されるようになったという[35]。

(2) 純 資 産

　資産と負債の差額として示される純資産は，政府の財政状態の重要な指標である[36]。純資産の情報は，政府が資産と負債との相対関係で借入金の水準を監視し，マネジメントを行うことに役立ち，資金調達の意思決定において現金主義会計に依拠するよりもより長期的な視点に焦点を置くことを促す[37]。

　また，純資産は，当期の活動費用を当期の収益でまかなえない次のような場合に減少する。それは，①現存の資産を消費する時，②資産の売却収入を当期の経費支出に充てる時，③借入金による収入を当期の経費支出に充てる時，および，④外部に資金拠出を行っていない年金債務等の負債が発生（それにより費用が発生）する時である。つまり，当期の活動費用を当期の収益で資金調達できずに，純資産の減少により資金調達する場合に純資産は減少する[38]。このように当期の活動費用を純資産から資金調達することは，政府が将来の負債を返済する能力に影響を与える[39]。さらに，純資産は，それがプラスの場合には，その純資源が将来の財・サービスの提供に利用されるだろうことを意味し，マイナスの場合には，将来の税金，または，その他の収入が既に借入金，または，その他の負債の返済のために拘束されていることを意味する[40]。

(3) 収益・費用

　発生主義会計は，現金の受け払いに関係なく，実際に発生した全ての取引の収益と費用の情報を提供する。収益についての適正な情報は，実体が長期借入を行う必要があるか否かを評価するために重要である。また，当期の収益が当期の活動コストをカバーするのに十分であるか否かを評価するのに役立つものである[41]。

　正確なコスト情報は，特定のプログラム・活動を継続すべきか否かについての合理的意思決定を行うために，また，コストを適切にマネジメントし活動をコントロールするために，さらに，適切な予算策定を可能にするために必要不可欠である[42]。たとえば，減価償却費を認識することは固定資産の使用にかかるコストの認識を可能にし，新規資産購入の意思決定に大きい影響を与え

る(43)。また，カナダの地方政府等で職員給与の一部分を年金プラン等へ移行した事例では，発生主義会計は発生する年々のコストを明らかにし，マネージャーが多様なタイプの年金プランを比較することを可能にした(44)。さらに，総コストには過去の意思決定から生じるコストが含まれるため，過去の意思決定の適切性を現在の状況と照らして再評価するインセンティブがマネージャーに対して働くという(45)。

これらのメリットに加え，発生主義会計によりコストを認識することは，①特定の活動目的を満たすための代替的手段のコストを考慮すること，②サービスの生産を政府内部で行うか外部に委託するか否かの意思決定を行うこと，③サービスに関するコストを利用者料金で回収すべきかどうかを決定すること，および，④各コストのマネジメントを担当する部署を明確にし，責任の所在を明らかにすることを可能にする(46)。さらに，適切なコスト情報は，非財務情報であるアウトプットやアウトカムと関連づけることにより経済性，効率性，有効性といった業績評価を可能にする(47)。

(4) 財務業績

収益と費用の差額である財務業績は，当期の税金およびその他の収益が当期のコストをカバーするのに十分であったか否かを示すものである(48)。これは，世代間の負担の衡平性を評価するのに役立つものである(49)。政府活動の主な収益源は税金や利用者料金であるため，世代間の負担を衡平に保つことは重要である。現在世代が受けるサービスのコストは本来，現在世代が負担すべきもので，将来世代に負担を負わせるべきものではない。さらに，財務業績は，純資産の変動および世代間負担の衡平性への影響を報告するため，財務業績の経年比較を行うことにより，財務運営および持続可能性の長期的な評価を行うために非常に有用な情報を提供する(50)。

以上，明らかなごとく，発生主義会計に基づいて財務報告を作成・報告することのメリットは，第一に，財務報告の外部利用者がアカウンタビリティを評

価し，意思決定を行ううえで有用な情報を提供することであり，第二に，行政内部利用者がより良いマネジメントを行うための意思決定に有用な情報を提供することであるといえる。ここでより良いマネジメントとは，具体的には，①適切な資産・負債のマネジメントを行うこと，②世代間負担の衡平性に配慮した長期的な意思決定を行うこと，および③経済的，効率的，効果的なサービスの提供を行うことである。

　発生主義会計に基づく会計情報の提供を行わなければ，実体の財政状態，収益・費用の発生状況，財務業績，および，提供したサービスのコスト，経済性，効率性，有効性に関する政府の業績を適切に評価する基礎等，いわゆる実体運営の全体像を明らかにすることは難しい。したがって，発生主義会計情報がなければ，財務報告の外部利用者がアカウンタビリティを評価すること，さらに，適切な意思決定を行うことは困難となる。そして，行政内部の管理者にとっても，発生主義会計情報の欠如は，夜間に計器もなく飛行機を操縦するのと同様，自らの運営状況を適切に把握することができず，適切なマネジメントを可能とする意思決定を行うことが困難となるだろう。

　さらに，発生主義会計情報は，問題の所在を早期に発見し，適切に軌道修正を行うことを可能とする。例えば，実体が資産・負債のマネジメントを適切に行っていない場合や世代間負担の衡平性に配慮した長期的な意思決定を行っていない場合，また，経済的，効率的，効果的なサービス提供を行っていない場合でも，現金主義会計に基づく財務報告では短期的に大きな問題が表出することはない。これにたいし，発生主義会計に基づく財務報告では，かなり早期に問題の兆候を示すことが可能となる。つまり，発生主義会計に基づく財務報告は，現金主義会計に基づく財務報告よりも，実体運営の全体像をより適切に明らかにするものであるといえる。

4　発生主義会計が実際にもたらした便益

　本節では，発生主義会計を比較的早くから地方政府等に導入したニュージーランド，オーストラリア，および，英国において指摘されている発生主義会計

がもたらした便益を検討する。

(1) ニュージーランド

ニュージーランド政府は，行政機関が産出する財・サービスの「価格」の合計としてのアウトプットに焦点を置く発生主義会計・予算制度を1991年から導入している[51]。

OECDの報告書[52]は，ニュージーランドの発生主義会計・予算制度がもたらした便益を，各省庁レベルおよび全体レベルの2つに分け，省庁レベルの便益としては①アウトプットの価格に焦点が置かれ，現行の予算内で人件費をまかなうことが要求されるなど，コスト削減のインセンティブが働くようになったこと，②キャピタル・チャージ[53]の導入により既存の固定資産を有効活用する機運が産まれたこと，③新規固定資産の購入の意思決定が慎重になされるようになったこと，④コストの測定がコスト回収計算のための適切な基礎を提供すること，⑤固定資産の計上，および，それについての減価償却計算を行うことにより，毎年のアウトプットのコストを確定させ，経年比較を行うことが可能となったこと，および，⑥アウトプットのコスト計算により民間と政府機関の供給コストとの正確な比較を行うことを可能にしたことを挙げている。そして，全体レベルの便益としては①資源マネジメントについてより完全で高品質の情報を提供すること，これにより②透明性が増し，議会と国民が財政状態，財務業績を評価する能力を高めることを挙げている[54]。そして，コストを明確に特定することが，マネージャーに対しコストを管理する権限の付与につながり，予算として配分された資源を節約し使い残すという傾向が広まったという[55]。また，1990年から3年間，ニュージーランドの財務大臣を務めたH. Richardsonによれば，発生主義会計の導入により最も価値があったことは，政府の純資産について経年による改善の尺度（指標）を持つことができたことであったという。また，この制度の下でマネージャーは財務マネジメントに責任を有するようになり，さらに私企業と同様の会計システムの導入にあたり会計の専門家を私企業から多くリクルートした結果，組織文化に大きなより良い

変化をもたらしたという(56)。

(2) オーストラリア

オーストラリア政府は，1994年から発生主義会計を，1999年から政策評価を組み込んだ発生主義予算制度を導入している(57)。

OECDの報告書は，オーストラリアにおける発生主義会計制度が外部利用者にもたらした便益として，①行財政活動についてアカウンタビリティをよく果たすこと，②コストを評価することができること，③行政活動とその財務的影響の時期を対応させることにより，財務業績を評価することができること，④運営コストの経年比較，他部門比較，アウトカムとの比較等といった行政活動の効率性評価に必要な基礎を提供すること，⑤資産および負債についての完全な情報を提供すること，および，⑥政府の意思決定の財務的影響について長期的な視点を提供することの6つを挙げている。

さらに，発生主義会計に基づく財務報告を作成するために必要な財務システムは，内部管理者が行う日々の意思決定に必要な幅広い情報を提供し，これにより資源のより効果的な利用を可能にするという。特に発生主義会計が有用な情報を提供する意思決定として，①利用者料金の決定，②原価管理，③余剰資産の処分等の効率的な資産管理，および，④業務の外部委託や資産のリース等の多様な選択肢の評価等を挙げている(58)。

また，オーストラリアにおいて最も早く発生主義会計を導入したニューサウスウェールズ州の会計責任者であるT. Mellorは，発生主義会計による財務報告は，政府全体のより完全な全体像を提供するものであり，財政状態，財務業績，持続可能性，世代間衡平性の評価を支援するものであると指摘している(59)。

(3) 英　　国

英国政府では，資源会計・予算（Resource Accounting and Budgeting, RAB）と呼ばれる制度により，発生主義会計を1999年から，発生主義予算制度を2001

年から導入している。RABは，各省庁の設置目的と目標毎のコストを明らかにする決算書を作成し，行政活動のコストと成果の対応関係をより明確にするよう制度設計がなされている[60]。

英国大蔵省は，RAB導入による便益をマクロ・レベルとミクロ・レベルの2つに分けて次のように説明している[61]。まず，マクロ・レベルでは，①提供する個々のサービスについて資産保有コストを含む真のコストを明らかにできること，②より正しい減価償却コストを明らかにすること，③資本的予算と経常的予算をより明確に区分することで投資額が明らかになること，および，④政府資産の合計価値のより良い尺度となることを便益として挙げている。さらに，ミクロ・レベルでは，①キャピタル・チャージを認識することにより，不必要な資産の除却や適切な資産のマネジメント，および投資計画により良いインセンティブを付与すること，②債権・債務等の運転資本のマネジメントにより良いインセンティブを付与すること，および，③借入金と補助金をより明確に区別することができることを便益として挙げている。

つまり，RABは，発生主義会計にもとづく決算および予算を導入することによって，経常的支出・予算と資本的支出・予算とを明確に区分し，さらに固定資産の減価償却費およびキャピタル・チャージを認識することで各省庁の行政目標達成のために必要な予算・コストを適正に算定することを可能にする。適切なコスト計算は，サービス間のコスト比較を可能とし，より良い資源配分の意思決定に役に立つだけでなく，各省庁に対しコスト削減のインセンティブを付与するものである。

上述の3ヶ国において，発生主義会計によりもたらされた便益として指摘された大きな共通点は，①正確なコストを認識することによりコスト削減のインセンティブが働くこと，および，②資産・負債の完全な情報が提供されることにより，より良い資源マネジメントを行うインセンティブが働くこと，の2点であるといえる。これらは，従来の現金主義会計では果たすことが難しいものであったことを考えれば，当然の結果といえよう。

しかし，ここで注意しなければならないことは，上記3ヶ国では，発生主義会計の導入に前後し，発生主義予算制度とそれにリンクした政策評価制度がそれぞれ導入されていることである。つまり，そもそもコスト削減，および，より良い資源マネジメントを行うよう強くインセンティブが働くように発生主義会計が予算制度，政策評価制度に組み込まれているのである。ニュージーランド，および，オーストラリアでは，予算策定段階において，各省庁が提供する財・サービスの「価格」が他省庁および民間と比較されるため，コスト削減が当然，要求される。英国でも，コスト削減は政策評価のターゲットの一つに位置づけられている。そして，政策評価制度により，実際のアウトプットである財・サービスの質，量，価格（コスト）が適時に評価される。さらに，英国とオーストラリアでは，単年度に使い残した予算を次年度に繰り越すことが可能となっており，年度末の無駄な駆け込み消費を止めさせることが可能となっている。このように，発生主義会計が予算制度・政策評価制度と結びついて，コスト削減，より良い資源マネジメントを促すよう制度設計されている上記3ヶ国の場合，発生主義会計のみを単独で導入した場合でも同様の効果が得られるかどうかは，大きな疑問である。

たしかに，発生主義会計情報の作成は，内部管理者が今まで認識してこなかった問題点，改善点の発見を促すと考えられる。また，発生主義会計情報が公開されることにより，内部管理者は「見られる」ことを意識することにより，省庁間の競争が促されると同時に，より良いマネジメントを行うインセンティブが働くと考えられる。しかし，インセンティブをさらに強化するためには，結果が評価され次年度に活かされることが必要であり，発生主義会計の導入だけではなく，インセンティブを最大限に引き上げるような施策をあわせて考慮することが必要だろう。

5 発生主義会計への批判と反論

米国の地方政府等の会計基準設定団体であるGASBは，1985年に地方政府等の会計に適する測定の焦点と会計処理基準の考察について論点整理を行った

「討議資料」[62]を公表した。そこでは，現金主義会計から測定の焦点を経済資源におく発生主義会計に対する批判として次の5つを挙げている[63]。すなわち，地方政府等の会計においては，①税金を払った者と受けるサービスとの間に直接的な交換関係がない以上，収益と費用の対応関係は存在せず，収益と費用を対応させることに何の意味もないこと，②固定資産の減価償却，費用の繰延の計算等，発生主義会計導入にかかる時間とコストは多大であるが，そこから得られる便益が少ないこと，③発生主義会計により示されるのはサービスの集約されたコストであり，特定の機能または活動のコストほど重要ではないこと，④経済資源を測定の焦点とした場合には，支出の決定に関し必要な情報を提供しないこと，および，⑤政府の持つ固定資産の多くは比較的長期間保有し，かつインフレーションの影響等から，固定資産を歴史的原価で減価償却することは，予算目的にとって適さないだけでなく，サービスコストの測定にとっても適さないことである。本節では，これら発生主義会計への批判に対する反論を試みる。

(1) 政府会計において収益と費用を対応させることに意味があるか

政府環境においては，税金を払った者と受けるサービスとの間に直接的な交換関係は成立しない。つまり，地方政府等においては，私企業のように収益を稼得するために犠牲となった費用を対応させて利益を計算するという費用収益の対応関係は存在しない。利益獲得を目的としない地方政府等では，税金という収益を獲得するために費用が発生するのではなく，費用をまかなうために収益を用いる。収益と費用を期間的に対応させることの意味は，当期の費用をまかなうのに十分な当期の収益があったか否かを測ることにある。言い換えれば，当期のサービス提供コストを現在世代がどの程度負担するかを明らかにすることにある。つまり，政府会計において収益と費用を対応させることは，世代間の負担区分を明らかにするという重要な意味があるといえる。

(2) 発生主義会計導入の便益はコストを上回るか

　発生主義会計導入の便益は，アカウンタビリティの評価と意思決定に有用な情報を提供することにある。したがって，それがどれだけ有用であったかを数値的に測定するのは難しい。これにたいし，発生主義会計導入のコストは，実際に現金の支出を伴うことから，その測定は比較的容易である。

　発生主義会計導入のコストには，①現存資産の特定および価値決定，②会計基準の開発，③コンピューターシステム等の会計システムの設定，および，④財務情報の作成者に対する訓練および利用者に対する啓蒙等が含まれる[64]。これら導入コストの多寡は，既存の会計システムの信頼性，完全性，さらに既存職員の経験，能力に大きく依存し，かつ導入しようとする会計システムの性質にも大きく左右される[65]。また，既に発生主義会計を導入している類似実体で用いられている会計基準を援用することや，段階的に発生主義会計への移行を行うこと，価値評価が困難な固定資産については実務上の問題が解決されるまで評価を猶予すること等により，導入コストの最小化を図ることも可能である[66]。

　一方，発生主義会計導入による便益は，会計情報がアカウンタビリティの評価や意思決定にどの程度利用されるかにより大きく左右される。つまり，便益がどの程度もたらされるかどうかは，導入する個々の政府環境，制度設計，および方法に大きく依拠する[67]。

　このように，発生主義会計導入による便益およびコストは，導入する環境によりかなり流動的である。これは，いいかえれば，発生主義会計情報を効果的に利用する努力と工夫を継続することにより，発生主義会計導入のコストは回収可能であることを示すといえる。

(3) 集約されたコストは重要か

　特定の機能または活動にかかるコストは，アウトカムやアウトプットと比較することにより経済性，効率性，有効性といった提供したサービスの業績評価の基礎を提供するために重要である。これにたいし，活動報告書で示される政

府全体のコストは，収益と対比することにより世代間の負担割合を明らかにし，結果として政府全体の財政状態が悪化したのか改善したのかを示すものとして重要である。

(4) 発生主義会計は予算目的に適さないか

　発生主義会計の下でもキャッシュ・フロー計算書を作成することにより，現金主義会計で利用可能な現金フロー情報を低下させることはない。さらに，発生主義会計はキャッシュ・フローの有無に関係なくすべての収益と費用を処理するため，将来のキャッシュ・フローについてより完全で包括的な情報を提供する。たとえば，未収金，未払金，長期負債，現在の固定資産の状況等が発生主義会計では詳細に記録されるため，より正確な現金予算の作成を可能にする[68]。つまり，債権債務のより包括的な情報は，キャッシュ・フローの予測に役立ち，現金不足額の予測等を可能にし，購入計画の見直しなどの意思決定に役立つといえる[69]。したがって，発生主義会計は予算目的に適さないという指摘は適切ではないといえる。

(5) 固定資産の減価償却費は予算目的およびコストとして適さないか

（ⅰ）予算目的として適さないか

　現金主義予算制度を採用している場合，減価償却費は非現金項目であることから，直接予算策定に影響を及ぼすものではない。しかし，固定資産の減価償却費が，固定資産の費消部分として貸借対照表の資産額を減額し，純資産を減少させる。このような発生主義会計による情報は，長期の財務計画または投資計画の策定等の意思決定に際し有用であり，間接的ではあるが予算策定に影響を及ぼすものであるといえる。

（ⅱ）コストとして適さないか

　インフレーション等の影響があるにもかかわらず，長期間保有する固定資産を歴史的原価で減価償却することは適切でないという指摘は，実体資本の維持を果たさないという点からの批判であろう。

企業会計において，減価償却を行う意義は，償却資産に関する費用をそれを使用する期間に適正に配分し，正確な損益計算を行うことにある。また，固定資産に投下された資金は，減価償却手続を通じ製品原価や売上原価に算入され，製品または商品の販売により，貨幣性資産として回収される。こうして企業会計では，資本と利益を区別し，利益でないものが社外に流出することを防ぎ，資本は維持される。

これにたいし，税の徴収が主な収入源であり利益計算を目的としない地方政府等の場合，固定資産の減価償却は資本維持の役目を果たさない。地方政府等が減価償却を行う目的は，利益でないものが社外に流出するのを防ぐためではなく，また，固定資産に投下した資金が貨幣性資産として回収されることもない。地方政府等が減価償却を行う意義は，世代間の負担を明らかにすることである。減価償却は，固定資産の取得に要した現金支出額を全て支出時の費用とするのではなく，固定資産の使用による用役の提供期間に応じて各年度の費消額を計算することにより，用役の提供を受けた世代に，発生した費用を負担させる。したがって，実体資本の維持を図ることが目的ではないため，歴史的原価に基づく減価償却は，実際に固定資産の取得に要した資金について各世代の負担分を示すものとして適切である[70]。

6 発生主義会計の限界

(1) 予算制度との関係

発生主義会計導入の便益は，発生主義会計に基づく情報が予算およびマネジメント目的にどの程度使われるかどうかに依拠するという指摘がある[71]。英国，ニュージーランド，オーストラリアでは発生主義会計の導入にあわせて発生主義予算制度が採られているが，減価償却費やキャピタル・チャージ等の非現金項目については扱いを異にする[72]。また，米国の連邦政府では，現金主義予算の一部で発生主義予算を採用している[73]。さらに，仏の中央政府では現金主義予算制度の継続を決定している[74]。このように予算制度について発生主義を採用するか否かは各国で様々である。発生主義会計導入による便益を

最大限に発揮させるためには,予算と決算が同一の基準で作成され,評価されることが必要であるという指摘もある[75]。しかしながら,発生主義会計情報が活用されるために発生主義予算制度への移行が必須か否かの検討は今後,実証を待つべき課題であるといえよう。

(2) 導入コスト

　現金主義会計システムより発生主義会計システムを運営することの方が,より高度な会計知識を要し,結果として人件費を増加させるという。さらに,前節で述べたように発生主義会計の導入にあたっては,現存資産の特定や価値の測定,会計基準の開発,コンピューターシステムの導入費用等のコストが必要となる。しかし,これをもって発生主義会計導入はコスト高であると断定するのは早計である。

　ニュージーランドは,従来の現金主義会計システムに関連する全てのコストを考慮したうえで,発生主義会計システムは必ずしもコスト高ではないと考えている。発生主義会計に関する商業ソフトウェアは多くの政府環境で利用可能であり,それは統合された記録システムとして取引の処理を簡素化し,効率的であると指摘する。そのため,ニュージーランドでは発生主義会計導入に伴い能力の高い職員の必要性は増したものの,取引処理に関わる職員総数は実際には減少したという[76]。

　発生主義会計の導入コストの多寡は,前節で述べたように既存の会計システムの信頼性等に大きく依存するため,ニュージーランドの例がすべての政府環境にあてはまるとはいえない。しかし,導入コストを理由に発生主義会計を否定することはできない。発生主義会計情報は,アカウンタビリティの評価と適切な意思決定を行うために必要不可欠な情報である。現金主義会計は,そもそもその必要な情報の提供を怠っていたのであり,発生主義会計の情報提供コストは不可避なコストと考えるのが妥当であろう。

7 お わ り に

　利益獲得を目的としない地方政府等に発生主義会計を採用する理由は，適切な期間損益計算を行うためでもなく，実体が将来稼得するキャッシュフローを予測するためでもない。市民個々人の好むと好まざるとにかかわらず，税金あるいは利用者料金を徴収する地方政府等において発生主義会計を採用する理由は，①財務報告の外部利用者がアカウンタビリティを評価し，意思決定を行ううえで有用な情報を提供すること，および，②行政内部利用者が意思決定行ううえで有用な情報を提供することである。これは，伝統的な現金主義会計のもとで十分に示し得なかった実体の財政状態，活動コスト，財務業績等の会計情報を外部および内部利用者に明らかにすることによって，従来必ずしも効率的な運営がなされてこなかった行財政活動を改善することが最も大きな目的である。具体的には，①適切な資産・負債のマネジメントを行うこと，②世代間負担の衡平性に配慮した長期的な意思決定を行うこと，③経済的，効率的，効果的なサービス提供を行うこと，の3つを促すことである。

　効率的な行財政運営は，わが国自治体においても必須の課題である。バブル経済が崩壊しいまだ景気が低迷しているなか，右肩上がりの税収の伸びは期待できない。さらに，社会の成熟化に伴い，国民の価値観が多様化すると同時に少子高齢化が進んでいる。限られた資源を有効に活用し，多様な住民のニーズに応えることが各自治体に真剣に求められている。そのようななか，効率的な行財政運営を行うための一つのツールとして発生主義会計の導入および，その前提としての複式簿記の導入は必要不可欠であろう。

　しかし，発生主義会計は，実体の財政状態，財務業績，キャッシュ・フローをありのまま映し出すツールであり，発生主義会計の導入が即，期待される便益を最大限もたらすとは限らない。OECDの報告では，発生主義会計導入による便益を十分に達成するために必要なこととして，①発生主義会計情報が効率性，有効性等の業績評価に用いられること，②資源配分を決定する情報が発生主義会計情報と一致すること，③発生主義会計情報が日々の意思決定に利用さ

れることを可能にするような情報システムが構築されること，および，④個々の政府環境に適した会計基準を開発することの4つを挙げている[77]。つまり，発生主義会計の導入により期待される便益を最大にするためには，発生主義会計情報が多様な意思決定において利用される制度設計が不可欠である。

わが国の多くの自治体において，総務省の決算統計によるバランスシートや行政コスト計算書の作成が単に他の自治体が導入しているという理由で導入され，有効に機能していない現状を無視してはならない[78]。効率的な行財政運営の実現のために発生主義会計情報を利用するためには，①予算の策定および議会での審議段階において，発生主義会計情報を参照する過程を組み込むこと，②行政活動のマネジメントに常に発生主義会計情報を利用すること，および，③議会，内部管理者，外部利用者が発生主義会計情報について徹底した分析と議論を行えるよう財務報告の透明性を高めることである。議会および自治体自身が発生主義会計情報を意思決定情報として必ず用いるという固い決意と，外部利用者による発生主義会計情報の分析を通じた批判および意思決定がなされなければ，発生主義会計導入の意義は著しく低くなるといえるだろう。

(注)
（1） わが国自治体では，会計年度末から2ヶ月間（4月1日から5月31日まで）を出納整理期間とし，この期間内に現金の出納が完了した未収分または未払分については当該年度の収入・支出として処理することとなっている（地方自治法第235条の5）。
（2） これについては，隅田一豊『住民自治とアカウンタビリティ』税務経理協会，1998年，19-21頁に詳しい。
（3） たとえば，吉田寛『地方自治と会計責任』税務経理協会，1980年，吉田寛・原田富士雄編『公会計の基本問題』森山書店，1989年，神戸都市問題研究所編『自治体公会計の理論と実践』勁草書房，1985年，公認会計士協会公会計特別委員会「我が国と諸外国の公会計制度の国際比較について」『JICPAジャーナル』第437号（1991年12月），119-116頁，隅田一豊，同上書がある。
（4） 公認会計士協会公会計特別委員会「地方公共団体の決算書類の内容を充実するための提案の討議資料（中間報告）」『JICPAジャーナル』第477号（1995年4月）117-125頁。

第1章 発生主義会計導入の意義 *39*

(5) 詳しくは,International Federation of Accountants (IFAC), Public Sector Committee (PSC), *Occasional Paper 1: Implementing Accrual Accounting in Government : The New Zealand Experience,* 1994. および,Organization for Economic Co-operation and Development (OECD), *Occasional Papers on Public Management, Accounting for What? : The Value of Accrual Accounting to the Public Sector,* 1993, pp.39-46.
(6) 詳しくは第7章参照。
(7) United States Government, *Financial Reporting of the United States Government,* 1997, 1998. および,Governmental Accounting Standards Board (GASB), *Statement No.34 : Basic Financial Statements and Management's Discussion and Analysis for State and Local Governments,* 1999.
(8) IFAC, PSC, *The Modernization of Government Accounting in France : The Current Situation, the Issues, the Outlook*(*The case in France*), 2003.
(9) 2000年現在この他に,オーストラリア(中央政府・地方政府),カナダ(2001年度から中央政府),フィンランド(中央政府),ドイツ(一部地方政府),アイスランド(中央政府),アイルランド(試験的に一部省庁に導入),イタリア(地方政府),マレーシア(地方政府),オランダ(中央省庁・地方政府),スウェーデン(中央省庁・地方政府),スイス(地方政府),タンザニア(地方政府)が発生主義会計を導入している。IFAC, PSC, *Study 11 : Government Financial Reporting : Accounting Issues and Practices,* 2000, par.296.
(10) OECDの1993年報告書(OECD, *op. cit.*)は,オーストラリア,アイスランド,ニュージーランド,米国,英国の5ヶ国のパブリックセクターの発生主義会計導入事例を報告している。IFACの1996年報告書(IFAC, PSC, *Occasional Paper 3 : Perspective on Accrual Accounting,* 1996)は,ニュージーランド,カナダ,スペイン,スウェーデン,米国,英国,オーストラリアの7ヶ国について各国の実務家等が発生主義会計導入事例をそれぞれ報告したものをまとめたものである。また,IFACの *Study 11* は,各国の具体的な財務報告事例を包括的に紹介している。
(11) IFAC, PSC, *Study 11, op. cit.,* par.105-106. および,IFAC, PSC, *Occasional Paper 3, op. cit.,* p.2.
(12) IFAC, PSC, *Study 11, ibid.,* par.107-110.
(13) *Ibid.,* par.116. および,IFAC, PSC, *Occasional Paper 3, op. cit.,* p.2. 広瀬義州『財務会計 第4版』中央経済社,2003年,437頁。
(14) HM Government, *Better Accounting for the Taxpayer's Money : Resource Accounting and Budgeting in Government,* A Consultation Paper, 1994, par.1.16.

(15) IFAC, PSC, *Study 11, op. cit.,* par.114.
(16) Ross & Kelly, *From cash to accrual : The Canadian Experience, Occasional Paper 3,* op. cit., pp.13-14.
(17) IFAC, PSC, *Study 11, op. cit.,* par.254.
(18) Montesinos & Bargues, *Base of accounting and reporting foci in Spanish governmental accounting, Occasional Paper 3, op. cit.,* p.22.
(19) T. Mellor, *Why governments should produce balance sheets, Occasional Paper 3, op. cit.,* p.55.
(20) Ross & Kelly, *op. cit.,* p.13.
(21) IFAC, PSC, *Study 14 : Transition to the Accrual Basis of Accounting : Guidance for Governments and Government Entities,* 2002.
(22) *Ibid.,* par.1.18. また，IFACの国際公会計基準第1号「財務諸表の表示」では，開示すべき財務諸表として財政状態報告書（statement of financial position），財務業績報告書（statement of financial performance），純資産／持分変動報告書（statement of changes in net assets/equity），キャッシュフロー計算書（cash flow statement）を挙げている（IFAC, PSC, *International Public Sector Accounting Standard 1*（IPSAS 1）*: Presentation of Financial Statements,* 2000, par.19.）。IFACのPSCは，財務報告の利用者について納税者，議員，投資家等の外部利用者の他に内部管理者等の内部利用者も含まれると考えている。IFAC, PSC, *Study 11, op. cit.,* par.48.
(23) IFAC, PSC, *Study 14, op. cit.,* par.1.19.
(24) IFAC, PSC, *Study11, op. cit.,* par.257.
(25) 本書では，マネジメント（management）という用語を，管理（control）より広い意義で用いる。すなわち，マネジメントとは，単に所与の事物・事項を適切かつ効率的に運営する管理だけでなく，戦略計画の策定等，実体が最大の便益を得るための意思決定過程を含む経営管理を意味する。
(26) IFAC, PSC, *Study 11, op. cit.,* par.259.ここでいう価値とは，資産の時価ではなく，取得原価および減損が認められる場合には公正価値を指すと考えられる。
(27) *Ibid.,* par.258-260.
(28) *Ibid.,* par.263.
(29) *Ibid.,* par.265.
(30) OECD, *op. cit.,* p.30.
(31) IFAC, *PSC, Study11, op. cit.,* par.264.
(32) *Ibid.,* par.267.
(33) *Ibid.,* par.269-270.

(34) IFAC, PSC, *Study 14, op. cit.*, par.1.22.
(35) Ross & Kelly, *op. cit.*, pp.13-14.
(36) IFAC, PSC, *Study 11, op. cit.*, par.279.
(37) *Ibid.*, par.275-279.
(38) *Ibid.*, par.273.
(39) *Ibid.*, par.274.
(40) IFAC, PSC, *Study 14, op. cit.*, par.1.23.
(41) *Ibid.*, par.1. 24.
(42) IFAC, PSC, *Study 11, op. cit.*, par.282-288.
(43) *Ibid.*, par.290.
(44) *Ibid.*, par.291.
(45) OECD, *op. cit.*, p.30.
(46) IFAC, PSC, *Study 14, op. cit.*, par.1. 25.
(47) IFAC, PSC, The case in France, *op. cit.*, p.16.
(48) T.Mellor, *op. cit.*, p.53.
(49) IFAC, PSC, *Study 11, op. cit.*, par.281.
(50) Montesinos & Bargues, *op. cit.*, p.22.
(51) ニュージーランド政府は，それまでの資源投入量の積み上げによる予算に代えて，行政機関によって産出される財・サービスというアウトプットの「価格」を合計するアウトプット予算を導入した。これは，各大臣が必要なものを各省庁あるいは民間から購入する「価格」に焦点を置くものである。大臣は，各省庁の次官（Chief Executive）との間で各省庁がどのような財・サービス（アウトプット）を提供するかという業績契約（Performance Agreement）と，そのアウトプットをいくらで買うかという購入契約（Purchase Agreement）を締結する。大臣は，必ずしも所轄の省庁からアウトプットを購入する必要はなく，他の省庁および民間から購入することも可能である。したがって，各省庁は，競争環境におかれ，他省庁および民間に勝る「価格」を提示することが求められ，コスト削減にむけてのインセンティブが強く働くようになっている。業績契約は1989年に，購入契約は1993年にそれぞれ導入された。詳しくは，財務省財務総合政策研究所「民間の経営理念や手法を導入した予算・財政のマネジメントの改革」2001年，75-126頁参照。
(52) OECD, *op. cit.*
(53) キャピタル・チャージとは，固定資産を保有する場合の資本コストをいい，純資産額に対して一定の利子率を乗じて計算する。資本コストを費用として認識することにより資産の効率的な利用を促すものである。

(54) OECD, *op. cit.,* pp.44-46.
(55) IFAC, PSC, *Study 11, op .cit.,* par.308.
(56) H.R.Richardon, *Opening and balancing the books : The New Zealand experience, Occasional Paper 3,* op. cit. p.8.
(57) 1999年から導入された「発生主義に基づくアウトカム・アウトプットのフレームワーク」(Accrual-based Outcomes and Outputs Framework, AOOF) と呼ばれる発生主義予算・政策評価制度は，各省庁がアウトカムの達成のために必要なアウトプットの「質」，「量」，「価格」を明らかにするもので，その「価格」を合計したものが予算となる。大臣は，他省庁や民間からもアウトプットを購入することができるため，各省庁は，競合する類似のサービスの提供者との比較を通じて適切な価格設定を行わなければならない。詳しくは，財務省財務総合政策研究所，前掲書，127-162頁参照。
(58) OECD, *op. cit.,* p.29.
(59) T.Mellor, *op. cit.,* p.55.
(60) 英国では，各省庁が歳出予算を示す際に，その資源を用いてどのようなサービスを具体的に提供するかを明らかにする公的サービス協定（Public Service Agreement, PSA）を1998年から導入した。これは，省庁の設置目的，目標，各目標に対する具体的なターゲット等を明らかにするもので，予算・歳出管理制度の核となる構成要素に位置づけられている。詳しくは第7章参照。
(61) HM Treasury, *Resource Budgeting and the 2000 Spending Review,* 2000.
(62) GASB, *Discussion Memorandum,an analysis of issues related to Measurement Focus and Basis of Accounting-Governmental Fund,* 1985.
(63) *Ibid.,* pp.29-32.
(64) IFAC, PSC, *Study 11, op. cit.,* par.320.
(65) *Ibid.,* par.321.
(66) *Ibid.,* par.322. 実際に米国では，年間の歳入規模により地方政府等を3つに区分し，発生主義会計の導入開始時期に差を設けるとともに，最も小規模な地方政府等についてはインフラ資産の遡及的資本化の免除を行う等，移行コストを軽減するための措置を講じている。GASB, *Statement 34,* op. cit., par.142-148.
(67) OECD, *op. cit.,* p.12.
(68) IFAC, PSC, *Study 11, op. cit.,* par.294.
(69) *Ibid.,* par.295.
(70) 地方政府等には，一般企業と異なり，毎年適切に維持・補修を行えば，半永久的にその使用が可能となる道路等のインフラ資産が存在する。これら特殊な資産についての費用配分をいかに行うかについての検討は別稿に譲ることと

する。また，超インフレ経済下における場合は，固定資産の簿価，および，減価償却費は一般物価指数等で修正すべきと考える。

(71) IFAC, PSC, *Study 11, op. cit.,* par.324.
(72) 英国では，非現金項目について実際の予算配分は行っていないが，ニュージーランド，および，オーストラリア政府では，減価償却費および資本チャージについて実際に予算の配分が行われている。
(73) IFAC, PSC, *Study 11, op. cit.,* par.318.
(74) IFAC, PSC, *The case in France, op. cit.,* p.9.
(75) T. Mellor, *op. cit.,* p.52.
(76) IFAC, PSC, *Study 11, op. cit.,* par.325.
(77) OECD, *op. cit.,* pp.18-19.
(78) 総務省（平成12年時は自治省）は，平成12年3月および平成13年3月に『地方公共団体の総合的な財政分析に関する調査研究会報告書』を公表し，主に決算統計に基づく貸借対照表および行政コスト計算書の作成手法（総務省方式）を示した。平成13年8月31日現在，バランスシートを作成済み，または作成中の団体は47都道府県，1,214市町村。行政コスト計算書を作成済み，または作成中の団体は，38の都道府県と518の市町村となっており，その大多数が総務省方式を採用している（総務省『地方公共団体のバランスシート等の作成状況』2002年）。しかしながら，この総務省方式に基づき作成される財務諸表は，年に1回作成される決算統計という統計資料から簡便的に導き出されるものにすぎず，会計記録から有機的に作成される財務諸表とはいえない。また，この財務諸表は，その作成が年に1回のみであることから，日常的な行政活動の管理・統制に資することが極めて困難なことが指摘されている（隅田一豊『自治体行財政改革のための公会計入門』ぎょうせい，2001年，136頁）。

第2章　固定資産会計

1　はじめに

　1980年代後半からニュージーランド，英国，米国等を中心とする諸外国では，行財政改革に民間企業の経営理念・手法を可能な限り導入し効率的な行政を実現しようとする新しい公共経営理論であるニュー・パブリック・マネジメント（NPM）[1]を積極的に取り入れてきた。このNPMは，従来の現金主義会計による資源の投入管理に代え，成果／業績管理を重視するため，適切なコスト算定を可能とする発生主義会計はNPMの重要なサブシステム[2]の一つに位置づけられ，各国で現金主義会計から発生主義会計への移行を中心とする公会計改革が行われている[3]。また，国際会計士連盟（IFAC）の公共部門委員会（PSC）は，現金主義会計から発生主義会計への移行を目指す公会計改革を支援すること，および各国間の比較可能性を高めることを目的に発生主義会計に基づく国際公会計基準（IPSAS）の策定を行っている[4]。

　これにたいし，わが国自治体の普通会計は明治以来の前近代的制度をそのまま踏襲し，いまだに単式簿記による歳出，歳入のみを示す現金主義会計を採用している。このため，現行の自治体の普通会計には，ストックの概念がなく，フローに関し有機的な関連をもった貸借対照表は作成されない[5]。したがって，資産と負債をいくら有しているか，ひいては現在提供しているサービスを今後も継続的に提供していくことが可能か否かという判断に有用な財政状態は明らかにされない。さらに，現金の移動を伴わない経済資源は認識しないた

め,毎期の資産の減価償却費や退職給与引当金の繰り入れは認識されず,行政サービス提供にかかる各期間の真のコストも明らかにされない。住民に自らの活動を十分に説明する説明責任の徹底のために,および,効率的な行政活動の実現へ向けマネジメントを強化するためには,財政状態およびサービス提供コストを適時に把握し明らかにすることが不可欠である。そして,そのためには現金主義会計から発生主義会計への移行を図り,複式簿記を前提とした正確な会計帳簿から有機的に財務諸表を作成することが必須であろう。

本章では,わが国の自治体に発生主義会計を導入することが必要不可欠であるという認識にたち,発生主義会計に基づく自治体の貸借対照表を作成する場合の資産,中でも特に有形固定資産の会計処理を考察する。なぜなら,公共の福祉の増大を目的とする自治体の場合,社会資本整備の蓄積である有形固定資産の資産全体に占める割合は極めて大きいからである[6]。考察の方法としては,国・地方政府の会計に先進的に発生主義会計を採用したニュージーランド,英国,米国の各国会計基準および国際会計基準(IAS),IPSASの比較・検討を通して行うアプローチを採用する。

国・地方政府は,私企業とは異なり利益の獲得を目的とせず公共の福祉の増大を目的とするため,自治体所有の有形固定資産のなかには,私企業では通常所有されない国・地方政府特有のものが存在する。公園や博物館,美術館の収集品等に代表される歴史的遺産および道路や橋りょう,上下水道等の社会基盤整備のために構築されたインフラストラクチャー資産(以下,インフラ資産という)である。これらの資産は他の有形固定資産に比べ相当長期または永久に保有されるという特質を有し,有形固定資産全体に占める割合も決して小さくない。そのため,これら特有の資産については,一般の有形固定資産と異なる会計処理を要求する会計基準も少なくない。そこで,本章では有形固定資産を一般の有形固定資産と,国・地方政府特有のものに分け,前者については各国等の会計基準間で最も取り扱いが異なり,かつ,貸借対照表の計上額,さらには減価償却費の計上額にも大きな影響を及ぼす「有形固定資産の再評価」の問題を取り上げる[7]。後者については「歴史的遺産およびインフラ資産の会計処

理」につき，一般の有形固定資産と異なる会計処理を行うべきか否かについて考察を行う。そこで，まず第2節では，「有形固定資産の再評価」および「歴史的遺産およびインフラ資産」について，ニュージーランド，英国，米国の各国およびIAS, IPSASの現行の会計規定を明らかにする。第3節では，各国等の会計規定の比較を行い，それぞれの有する背景を検討する。そして第4節で，わが国自治体の固定資産に適用すべき会計処理を明らかにする。

2　有形固定資産の再評価および歴史的遺産・インフラ資産に関する諸外国等の会計規定

(1) 有形固定資産の再評価に関する会計規定

英国の中央政府および地方政府の会計基準は，原則としてGAAP（一般に認められた会計原則）である私企業の財務報告基準（Financial Reporting Standards, FRS）に従うこととされており，パブリック・セクターへの適用が不適切なもの，あるいは，パブリック・セクター固有の事項については個別の会計基準が適用される。英国の財務報告基準（FRS）第15号「有形固定資産」[8]では，有形固定資産を再評価するか否かは，各企業の選択に委ねられている。企業が再評価することを選択した場合には，継続適用と同一種類の固定資産全てに再評価を行うことが要求され，固定資産の帳簿価額は貸借対照表日のカレント価値[9]で示される。再評価は，外部の公認鑑定士（qualified external valuer）が5年毎に実施し，3年目および価値に重要な変化があった場合には中間（interim）評価を行うことが要求されている[10]。再評価損は，明らかに経済的便益の費消により発生したもの，および，減価償却後歴史的原価を下回るものは損益計算書に計上し，その他の未実現損失は総認識利得損失計算書に計上する。再評価益は，過去に損益計算書で認識した再評価損の戻入れの範囲までは損益計算書に計上し，その他の未実現利益は総認識利得損失計算書に計上する。

有形固定資産の再評価についてFRSと中央政府の資源会計マニュアル[11]，および地方政府の会計コード[12]との主な相違点は，中央政府および地方政府では再評価は選択制ではなく義務づけられることである[13]。また，中央政府

および地方政府ともに再評価損益は固定資産再評価積立金として貸借対照表の純資産の部に計上する。

　ニュージーランドの会計基準である財務報告基準（Financial Reporting Standards, FRS）[14]は，私企業，中央政府，地方政府の全てを適用対象としている。FRS第3号では，企業は原則として有形固定資産の再評価を行うが，各企業が再評価を行わないことも認められている。再評価を行う場合には，同一種類の固定資産全てが再評価日の公正価値[15]で評価される。再評価は，帳簿価額と公正価値が大きく異ならないように十分に定期的に行うこと，および，最低5年毎に独立の鑑定人によって行われることが要求されている[16]。再評価損は，費用として認識する。再評価益は，過去に損益計算書で認識した再評価損の戻入れの範囲までは損益計算書に計上し，その他の未実現利益は再評価積立金として純資産に計上する。中央政府および地方政府の有形固定資産は公正価値による再評価が義務づけられている。

　米国の企業会計の会計基準設定団体である財務会計基準審議会（FASB）は，有形固定資産の再評価を認めていない。また，連邦政府の会計基準設定団体である連邦会計基準諮問審議会（Federal Accounting Standards Advisory Board, FASAB），および，州および地方政府の会計基準設定団体である公会計基準審議会（GASB）も，ともに有形固定資産の再評価を認めていない[17]。

　IASは，有形固定資産の再評価を「標準処理」では認めていない。しかしながら，「認められる代替処理」として再評価日における公正価値[18]による再評価を認めている。再評価を行う場合には，同一種類の固定資産全てを再評価すること，および，帳簿価額が公正価値と大きく異ならないよう定期性をもって再評価を行うことが要求される[19]。再評価損は，費用として認識する。再評価益は，過去に損益計算書で認識した再評価損の戻入れの範囲までは損益計算書に計上し，その他の未実現利益は再評価剰余金として株主持分に計上する。

　IPSASは，「財務報告の主要な目的は，利用者のニーズに合致した情報を提供することであり，これはパブリック・セクターも私企業も同じである。パブ

リック・セクターの会計基準の基礎としてIASを用いることは，パブリック・セクターと私企業の基準で類似の問題に対し一致したアプローチを導くことになる」[20]とし，IASの基準と出来る限り一致させる方向で開発されている。したがって，IPSASでもIAS同様，有形固定資産の再評価を「標準処理」では認めず，「認められる代替処理」として再評価日における公正価値による再評価を認めている[21]。有形固定資産の再評価についてIASとIPSASとの主な相違は，IASでは再評価を行う場合に取得原価の開示を要求するが，IPSASではこれを要求しない点である。IASは，再評価を選択した場合においても比較可能性を高めるために「標準処理」を行った場合，つまり取得原価を採った場合の影響額の開示を要求する。しかし，IPSASでは従来現金主義会計を採用していたパブリック・セクターにあっては取得原価の記録が不十分であったり，取得原価を見積もることが困難な場合に再評価が選択されることもあるため，再評価を選択した場合の取得原価の開示を要求していない。

(2) 歴史的遺産およびインフラ資産に関する会計規定

歴史的遺産（heritage assets）は，国・地方政府等に特有の資産である。英国の中央政府では，歴史的遺産を「その文化的，環境的，歴史的関係から将来の世代に保存されていくことが意図されている資産」と定義し，例として歴史的建造物，考古学的遺跡，芸術作品等を挙げている[22]。IPSASの定義もほぼ同様で，「文化的，環境的，歴史的重要性から歴史的遺産と呼ばれるものがある」とし，例として歴史的建造物，モニュメント，考古学的遺跡，自然保護区，芸術等を示し，さらに歴史的遺産がしばしば有する特質として①その資産の文化的，環境的，教育的，歴史的価値が市場価格を基礎とする財務価値に全て反映されないこと，②売却による処分について法的に禁止あるいは制限が課されていること，③しばしば取り替えがきかず，また，経年により物理的状態が悪化しても価値が増加する場合があること，および，④すでに数百年にわたり保存されている場合もあり耐用年数の見積が困難であることを挙げている[23]。

インフラ資産についてIPSASは，以下の特質の一つ以上を有するものである

とし，①システムまたはネットワークの一部分である[24]，②所有目的が特定されており，代替的な利用方法がない，③移動できない，④除却について制限が設けられている，という4つの特質を挙げ，例として道路，上下水道，電力供給システム等を示している[25]。

英国中央政府は，歴史的遺産を運営（operational）歴史的遺産と非運営（non-operational）歴史的遺産の2つに分類する。運営歴史的遺産とは歴史的建造物を庁舎として用いる等，その資産が歴史的遺産としての特徴を有するが故に所有されていることに加え，他の政府活動のサービスを提供するために所有されているものをさす。運営歴史的遺産および非運営歴史的遺産はともに資本化が要求される。しかしながら，非運営歴史的遺産のうち，①資産の取得原価が不明なもの，または，②十分に信頼できる評価を行うことが不可能なものについては資本化を行うことは不適切であるとして行わない。このような資本化が不適切な非運営歴史的遺産としては，①2000年3月31日現在，美術館，ギャラリーに現存している収集物，および，②考古学的遺跡，古墳，旧跡，モニュメント，彫像等が挙げられている。これら資本化を行わない歴史的遺産については，注記で資産の経年数や規模，取得方法，利用方法等につき十分に開示を行うことが要求される[26]。資本化された歴史的遺産は，他の有形固定資産と同様に再評価が行われる。インフラ資産は「特定の地域においてネットワークとして統合されたサービスを提供する形態の資産」と定義され，その例として道路が挙げられている。道路はネットワーク全体の状態を反映した減価償却後再調達原価で評価され，更新会計を減価償却の近似値として用いることが認められている[27]。

英国地方政府では，コミュニティ資産が歴史的遺産に該当する[28]。コミュニティ資産およびインフラ資産は，取得原価による資本化を行い，再評価は行わない[29]。

ニュージーランドでは，特に歴史的遺産というカテゴリーは存在せず，国特有のものとして図書館の収集物と国立公園が示されている[30]。図書館の収集物は公正価値で少なくとも5年毎に再評価し，国立公園等，客観的な市場価格

の見積が困難な有形固定資産は公正価値の最も適切な見積額で記録することが求められている。また，インフラ資産に相当するものとしては高速道路が挙げられ，道路は減価償却後再調達原価で，高速道路の土地は公正価値の近似値として近隣の利用を基礎とする機会原価で評価される[31]。インフラ資産に更新会計を用いることは，適切な減価償却ではないとして認めていない[32]。

　米国連邦政府は，有形固定資産を一般有形固定資産，および，スチュワードシップ有形固定資産の2つに分け，後者をさらに①国防（National Defense）有形固定資産，②歴史的遺産，③スチュワードシップ土地の3つに分けている[33]。一般有形固定資産は取得原価によって認識し減価償却を行う。スチュワードシップ有形固定資産は資本化を行わず，取得または改修にかかるコストは全て発生時の期間費用とする[34]。さらに，スチュワードシップ有形固定資産については，補足スチュワードシップ報告書（Supplementary Stewardship Reporting）という別の報告書でその物理的数量，当期増減，取得方法，資産の状態等を報告することが義務づけられている[35]。インフラ資産は，一般有形固定資産に含まれる。

　米国の地方政府等では，歴史的遺産の資本化が原則として要求される。ただし，以下に示す3つの要件を全て満たしたものは，資本化を奨励されるが義務づけられない。その要件とは①一般への展覧，教育のために所有しているもの，または財務的利益の獲得を目的とせず公的サービスの促進のためになされた研究，②慎重に保護，保存されているもの，③収集物の売却収入を他の収集物を取得するために用いることが定められているもの，という3つである。さらに，この要件を全て満たし資本化を行わない歴史的遺産については，注記でその種類，資本化しなかった理由を開示することが求められている[36]。インフラ資産は，「性質的に不動産でほとんどの資本的資産よりはるかに長い期間にわたり維持される長期資本的資産である」と定義され，取得原価で計上し，減価償却を行うことが要求されている[37]。しかし，インフラ資産のうちダムや高速道路など一つの資産が全体の一部を構成するようなネットワーク資産については適切に維持・管理し，その管理状態を開示することを要件に減価償却

を行わずに維持管理に要する費用を当該年度の費用とすることが認められている[38]。さらにインフラ資産の遡及的資本化は1980年以降に取得したものに限定され，小規模な地方政府等には遡及的資本化を免除し，将来取得するものについてのみ資本化を要求している[39]。

IPSASは，上述したように歴史的遺産の定義を行っているが，IPSAS第17号「有形固定資産」の適用対象範囲から外し，歴史的遺産の資本化についてはその要求も禁止も行わないという立場をとっている[40]。ただし，歴史的遺産を資本化する場合には，IPSAS第17号の開示要求（認識規準，減価償却方法，帳簿価額，減価償却累計額，期首と期末の帳簿価額の差異説明）を満たさなければならないとする[41]。インフラ資産は，他の有形固定資産と同様に取得原価で資本化される。

3 会計規定の比較検討

(1) 有形固定資産の再評価の背景

図1は，有形固定資産の再評価の有無について国・地方政府を横軸に，私企業を縦軸にとり，各国の私企業と国・地方政府の会計規定を示したものである。

米国は，私企業および連邦政府・地方政府ともに有形固定資産の再評価を行わないため左下に位置する。IASおよびIPSASの両国際基準は，有形固定資産の再評価を原則行わないが代替処理として認めているため，米国の斜め上に位置している。英国は，私企業では有形固定資産の再評価を選択制とし，中央政府および地方政府ではともに再評価を義務づけているため，右寄り中位の高さに位置している。そして，ニュージーランド（NZ）は，私企業では原則再評価とし，国および地方政府ではともに再評価を義務づけているため右上に位置している。

有形固定資産の再評価について各国の私企業の会計規定と国・地方政府のそれとを比較した図1では，各国の座標位置がおおむね対角線上にあり，私企業と国・地方政府の会計規定がほぼ同じであることがわかる。これは，同一国内

図1 有形固定資産の再評価の有無
（私企業と国・地方政府の比較）

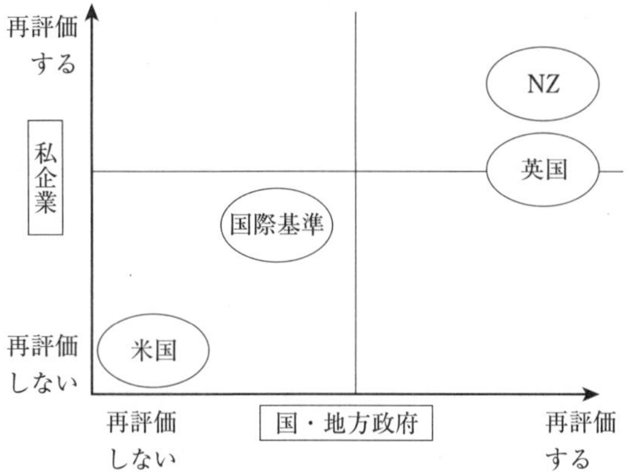

```
              再評価
               する ↑
                    │           NZ
                    │
         ┌──┐       │         英国
         │私│───────┼────────
         │企│       │
         │業│   国際基準
         └──┘       │
              再評価 │
              しない │   米国
                    │
         ──────────┼──────────→
           再評価  国・地方政府  再評価
           しない              する
```

では会計のバックグラウンドが同じであることによるものと考えられる。英国の資源会計マニュアルが「パブリック・セクターにとって意義があり，かつ適切な範囲において英国GAAPに従う」[42]と述べているように，各国固有の歴史的経緯と文化的背景を有し形成されてきた企業会計のGAAPにそれぞれの国・地方政府の会計基準が依拠するのは当然であるといえる。国・地方政府では発生主義会計を導入してからまだ日が浅いのに比べ，企業会計のGAAPは長い年月を経て醸成されてきたものである。いいかえれば，各国固有の企業会計のGAAPと整合性を有しない国・地方政府の会計基準は，一般に受け入れ難いであろうと考えられる。したがって，国・地方政府間の会計基準の相違は，各国の私企業間の会計基準の相違に由来すると考えて差し支えないであろう。そのため以下では，私企業の会計基準の比較検討を行う。

　IASの「財務諸表の作成及び表示に関するフレームワーク」[43]において示されているように，現在，取得原価主義に基づく名目貨幣資本維持の概念に準拠して財務諸表が作成されるのが最も一般的である。そのため，多くの国で通常，有形固定資産の再評価は認められていない。にもかかわらず，英国において有形固定資産が再評価されているのは何故であろうか。田中教授は英国で有

形固定資産が再評価される背景には,歴史的に主に2つの要因があると指摘している。一つは,英国では古くから土地および建物を定期的に再評価する慣行があるというものである[44]。英国の古い建築物は,ほとんどが石造り・レンガ造りで二度にわたる大戦の被害にもあわず,地震もめったにないため,都市部では建築後すでに数百年を経て今なお本社・店舗として使用されている建物が少なくない。そして,これらの不動産は通常,建物および土地を一括して「土地および建物 (properties)」として売買され,貸借対照表においても両者を分離せず,「土地および建物」として表示するという慣行が生まれた。この場合,すでに数十年,数百年を経過し,手入れさえすればあと数百年の使用にも耐えるような建物も少なくなく,耐用年数の見積の困難性,さらには取得原価を土地相当分と建物相当分に分けることの困難性から,多くの企業は土地と建物を有機的な構成物とみなし,定期的に再評価を行うことによって建物に生じる減価を認識しようとしてきたのだという。

もう一つは,株式公開買付 (TOB) から会社を守るために再評価を行うというものである[45]。英国は中小企業が非常に多く,かつ,ベンチャー・ビジネスの盛んな国であり,芽が出てきた会社や資産の含みが大きい会社に対するTOBが盛んである。そのため,TOBから会社を守るために自社の固定資産を時価評価するようになったのだという。

辻山教授は英国において有形固定資産が再評価されるのは,その根底に情報セットアプローチがあると指摘している[46]。財務報告基準 (FRS) 第3号「財務業績の報告」[47]は,「単一の業績指標を重視するこれまでの考え方を転換し,業績を構成するいくつかの重要な要素を強調する情報セットアプローチを採用した」と述べ,さらに「何が重要な構成要素であるかを識別するのは財務諸表の利用者である。この財務報告基準が損益計算書および総認識利得損失計算書の本体または注記に開示することを要求している情報を利用すれば,財務諸表の利用者は必要な業績尺度に変えることができるはずである」という[48]。つまり,企業の財務業績を評価する際には利益という単一の指標に集約するのではなく,利得と損失を可能な限り広範に認識し個々の構成要素を示した方が

より有用であるという見解である。英国ではそのような観点に立って，資産を広範に時価で評価し，その結果生じる時価評価差額を，すべてその期の「業績」として捉えるとともに，その業績全体をどのように「区分表示」するかに財務報告の主眼がおかれているのだという。したがって，有形固定資産は時価評価され，その保有損益は総認識利得損失計算書において財務業績の構成要素として位置づけられているのである。ちなみに，1997年2月の調査によれば，英国では上場企業の65％が有形固定資産の再評価を行っているという[49]。

英国より有形固定資産の再評価を強く取り入れているニュージーランドでは，「一般目的財務報告概念書」[50]において，「取得原価システムは，未実現の価値の変化を認識せず不適切な財務業績尺度を提供する。全ての資産と負債を定期的に再評価することは包括利益と呼ばれるより完全な財務業績尺度を提供する」[51]とし，取得原価主義システムと結合して，非貨幣性資産につきカレント価値の再評価を行うシステムを修正取得原価システム（modified historical cost system）と呼び，この「修正取得原価システムの方が，取得原価システムより一般目的財務報告の目的をよりよく果たす」[52]と述べている。ニュージーランドがこのような結論に至った背景には，ニュージーランドが英国連邦に属し英国の影響を強く受けていることが挙げられる。事実，英国は，英国連邦に属するオーストラリア，ニュージーランド，南アフリカとともに，4ヶ国で「再評価グループ」を結成し，固定資産の再評価実務の浸透をはかっている[53]。

これにたいし，米国は，有形固定資産について伝統的な原価・実現基準に基づく会計の枠組みを崩していない。その理由は，事業に拘束されている事業用資産の時価は，企業業績の評価や企業価値の推定にとって関連のない値であり，時価評価することに意味がないと考えているからである。一般に市場で決められている時価は市場平均のキャッシュ・フローが期待されている結果であり，企業は市場平均以上のキャッシュ・フローの獲得を期待できるからこそ事業投資を継続している。その場合に，投資家が事業用資産の時価を知ったからといって，その情報から企業の将来キャッシュ・フローを予測できるわけでは

なく,時価情報に有用性はないと考えられる[54]。つまり,ある事業用資産の時価が上下したとても,期待どおりのキャッシュ・フローが生み出されている限り当該事業の業績には全く影響を及ぼさないため,事業用資産の時価評価損益は意味を持たないと考えるのである。

IASは,世界の資本市場参加者の経済的意思決定に役立つよう各国で異なる会計基準を統一化するために1973年に設立された国際会計基準委員会 (International Accounting Standards Committee, IASC) によって策定され,2001年からは国際会計基準審議会 (International Accounting Standards Board, IASB) がその業務を引き継いでいる[55]。IAS第16号「有形固定資産」は1982年に策定された後,1993年に「財務諸表の比較可能性プロジェクト」の一環として大幅な改訂が行われた。この「財務諸表の比較可能性プロジェクト」による改訂が行われる前までは,IASCはIASを各国に受け入れやすくするために類似する取引または事象に関し複数の会計処理方法を認め自由な選択権を容認してきた。たとえば,1993年の改訂以前では,有形固定資産の測定は単に「取得原価または再評価額」となっており,再評価を行うか否かは自由な選択制であった。そして,その当然の結果として各国の財務諸表間の比較可能性が損なわれたのである。この損なわれた比較可能性を高めるために,従来認めてきた会計処理方法の自由選択性を否定し単一の会計処理方法に絞る,あるいは,一つの会計処理方法に絞りきれない場合には優先的な処理方法と代替的な処理方法を定め,代替的な処理方法を選択した場合には優先的な処理方法を採用した場合との差額を開示するという方向でIASの大幅な改訂を行ったのが「財務諸表の比較可能性プロジェクト」である[56]。この改訂によって,有形固定資産の再評価は英国等の再評価を認める国々に配慮し「代替処理」として残す一方,「標準処理」はあくまでも取得原価であることを示したのであった。

(2) 歴史的遺産およびインフラ資産の会計処理の背景

国・地方政府の「インフラ資産の資本化の有無」を横軸に,「歴史的遺産の資本化の有無」を縦軸にとり,各国の規定を座標で表したものが図2である。

図2　歴史的遺産とインフラ資産の資本化
（国・地方政府）

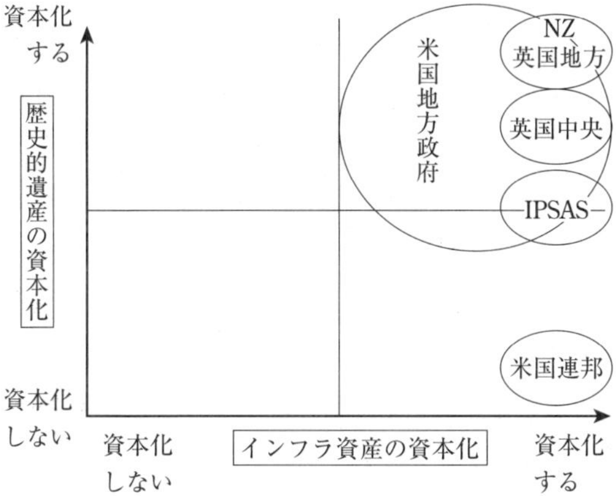

米国連邦政府は，インフラ資産は資本化するが歴史的遺産の資本化は行わないため右下に位置し，米国地方政府等はインフラ資産の遡及的資本化を政府の財政規模により段階的な差を設け実施し，歴史的遺産については原則として資本化を行うが免責も認めているため座標のほぼ右上$\frac{1}{4}$に広く位置する。ニュージーランド（NZ）はインフラ資産および歴史的遺産をともに資本化するため右上に位置する。英国中央政府はインフラ資産を資本化するが歴史的遺産の一部を資本化しないためニュージーランドの真下に位置し，英国地方政府はニュージーランドと同じくインフラ資産ならびに歴史的遺産の資本化を行うためニュージーランドと同じ右上に位置している。そしてIPSASは，インフラ資産を資本化するが，歴史的遺産の資本化については明確な態度を示していないため，右中位の高さに位置する。

図2からは，歴史的遺産について米国連邦政府のみが資本化を明確に否定していることがわかる。山本教授は，歴史的遺産の資本化の有無を有形固定資産の再評価に関連させて，ニュージーランド・英国と米国連邦政府の相違は主に政府会計における会計目的の違いに起因していると指摘している[(57)]。すなわち，英国・ニュージーランドは資産管理の改善に資する意思決定情報の提供に

会計目的の重点を置き，米国連邦政府では資産使用にかかるアカウンタビリティの確保に会計目的の重点が置かれるために相違が生じているのだという。つまり，英国・ニュージーランドは，政府全体の資産管理のために歴史的遺産を含む全ての資産を計上することを要求し，資産の取得・維持・廃棄・更新のサイクルを時価という同一尺度で測定することで資産管理のマネジメントに資する。さらに，資産使用の効率化を促進するため政府内部および民間との競争が必要であり，そのための比較可能なコスト算定として時価を適用しているという。これにたいし，米国連邦政府では，資産が適切に維持管理されているかどうかという物理的アカウンタビリティが優先されるために資産を貸借対照表に計上することを必ずしも要求せず，物理的単位等を財務諸表の注記あるいは付属明細書等に記載すれば足りると考える。そのため信頼性のある金銭評価が困難な歴史的遺産は，資産計上を行わず，そのかわりに付属明細書で詳細な物理的情報を開示する。さらに，米国では，現在世代の負担が現在のサービス供給に要するコストに見合うものか否かという世代間の負担の衡平性を説明することが強調されるために，コストの算定には取得原価が適し，時価による資産の再評価を行わないという。しかし，山本教授のこの指摘は米国連邦政府が歴史的遺産を資本化しない理由として妥当であろうか。

英国中央政府は，歴史的遺産を資本化し評価する便益は，その他の有形固定資産を資本化する便益と共通であり，それは，①国民に対し資産の価値を知らせることができること，②所有主体に対し資産のより良い維持管理を促すこと，③資源が適切に維持されているか否かについての意思決定に資すること，④資本的支出と経常的支出を区別することができること，および，⑤資産の価値の増加あるいは悪化を確かめることにより資産の維持管理にどれだけの金額を費やすべきかの意思決定に資することの5つを挙げている[58]。

これにたいし，米国連邦政府は，「歴史的遺産の取得原価を運営費用に配賦することは，主体の運営業績の測定に貢献しない。歴史的遺産は国家財産として保存することが意図されていることから，利用者にたいして目的適合な情報は，①何が重要な資産でそれが何処にあるのか，②これらの資産を効果的に維

持しているかという非財務情報，および，③期間維持コストである」[59]と述べている。しかしながら，これは歴史的遺産を資本化しない根拠としては説得力に欠ける。歴史的遺産を資本化したとしても，時間の経過とともに経済価値が減少しないものについては，必ずしも減価償却を行う必要はなく，運営業績の測定に貢献しないという先の指摘は当てはまらない。

一方，米国の地方政府等が歴史的遺産を資本化する根拠は，GASB基準書第34号「州および地方政府の基本財務諸表および行政管理者の検討と分析」によれば「歴史的遺産が資産であるから」[60]と明快である。さらに，GASB基準書第34号はつづけて「歴史的遺産は資産であるが，資本化すべき金額を見積もることが不可能か，またはコスト・便益の観点から資本化を行うコストが便益を上回る場合があるために，資本化を免除する要件を定めた。これは財務会計基準書（Statement of Financial Accounting Standards, SFAS）第116号に基づくものである」[61]と述べ，SFAS第116号[62]に依拠していることを明らかにしている。SFAS第116号は，芸術作品を含む歴史的遺産について「これらは，一般的に長期間所有され，売却されることも滅多にないが，その使用により経済的便益または用役潜在性を提供し続けるものであり，これは財務会計の諸概念に関するステートメント（SFAC）第6号が規定している全ての資産が有する特質と共通である。したがって，これらは資産であり，その存在および性質の変化に関する情報は財務諸表の利用者にとって目的適合なものであり，遡及的資本化は概念的には適切な会計処理であると考える」と述べている[63]。しかしながら，遡及的資本化を行うコストが，それによって得られる便益を上回ることもあるとして，歴史的遺産の資本化はコストと便益を評価して決定するよう勧告している。

このように，米国地方政府等が歴史的遺産を資本化することは米国GAAPとの整合性を有しているものであり，むしろ連邦政府が歴史的遺産を含むスチュワードシップ有形固定資産全ての資本化を行わないことは特異なものであるといえる。資産使用にかかるアカウンタビリティをより良く果たすためには，当該会計年度に歴史的遺産をどれだけ取得し，その蓄積額が総額でどれだけある

のかという情報も必要である。取得原価が明らかなものについてまで資産としての認識を行わず，支出時に全て費用化することは現金主義会計となんら変わりがない。たとえ別の報告書でスチュワードシップ有形固定資産の詳細を示すにしても，膨大なオフバランスを持つ貸借対照表では，アカウンタビリティを十分に果たせないといえるだろう。

　次に図2からわかることは，米国地方政府等を除いてインフラ資産の資本化は他の有形固定資産と同様に当然であるということである。IPSASは，有形固定資産の定義を満たすインフラ資産は有形固定資産として扱うと述べ，他の有形固定資産と区別する理由がないことを明らかにしている[64]。では何故，米国地方政府等はインフラ資産の遡及的資本化を1980年以降取得したものに限定し，小規模地方政府等にたいし遡及的資本化を免除しているのであろうか。この背景には，実務家の相当な抵抗があったからであるという。米国地方政府等は，1999年にGASB基準書第34号が発行されるまでは，一般政府活動について財務資源を測定の焦点とする修正発生主義によるファンド財務諸表のみを公表していた[65]。そのため，そこではインフラ資産を含む固定資産はファンドの資産として計上されることはなく，減価償却費の計上も行われていなかった[66]。GASB基準書第34号の発行に先立ち公表された公開草案[67]には，インフラ資産の資産計上に反対する意見が1,500件以上も寄せられ，これらの大部分は州政府等の構成員からのもので，遡及的インフラ資産の計上にはコストを上回る便益があがるとは考えられないというものであった[68]。GASBはこれらの反対意見を考慮し，インフラ資産の遡及的資本化の基準を緩めたといえ，ある意味で妥協の産物といえるだろう。

4　自治体固定資産に適用すべき会計処理

(1)　有形固定資産の再評価

　英国，米国，ニュージーランドの国・地方政府の会計規定を検討し明らかとなったことは，国・地方政府の会計が各国の企業会計のGAAPと整合性を有しているということである。これから開発されるであろうわが国自治体の会計規

定においても，長い時間をかけわが国固有の会計理論の蓄積を経て形成されてきた企業会計のGAAPとの整合性を有しなければ，一般に受け入れられないと考えられる。わが国の企業会計のGAAPは，周知のとおり有形固定資産の再評価を認めていない[69]。わが国自治体の固定資産に適用すべき会計処理を考察するに先立ち，わが国の企業会計で何故，取得原価主義が採られ，有形固定資産の再評価が認められないかを明らかにする。そして，その理論が自治体会計にも援用できるか否かを考察する。

　新井清光教授は，取得原価主義会計の構造的特徴は①測定対価主義，②原価配分原理（費用配分の原則），③原価—実現の3つから成り立つことを指摘し，「取得原価主義会計は，資産に投下された当初の貨幣資本を原価配分原理および実現主義の会計処理基準を通じて回収する計算構造を採っているということができ，したがってこれを『名目的な貨幣資本の回収計算構造』であるということができる」と述べている。さらに，このような計算構造をもつ取得原価主義会計は「検証可能性」，「保守主義または財務的健全性」，および「実行可能性」という3つの特性を備えていることを明らかにしている[70]。

　広瀬教授は，このような計算構造をもつ取得原価主義会計が存続する理由として，取得原価主義会計が①処分可能利益の算定，②財務諸表監査，③受託責任遂行状況の報告，のいずれにも適合している点を挙げている[71]。つまり，取得原価主義会計により，処分可能利益の算定から未実現利益を排除することができ，検証可能性および信頼性が高いことから財務諸表監査および受託責任遂行状況の報告に適するという。

　濱本教授は，会計の目的を①投資家への意思決定情報の提供，②企業業績の評価，および，③分配可能利益の算定の3つを挙げている。そして，企業業績を評価する際の業績指標として会計利益を考える場合，会計利益は経営者の経営努力を通じてある程度コントロール可能な尺度であることが必要になるという。この観点からは，長期にわたり資本を拘束する設備資産を時価評価しその保有損益を利益に導入することは，経営者にとって統制不能な外生要因を業績評価に導入することになり合理的でないという[72]。

辻山教授は，現代の財務報告の中心目的は，投資および与信意思決定のための情報提供にあり，投資意思決定において会計情報は将来の予想形成のための事前情報として利用されるとともに，事前の期待を事後に修正し新たな期待を形成するためのフィードバック情報として利用されるという。すなわち，投資家は会計情報により企業価値を評価するのである。この場合，ゴーイング・コンサーンを前提とするかぎり時価ベースの純資産額が企業価値と同値になることはない。事業投資に係る企業価値を推定する際に重要なのは，当該投資からもたらされる将来のキャッシュ・フロー，あるいは将来利益そのものである。そのため，事業用資産である有形固定資産の時価およびその評価差額は投資家の事前の期待と事後の検証とは無縁の情報であり，事業用資産は原価評価されると指摘している[73]。

　斎藤教授は，投資にあたって事前に期待した成果がどこまで実現したかを測定するという企業会計の基本的な目的から，事業用実物資産である有形固定資産の価値を評価するためには市場の平均的な期待を反映した時価情報ではなく，そこから得られるキャッシュ・フローの予測に役立つような当該企業の業績情報が求められると指摘する。事業用資産の時価がいくら変動したとしても投資成果としてのキャッシュ・フローが実現したのではない以上，未実現利益の計上を避けるためには資産の簿価を時価と切り離し，原価（マイナス減価）のまま繰り越すほかないのだという[74]。

　これらを整理すると有形固定資産の再評価を行わない取得原価主義の論拠は，①処分可能利益算定のために未実現利益を排除する，②検証可能性および信頼性が高い，③実行可能性に優れている，④事業用資産の時価評価損益は経営者の業績尺度に適さない，および，⑤事業用資産の時価評価損益は投資の意思決定情報として企業価値の評価に役立たないという5つであるといえよう。

　これら企業会計における取得原価主義会計の論拠は，利益の獲得ではなく福祉の増大を目的とし，住民へのサービス提供の原資の大部分を税金でまかなう自治体の場合にも適用できるであろうか。

　まず，①処分可能利益算定のために未実現利益を排除するという論拠は，も

ともと「利益計算」や「処分可能利益の算定」が会計目的でない自治体の場合には論拠となり得ない。なぜなら，自治体の運営目的は利益を獲得し，資本提供者に成果としてキャッシュ・フローを配分することではないからである。

次に取得原価主義が②検証可能性および信頼性が高いこと，および③実行可能性に優れていることは，自治体においても有形固定資産の再評価を行わない論拠となり得る。わが国では英国やニュージーランドと異なり，詳細な鑑定基準にしたがって評価鑑定の有資格者が有形固定資産を時価評価することが実務上の慣行として広く行われていない。さらに，自治体の所有する固定資産の大部分が市場取引のない教育・文化・福祉施設であることを考えると，それらの減価償却後再調達原価の見積りは数量も多く非常に困難であることが予想されるからである。

そして，④事業用資産の時価評価損益は経営者の業績尺度に適さないことは，自治体にも当然あてはまる。自治体の業績は，収益から費用を控除した利益ではない。自治体が住民に提供する行政サービスの業績尺度は，各行政分野における経済性，効率性，有効性であり，自治体のサービス業績の判断のために会計が果たす役割は，経済性，効率性の判断に資する行政サービスの提供コストを明らかにすることである。したがって，自治体において有形固定資産の時価評価損益が業績尺度に適さないといえるのは，経営者にとり統制不能な外生要因であるからというより，利益が業績の尺度ではないからといえる。

最後に，⑤事業用資産の時価評価損益は投資の意思決定情報として企業価値の評価に役立たないという企業会計の論拠は，④と同様，利益が業績の尺度ではないという理由から自治体にもあてはまるといえる。自治体の場合その活動は企業と異なり，将来キャッシュ・フローを獲得するために有形固定資産を所有するのではないため，時価評価損益は投資の意思決定情報として当該資産の将来キャッシュ・フロー獲得能力を評価することに役立たない。つまり，投資の意思決定情報として実体の将来キャッシュ・フロー獲得能力を評価することが有用であるという点では企業も自治体も同じであるが，自治体のキャッシュ・フローの発生源泉は主に税金であるため，利益概念を用いてキャッシュ・

フロー獲得能力を測ることはできないのである。

以上，有形固定資産の再評価を行わない企業会計の論拠が自治体にも適用できるか否かを考察した結果，①処分可能利益算定のために未実現利益を排除するという論拠は，自治体には適用できず，②検証可能性および信頼性が高いこと，および③実行可能性に優れていることは，自治体にも適用できることを明らかにした。しかしながら，④事業用資産の時価評価損益は経営者の業績尺度に適さない，および，⑤事業用資産の時価評価損益は投資の意思決定情報として企業価値の評価に役立たないことは，自治体にもあてはまるといえるが，自治体の業績尺度が利益ではないため，これらをもって有形固定資産の再評価を行わない当然の論拠とすることは難しいと考えられる。自治体の場合には，企業会計とは異なる論拠が必要となるだろう。

自治体固有の論拠を考察するためには，自治体の財務報告目的にさかのぼって考える必要がある。自治体の財務報告は，GASBが指摘するように利用者がアカウンタビリティ[75]を評価し，経済的，社会的，政治的意思決定に役立つような情報を提供すべきである。そのため，そこで期待される財務報告の目的は，利用者がアカウンタビリティを評価することができるように，1) 当年度の収入が当年度のサービスを支払うのに充分であったかどうかを明らかにする情報を提供すること，2) 資源の獲得と使用が法的な予算及びその他の法的要求や契約に準拠しているか否かを明らかにすること，3) 利用者が政府のサービス提供努力，コスト，成果を評価するのに役立つ情報を提供することである。そして，利用者がその年度の政府の運営成果を評価するのに役立つために，4) 財務資源の源泉と使用についての情報を提供すること，5) 活動のための資金をどのように調達し，また資金需要にどのように応えたかの情報を提供すること，6) 会計年度の運営結果として財政状態が改善したのか，悪化したのかを明らかにするための情報を提供することである。さらに，利用者が政府によって提供されたサービスのレベルおよび期限が到来した時に債務を弁済する能力を評価するのに役立つために，7) 財政状態に関する情報を提供すること，8) 当会計年度以降も使用可能な物理的およびその他の非財務資源につい

ての情報を提供すること，9）資源に関する法律または契約上の制限及び資源喪失の潜在的リスクを開示することである[76]。

　これらの財務報告目的を考慮すれば，自治体の場合には，企業会計における有形固定資産の時価評価損益が業績評価に耐えうる利益であるかどうかという論点とは異なり，時価評価額の開示および時価評価額による減価償却計算がアカウンタビリティの評価という観点から有用か否かということが重要であり，明らかにされるべき論点となろう。すなわち，自治体において「有形固定資産を時価で貸借対照表に計上することが，財務諸表利用者の行う実体のアカウンタビリティ評価に有用か否か」および「時価評価額にもとづく減価償却費の算定がアカウンタビリティ評価に有用か否か」を検証することが不可欠である。

　自治体の所有する有形固定資産の大部分は行政目的に供されている行政財産であり，それらは，教育・文化・福祉施設等，一般的に売却が予定されない資産であるため時価で計上する意義はない。さらに，自治体のサービス業績評価は，非財務情報である提供するサービスの成果と提供にかかるコストの比較分析によってなされるものであると考えた場合，取得原価による費用配分こそが住民の実際負担分を示し，アカウンタビリティ情報としてのコストとして適切であろう。再評価額による減価償却計算は，単に機会原価を示すことになり誤解を招く可能性がある。また，現行の自治体サービスを外部へ委託するか否かの意思決定のために民間と比較可能なコストとして機会原価を示す必要があるのであれば，財務諸表から離れ個別のサービス分野ごとにコストを比較すれば足りるであろう。さらに，有形固定資産の取得・維持・廃棄・更新のサイクルを時価という同一尺度で測定し資産管理に資する，あるいは更新時の実体資本の維持を図ることを目的に資産を時価で再評価し減価償却費を計上する必要があると考えることは，現有する有形固定資産を一律に更新すると仮定することであり疑問である。なぜなら，いわゆるハコもの資産は，長期間の年月の経過により住民の人口構成の変化およびその他の要因により，必要とされる住民サービスの需要の量および質に変化が生じることが十分にあり得るからである。近年の少子高齢化に伴い，小学校に空き教室が増えたり，極端な例では小学校

区の統廃合によって学校施設が福祉施設に変更され,あるいは取り壊される等がその例といえる。資産のより良いマネジメントを行うためには,提供するサービスのために必要な資産が何であるか,さらに,必要な資産が適切に維持されているか否かを常に把握し,有形固定資産の取得・維持・廃棄・更新の計画を策定することが必要なのであり[77],有形固定資産を財務諸表本体において再評価することが必ずしも資産管理に資するとは言い切れないだろう。

　しかし,前述のとおり長い年月の経過に伴い,特にハコもの資産についてはそれを取り巻く環境が変化することを考えれば,時価を注記で開示することは意思決定情報として重要であると考えられる。もともと資産の売却を予定しない行政財産であっても,畑の真ん中に建設された福祉施設が30年後には駅前の一等地に存在するというケースも想定でき,交通アクセスが重要視されない設備であれば,高騰した土地を売却して安価な土地に設備を移転し,売却による余剰資金を他の住民サービス供給の資源に配分するという選択肢も可能であると考えられるからである。要は住民が自ら受けるサービスの成果とそれを提供するためのコスト,あるいは資源配分の適切性を評価するのに必要な情報を提供することが重要である。

(2) 歴史的遺産およびインフラ資産の会計処理

　住民を含む財務諸表の利用者が自治体の財政状態を適切に把握するためには,資産性を有する資産は全て,いいかえれば歴史的遺産も貸借対照表に計上することが必要である。何故なら,住民は自治体が当該会計年度に歴史的遺産をどれだけ取得したのか,およびその蓄積額が総額でどれだけあるのかという情報が必要だからである。住民は税金という資金の提供者であると同時に,間接民主主義による最終的な意思決定者でもある。ある資産を歴史的遺産として維持保存することが必要あるいは重要であるか否かを決すること,いいかえれば,維持保存する便益とそれにかかるコストとを比較しどう判断するかは,住民の意思決定にかかっているといえる。当該資産の歴史的遺産としての重要性を国や県が認知すれば,国あるいは県がその資産を所有し維持保存の資金を提

供することになるであろうし，そうでなければ，当該資産の属する地域の市町村が維持保存の資金を投下しなければならない。近年，自治体が何を保存すべき歴史的遺産とするかの意思決定に住民が直接関与する事例が増えてきている。たとえば，鎌倉市は，平成14年度に住民運動の末に住宅開発予定地域を保存緑地として開発業者から115億円を投じ買い取ることを決定した[78]。また，滋賀県豊郷町では，老朽化して取り壊される予定の町立小学校をめぐって歴史的建造物として保存するか否か，さらには引き続き小学校施設として使用を継続するか否か，小学校を新築するか否かにつき町と住民の間で意見が分かれ，町長のリコールを問う住民投票の実施にまで問題が発展した[79]。歴史的遺産を新たに取得することは，投下資金が永久に当該資産に拘束されることになり，その分他の住民サービスに資金が配分されないことを意味する。自治体が過去，歴史的遺産に投下した資金が総額でいくらあるかという情報は，さらなる維持保存を行うべきか否かという住民の意思決定においても必要不可欠な情報であろう。英国中央政府や米国地方政府のように，取得原価の不明な，あるいは価値を評価することが不可能な資産については物量表示を明確にすることを条件に貸借対照表での認識を行わないとしても，取得原価が明らかなものについてまで支出時に一括費用処理し，貸借対照表のオフバランス項目にすることは，アカウンタビリティを果たせず不適切であるといえるだろう。

インフラ資産は，多様な取得形態の歴史的遺産とは異なり，自治体が社会資本整備のために自らの資金を投入して所有する資産であり，その資産性は各国等の会計規定においても認められている。さらに，インフラ資産の減価償却費の計上は，行政サービスの提供コストを算定する際にも必要不可欠である。したがって，インフラ資産を資本化することに争いはない。しかしながら，わが国自治体でインフラ資産を資本化する際の大きな問題点は，取得原価を見積もる十分な資料および記録が存在するかどうかということである。

米国地方政府等では，会計記録の不備からインフラ資産の取得原価の見積りは困難であり，かつ，コストが便益を上回るという実務家の反対にあい，遡及的資本化に一定の枠がはめられた。わが国の場合は，明治時代から現金主義会

計を採用しているためインフラ資産の取得に関する会計記録は乏しく，米国地方政府等以上にインフラ資産の取得原価の見積りに関する問題は深刻である。発生主義会計にもとづく会計基準を設定する際には，インフラ資産の取得に関する遡及的資本化の範囲がどこまで実行可能か，また，どの程度のコストを要するかを慎重に検討する必要があるだろう。コストが便益を相当程度上回ると予想される場合には，遡及的資本化に昭和40年以降取得したものといった一定の限度を設けることや，現在見積価額にインフレ率を考慮して算定する等の取得原価を簡便に見積る方法を提示することも一概に不適切であるとはいえないのではないだろうか。

5 おわりに

　本章では，わが国自治体に発生主義会計を導入した場合に，有形固定資産の再評価を行うべきか否か，および，歴史的遺産およびインフラ資産の資本化を行うか否かに焦点をあて，適用すべき有形固定資産の会計処理について考察を行った。そこではまず，国・地方政府会計の先進国である英国，米国，ニュージーランドの各国会計規定およびIAS, IPSASの概要を明らかにしたうえで，各会計規定が有する背景について私企業の会計規定との比較を通して検討を行った。そして，国・地方政府の各国会計規定が各国固有の歴史的背景・文化を基礎に形成されてきた企業会計のGAAPとの整合性を有していることを明らかにした。特に，英国およびニュージーランドで時価による有形固定資産の再評価が行われている背景には，英国で古くから土地および建物を定期的に再評価する実務慣行があったこと，および，利得と損失を広範に認識し個々の構成要素を示すことが業績判断に有用であるとする情報セットアプローチという独自の考え方が存在することを示した。

　次に，わが国企業会計で有形固定資産の再評価が認められない論拠を検討し，自治体会計においてそれが適用できるか否かを考察した。その結果，利益の獲得を目的としない自治体においては，企業会計の論拠のみでは有形固定資産の再評価を認めない論拠になりえず，アカウンタビリティを評価するという

別の観点から考えることの重要性を指摘した。すなわち,自治体の財務報告の目的は,利用者がアカウンタビリティを評価し,かつ経済的,政治的,社会的意思決定に有用な情報を提供することであるという観点にたった場合,自治体の業績は,非財務情報であるサービス提供の成果と提供コストとの比較分析によりその経済性および効率性が判断される。そのため,取得原価による費用配分こそが住民の実際負担分を示し,アカウンタビリティ情報として適切なコストであると考えられる。したがって,有形固定資産を時価で再評価し貸借対照表に計上すること,および,時価による減価償却費の計上は適切とはいえない。しかしながら,長期間にわたり所有される有形固定資産は,期間の経過にともない住民の求めるサービスの量および質が変化することが予想されることから,時価情報を注記あるいは補足的情報として開示することは有用であると考える。

また,歴史的遺産については,資産性が認められる以上,他の資産と扱いを異にする理由は見あたらず,むしろ資産として認識せずに膨大なオフバランス項目にすることが不適切であることを明らかにした。近年,歴史的建造物や緑地の保存運動等,自治体の歴史的遺産の維持・保存の意思決定に住民が積極的に関与する機会が増大している。自治体が新たな歴史的遺産を維持・保存すべきか否かの適切な意思決定を行うためには,現在所有する歴史的遺産が資産全体に占める割合や,新たな歴史的遺産の維持保存を行いうる財政状態であるかどうかを明らかにすることが重要であり,その意味からも歴史的遺産の資本化が求められる。

さらに,社会資本整備の蓄積であるインフラ資産については,資産である以上,資本化し減価償却を行うことが求められる。しかしながら,長年現金主義会計を採用してきたわが国自治体の場合,取得原価を特定する会計記録の不備が予想され,遡及的資本化にある程度の制限を設けるか,または取得原価の見積方法として簡便な方法を考案する等,今後実行可能性につき慎重に検討を加えることが必要であろう。

国・地方政府の会計改革は,最も早く始まったニュージーランドから数えて

もまだ十数年しか経ていない。それぞれの国の企業会計のGAAPを土台として構築されている国・地方政府の会計規定は，企業会計のGAAPが変わればともに変わる可能性を有している。EUでは，全ての上場会社に対し2005年からIASを適用することが既に決定しており，企業会計における国際的調和化，あるいは統一化を目指すIASの重要性がますます増大することが予想される。各国固有の企業会計のGAAPも企業会計基準の国際的調和化という名のもと，その変容を強いられる可能性もある。最近のIASの「業績報告」をめぐる動きは企業会計から当期純利益を排除することを提案しており[80]，企業会計は激動の時代に入っているといえる。IPSASもIASを反映する形で開発されており，国・地方政府の会計においても国際的調和化の波がわが国に波及することは十分に考えられる。わが国自治体の特質を考慮しながらも，国際的調和化に耐えうる自治体会計基準を設定することが求められている。

(注)
(1) ニュー・パブリック・マネジメントとは，従来の資源の投入による管理に代えて，経営資源の使用に関する裁量を広げるかわりに，業績/成果による統制を行い市場メカニズムを可能な限り活用するものである（大住荘四郎『ニュー・パブリック・マネジメント―理論・ビジョン・戦略―』日本評論社，1999年，1-40頁）。また，これは顧客志向，成果志向，市場原理および分権化の4つの基準に基づく政府部門の経営を指すともいえる（山本清『政府会計の改革』中央経済社，2001年，16頁）。
(2) 山本清，同上書，3頁，および，8-52頁。
(3) ニュージーランド政府は，1989年にそれまでの資源投入量の積み上げによる予算に代えて，行政機関によって産出される財・サービスの「価格」の合計としてのアウトプット予算を導入すると同時に，行政コストの民間比較を可能にするために発生主義会計を導入した。英国政府では，政策評価制度を包含した新たな予算・歳出管理制度を1998年から導入し，この制度を支援する基礎として資源会計・予算制度を1999年から導入している。また，米国の地方政府等では，それまでの流動財務資源を測定の焦点，修正発生主義を会計処理基準とする政府ファンド会計に加え，新たに経済資源を測定の焦点，発生主義を会計処理基準とする連結財務諸表の作成を2001年から始め，それまで明らかにされなかった政府全体の行政サービスのコストを明示することになった。また，

OECDの2000年の調査によれば，発生主義に基づき連結財務諸表を作成している中央政府はオーストラリア，フィンランド，ギリシャ，ニュージーランド，スウェーデン，英国（各政府機関は1999年度に導入済み。政府全体の連結は2005年度から実施予定），米国の7ヶ国。発生主義予算を採用している国はオーストラリア，ニュージーランド，英国の3ヶ国。発生主義予算の導入を計画している国は，カナダ，韓国，オランダ，スウェーデン，スイスの5ヶ国であるという（OECD, *Accrual Accounting and Budgeting Practice in Member Countories : Overview,* 2000.）。

（4） 国際公会計基準（International Public Sector Accounting Standards, IPSAS）は，2000年3月にその『序文（Preface）』を公表して以来，2003年4月現在，IPSAS1号『財務諸表の表示』からIPSAS20号『関連当事者についての開示』の策定を終えている。

（5） 現行制度の有する欠点については詳しくは隅田一豊『住民自治とアカウンタビリティ』税務経理協会，1998年参照。総務省（平成12年時は自治省）は，この欠点を克服するため平成12年3月および平成13年3月に『地方公共団体の総合的な財政分析に関する調査研究会報告書』を公表し，主に決算統計に基づく貸借対照表および行政コスト計算書の作成手法を示した。しかしながら，この総務省方式に基づいて作成される財務諸表は，年に1回作成される決算統計という統計資料から簡便的に導き出されるものにすぎず，会計記録から有機的に作成される財務諸表とはいえない。総務省方式の貸借対照表は，その作成過程において集計可能な資産・負債を対比しただけで網羅性に欠け，評価においても普通建設事業費の積み上げの推計値でしかなく，財政状態を総括的に表しているにすぎないとの批判を受けている（兼村高文「自治体財政と発生主義」『都市問題』第92巻第1号（2001年1月），41-51頁）。さらに正確性の問題だけでなく，決算統計を用いる財務諸表では，その作成は年に1回のみであり，日常的な行政活動を管理・統制することは極めて困難であることが指摘されている（隅田一豊『自治体行財政改革のための公会計入門』ぎょうせい，2001年，136頁）。

（6） 総務省方式等により作成，公表されている貸借対照表によれば，東京都の平成13年度普通会計の有形固定資産額は約13兆4千億円で資産総額（約18兆1千億円）の74％を占める（東京都「東京都の機能するバランスシート平成13年度決算速報版」2003年1月，12頁）。また，最大の政令指定都市である横浜市の平成13年度普通会計の有形固定資産額は約5兆5千億円で資産総額（約6兆3千億円）の87％を占めている（横浜市「横浜市の財政状況平成14年度版」2002年，43頁）。

（7） 有形固定資産の減損は，過大であることが判明した固定資産の簿価を回収

可能な範囲まで切り下げ，将来に損失を繰り越さないための会計処理であり，取得原価主義会計の理論の枠内で説明可能なものであると考える。また，2003年4月現在，ニュージーランドおよび英国においては減損を認識する規定が存在するが，米国およびIPSASには規定が存在しない。しかしながら，米国では公会計基準審議会（GASB）が2002年12月に『固定資産の減損』の公開草案を公表している。IPSASも現在，加盟各国に固定資産の減損に関する意見を求めており，近い将来，減損の会計基準を公表する予定である。以上のことから固定資産の減損は，各会計基準間で大きな相違点にはならないと考え，本章ではその検討対象から外すこととする。

(8)　Accounting Standards Board（ASB），*Financial Reporting Standard*（*FRS*）*15 : Tangible fixed assets*, 1999.

(9)　カレント価値（current value）とは，固定資産の再調達原価（replacement cost）と回収可能価額（recoverable amount）のうち，いずれか低い方をいう。回収可能価額とは，正味実現可能価額（net realizable value）と使用価値（value in use）のうちいずれか高い方をいう（*Ibid.,* par.2.）。また，使用価値とは，資産の継続的使用とその耐用年数の最終時における処分によって生じると予測される見積将来キャッシュ・フローの現在価値をいう（ASB, *FRS11 : Impairment of fixed assets and goodwill*, 1998. para. 2.）。これらの関係を図に示せば以下のようになる。

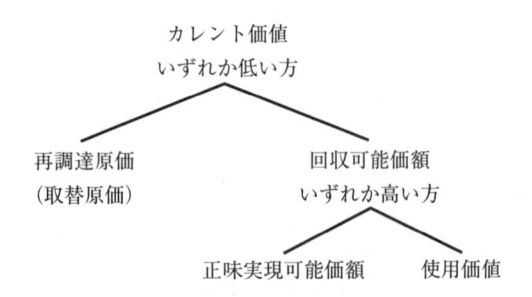

```
            カレント価値
            いずれか低い方
          ／          ＼
     再調達原価       回収可能価額
     （取替原価）      いずれか高い方
                   ／          ＼
            正味実現可能価額    使用価値
```

(10)　再評価については，資産を5等分に分け，これを$\frac{1}{5}$ずつローリングして毎年再評価することも認められている。ASB, FRS15, op. cit., par.44-46.

(11)　HM Treasury, *Resource Accounting Manual*, 2001.

(12)　The Chartered Institute of Public Finance and Accountancy（CIPFA），*Code of Practice on Local Authority Accounting in the United Kingdom*, 2002.

(13)　本質的に利潤獲得を目的としない政府活動の場合，将来の稼得キャッシュ・フローを見積もって計算する使用価値は測定できないと言ってよい。した

がって，中央政府でのカレント価値は，再調達原価と正味実現可能価額のうち，いずれか低い方となるであろう。
(14) ニュージーランドの財務報告基準（FRS）は，ニュージーランド勅許会計士協会（Institute of Chartered Accountants of New Zealand）内の財務報告基準審議会（Financial Reporting Standards Board, FRSB）が策定したものを1993年財務報告法により設立された会計基準審査審議会（Accounting Standards Review Board, ASRB）が承認することによって法的拘束力を持つ。
(15) 公正価値（Fair value）とは，「取引の知識がある自発的な当事者の間で，独立第三者間取引条件により，資産が交換される価額をいう」（Financial Reporting Standards Board (FRSB), *Financial Reporting Standard* (FRS) *No.3 : Accounting for Property, Plant and Equipment*, 2001, par.4.23.)。公正価値が市場の証拠を用いて信頼性をもって決定できない場合には，減価償却後再調達原価が用いられる（*Ibid.,* par.4.11.）。
(16) *Ibid.,* par.7.1.
(17) Federal Accounting Standards Advisory Board (FASAB), *Statement of Federal Financial Accounting Standards* (SFFAS) *No.6 : Accounting for Property, Plant, and Equipment*, 1995. および，Governmental Accounting Standards Board (GASB), *Statement No.34 : Basic Financial Statements and Management's Discussion and Analysis for State and Local Governments,* 1999.
(18) 公正価値の定義はニュージーランドのそれと同様である。International Accounting Standards Board (IASB)「国際会計基準書IAS第16号有形固定資産（IAS16）」『国際会計基準書2001』同文舘出版，2001年，IAS16. par.16. 土地および建物の公正価値は，通常，市場価値だが，工場や設備のように特殊な性質であったり，めったに売買されないために市場価値の根拠となるものがないときには，減価償却後の再調達原価で評価される。*Ibid.,* par.30-31.
(19) 再評価を誰が行うかについては，特に規定しておらず「土地および建物の公正価値は通常，市場価値である。市場価値は通常，専門家としての資格を有する鑑定人の評価によって決定される」と述べるにとどまっている。*Ibid.,* par.29-32.
(20) International Federation of Accountants (IFAC), Public Sector Committee (PSC), *Study11:Government Financial Reporting : Accounting Issues and Practices,* 2000, par.10.
(21) IFAC, PSC, *International Public Sector Accounting Standards* (IPSAS) *17 : Property, Plant and Equipment,* 2001, par.8.
(22) HM Treasury, *op. cit.,* par.3.5.1.

(23)　IFAC, PSC, *IPSAS17, op. cit.,* par.8.
(24)　システムおよびネットワークとは何かについてIPSASは，特に定義を示していないが，GASBによれば資産のネットワークとは，多くの構成単位から一つの資産を形成し，特定のタイプのサービスを全ての資産（構成単位）を通じて提供するものであるという。GASB, *Statement 34, op., cit.,* par.22.
(25)　IFAC, PSC, *IPSAS17, op. cit.,* par.21.
(26)　HM Treasury, *op. cit.,* par.3.5.5.-3.5.9.
(27)　*Ibid.,* par.3.6.
(28)　コミュニティ資産とは「地方政府が永久に所有する意図があり，耐用年数を見積もることができず，かつ，資産の処分が制限されているものである。公園や歴史的建造物が例として挙げられる」と定義されている。CIPFA, *op. cit.,* p.76.
(29)　*Ibid.,* par.3.30.
(30)　その他の国特有のものとしては，軍事装置（減価償却後再調達原価）が挙げられている。NZ Treasury, *Treasury Instructions 2002,* 2002, par.3.4.5.5.
(31)　*Ibid.,* par.3.4.5.5.
(32)　FRSB, *FRS 3, op. cit.,* par.8.12.
(33)　一般有形固定資産とは「財・サービスを提供するために使用される有形固定資産」，国防有形固定資産とは「軍事使命の遂行に用いられるために国防省またはその他が所有する武器システム有形固定資産および支援有形固定資産」，歴史的遺産とは「歴史的，自然として重要あるいは，文化的，教育的，芸術的に重要か，重要な建築的特質を有するもの」，スチュワードシップ土地とは「連邦政府所有の土地および土地の権利であって，他の一般有形固定資産に関連して取得したものでないもの」とし，スチュワードシップ土地の例として森林や公園を挙げている。FASAB, *SFFAS 6, op. cit.*
(34)　歴史的遺産のうち，歴史的建造物を庁舎に用いる場合等，政府の運営活動に供されるものは複数使用（Multi-use）歴史的遺産として一般有形固定資産と同様に取り扱い，取得原価で資本化し減価償却を行う。FASAB, *SFFAS No.16 : Amendments to Accounting for Property, Plant, and Equipment-Measurement and Reporting for Multi-Use Heritage Assets,* 1999.
(35)　FASAB, *SFFAS No.8 : Supplementary Stewardship Reporting,* 1996.
(36)　GASB, *Statement No.34, op. cit.,* par.27.
(37)　*Ibid.,* par.18-22.
(38)　*Ibid.,* par.23-26.
(39)　年間収入が1千万ドル以上の地方政府等は1980年以降に取得した全てのイ

ンフラ資産の遡及的資本化が求められるが，収入が1千万ドル未満の地方政府等はインフラ資産の遡及的資本化は免除され，2003年以降に新たに取得するものについてのみ資本化が求められている。*Ibid.*, par.143-149.

(40) IFAC, PSC, IPSAS 17, *op. cit.*, par.1.
(41) *Ibid.*, par.10.
(42) HM Treasury, *op. cit.*, para. 2.1.1.
(43) IASB「IAS：財務諸表の作成及び表示に関するフレームワーク」，前掲書，22頁。
(44) 田中弘『イギリスの会計基準』中央経済社，1991年，80-81頁。
(45) 田中弘『時価主義を考える』中央経済社，1998年，233-235頁。
(46) 辻山栄子「事業用資産の評価―再評価と不動産投資」『会計基準の基礎概念』（斎藤静樹編著）中央経済社，2002年，349-374頁。
(47) ASB, *FRS 3 : Reporting financial performance,* 1992.
(48) 田中弘・原光世『イギリス財務報告基準』中央経済社，1994年，201-203頁。
(49) ASB, *FRS 15, op. cit.*, Appendix IV.
(50) The Council, New Zealand Society of Accountants, *Statement of Concepts for General Purpose Financial Reporting,* 1993.
(51) *Ibid.*, par.9.8.
(52) *Ibid.*, par.9.9.
(53) 辻山栄子，前掲書。
(54) 大日方隆「利益の概念と情報価値―純利益と包括利益」『会計基準の基礎概念』（斎藤静樹編著），中央経済社，2002年，375-417頁。
(55) 2001年に発足したIASBの審議会のメンバーは，英国3名，米国4名，日，仏，独，豪，南ア，スイス，カナダの各1名の合計14名からなり，そのうち7名はIASBと各国内基準設定主体との相互の連絡役を担うリエゾンメンバーとなっている。桜井久勝『テキスト国際会計基準』白桃書房，2001年，2頁。
(56) 具体的には，1989年1月に公開草案32号「財務諸表の比較可能性」が公表され，13の基準の改訂を行い，23項目の自由選択できる他の会計処理の削除と13項目の優先的処理が勧告された。1990年7月にはこの公開草案32号に対して寄せられた意見の検討結果に基づく「趣旨書」が公表され，これに基づき各会計基準が順次，改訂されていった。詳しくは，「特集：国際会計基準公開草案第32号「財務諸表の比較可能性」をめぐって」『JICPAジャーナル』第409号（1989年8月），13-26頁および「IASC代表団に聞く会計基準の国際的調和の動向」『JICPAジャーナル』第438号（1992年1月），15-21頁参照。

(57) 山本清「政府部門における固定資産会計の国際的動向と展望」『會計』第152巻第5号 (1997年11月), 108-119頁。
(58) HM Treasury, *op. cit.*, par.3.5.4.
(59) FASAB, *SFFAS 6, op. cit.*, par.123-126.
(60) GASB, *Statement 34, op. cit.*, par.343.
(61) *Ibid.*, par.343.
(62) FASB, Statement of Financial Accounting Standards (*SFAS*) *No.116; Accoounting for Contributions Received and Contributions Made,* 1993.
(63) *Ibid.*, par.130-136.
(64) IFAC, PSC, *IPSAS17, op. cit.*, par.21.
(65) GASB基準書第34号の発行により,地方政府等はそれまでのファンド財務諸表の公表に加え,経済資源を測定の焦点とする発生主義会計を用いて政府全体の連結財務諸表を作成することとなった。
(66) 政府ファンドに属する一般固定資産はファンドではなく,一般固定資産勘定グループにおいて会計処理が行われる。また,勘定グループにおいて減価償却累計額を記録することは任意である。
(67) GASB, *Exposure Draft, Basic Financial Statements-and Management's Discussion and Analysis-for State and Local Governments,* 1997.
(68) GASB, *Statement No.34, op. cit.*, par.336-337.
(69) わが国においても平成14年8月に企業会計審議会が『固定資産の減損に係る会計基準の設定に関する意見書』を公表し,2006年3月期から固定資産の減損会計を導入することが予定されている。しかしながら,これは資産を時価評価し評価損益を計上する「再評価」ではなく,投資の収益性が低下して貸借対照表に載っている資産価額が回収可能な金額をかなり超えているということが明確である場合に,将来に損失を繰り越さないために回収可能な金額まで簿価を切り下げる処理であり,取得原価主義の枠組みの中で取り入れられた処理であるといわれている。詳しくは辻山栄子,逆瀬重郎他「座談会:固定資産の減損に係る会計基準の設定に関する意見書をめぐって」『JICPAジャーナル』第568号 (2002年11月), 11-24頁参照。
(70) 新井清光『企業会計原則論』森山書店, 1985年, 182-184頁。
(71) 広瀬義州「取得原価主義会計のフレームワーク」『取得原価主義会計論』(田中弘編著) 中央経済社, 1998年, 19-33頁。
(72) 濱本道正「利益情報の役割と資産評価」『企業会計』第48巻第9号 (1996年9月), 113-118頁。
(73) 辻山栄子「固定資産の評価」『企業会計』第53巻第1号 (2001年1月), 31-

39頁
(74) 斎藤静樹「資産・負債の評価基準-金融商品を中心に」『企業会計』第51巻第1号（1999年1月），170-176頁。
(75) GASBによれば，アカウンタビリティとは「自らの行動を説明する義務があること。自らの行動を正当化する義務があること」であり，「政府に対し公的資源の調達と使用について市民に答えることを要求する」ものである。政府のアカウンタビリティとは「市民には知る権利があるという考えに基づいて，市民や選挙で選ばれた議員には議論の対象とし得る事実を公的に受け取る権利がある」ことと説明している。GASB, *Concepts Statement No.1 : Objectives of Financial Reporting,* 1987, par.56.
(76) *Ibid.,* par.76-79.
(77) 英国中央政府の各省庁は，資産のより良いマネジメントを行うために「省庁投資戦略」（Departmental Investment Strategy）と呼ばれる有形固定資産についての戦略計画の策定が義務づけられている。詳しくは第7章参照。
(78) 朝日新聞，平成14年10月14日，湘南版。
(79) 日本経済新聞，平成15年2月17日。
(80) 詳しくは斎藤静樹，辻山栄子，山田辰巳，武井明，加藤厚「座談会：業績報告をめぐるISABの活動とその論点について」『JICPAジャーナル』第572号（2003年3月），33-45頁参照。

第3章 負債会計

1 はじめに

　わが国自治体に発生主義会計を導入する意義の一つには，発生主義会計が現金主義会計に比べより完全な資産・負債情報の認識・測定を可能とすることが挙げられる。すなわち，発生主義会計に基づく財務諸表の作成・報告を行うことにより，自治体は，財務報告の外部利用者が意思決定を行ううえでより有用な情報を提供すると同時に，行政内部利用者がより良い資産・負債マネジメントを行うための意思決定に有用な情報を得ることができるのである[1]。

　本章では，このような意義を有する発生主義会計を自治体に導入する場合の負債に焦点をあて，そこにどのような問題が存在するのかを明らかにし，さらにそれをいかに会計処理すべきかを考察する。現在，自治体普通会計において貸借対照表を作成した場合，その負債の主なものは，地方債および退職給与引当金である[2]。地方債をめぐっては，わが国特有の制度上の問題として，元利償還金の一定割合につき交付税措置が予定されている地方債について，その発行残高ではなく，当該自治体の実質負担額を負債として表示すべきという議論がある[3]。また，退職給与引当金については，わが国企業会計において1998年に設定された「退職給付に係る会計基準」を自治体会計に採用すべきか否かを検討する必要がある。さらに，これら以外の自治体の負債に係る論点としては，自治体において現在，負債として認識されていない債務負担行為（主に土地開発公社に先行取得を依頼した公共用地にかかるもの）を負債として認識すべき

であるという主張がある[4]。しかしながら，土地開発公社の先行取得土地の保有残高は全体としてさほど大きくないこと，および，「塩漬け土地」と呼ばれる長期未利用土地の問題がクローズアップされた後，保有土地の用途変更や見直し，民間への売却等の積極的な健全化の努力が行われており，必ずしも自治体が公社の先行取得土地の全てを買い取る義務があるとはいえなくなっていることから，本章ではこれを議論の対象から外すこととする[5]。

そこで，まず第2節では，財務会計の諸概念に関するステートメント（SFAC）を早くから設定してきた米国における資産・負債の定義および認識規準，さらに，国際会計基準（IAS）等の規定を検討したうえで，自治体においてあるべき負債の定義，認識規準を明らかにする。次に，第3節で元利償還につき交付税措置が予定されている地方債の負債計上にかかる問題を検討する。そして，第4節では，自治体における退職給与引当金の見積方法として企業会計の退職給付会計基準を適用することの可否の考察を行う。

2 資産・負債の定義および認識規準

財務会計の諸概念に関するステートメントを早くから設定し，各国の会計基準設定に大きな影響を与えてきた米国の財務会計基準審議会（FASB）は，1985年設定のSFAC第6号『財務諸表の構成要素』[6]において，資産および負債の定義を行っている。これによれば，資産とは，「過去の取引または事象の結果として，ある特定の実体により取得または支配されている，発生の可能性の高い将来の経済的便益」[7]であり，負債とは，「過去の取引または事象の結果として，特定の実体が他の実体に対して，将来，資産を譲渡し，または，用役を提供しなければならない現在の債務から生じる発生の可能性の高い将来の経済的便益の犠牲」[8]である。そして，1984年設定のSFAC第5号『営利企業の財務諸表における認識と測定』[9]は，財務諸表の構成要素の基本的認識規準として，「財務諸表の構成要素の定義を満たすこと」，「十分な信頼性をもって測定でき，かつ目的に適合する属性を有すること（測定可能性）」，「情報利用者の意思決定に影響を及ぼしうること（目的適合性）」，「表現上忠実であり，検証

可能かつ中立であること（信頼性）」の4つの規準を示している[10]。

　IASの資産・負債の定義，および，認識規準は，1989年に設定された『財務諸表の作成及び表示に関するフレームワーク』[11]において明らかにされている。そこでは，資産とは，「過去の事象の結果として当該企業が支配し，かつ，将来の経済的便益が当該企業に流入することが期待される資源」であり，負債とは，「過去の事象から発生した当該企業の現在の債務であり，これを決済することにより経済的便益を包含する資源が当該企業から流出する結果になると予想されるもの」であると定義されている[12]。また，その認識規準は，「構成要素の定義を満たす項目が，a）当該項目に関連する将来の経済的便益が企業に流入するか又は企業から流出する可能性が高く，かつ，b）当該項目が信頼性をもって測定できる原価又は価値を有していること」であるとしている[13]。

　これにたいし，国および地方政府等の国際的な会計基準を目指す国際公会計基準（IPSAS）においては，FASBやIASのような概念フレームワークは設定されていない。しかしながら，IPSASの序文で利用者にたいしIASの『財務諸表の作成及び表示に関するフレームワーク』を参照することを奨励している[14]。また，IPSAS第1号『財務諸表の開示』[15]は，資産とは「過去の事象の結果として実体が支配し，かつ，将来の経済的便益または用役潜在性が実体に流入することが期待される資源」であり，負債とは，「過去の事象から発生した実体の現在の債務であり，これを決済することにより経済的便益または用役潜在性を包含する資源が実体から流出する結果になると予想されるもの」であると定義しており，IASの資産および負債の定義と同義となっている[16]。

　また，企業会計と国・地方政府等の会計基準が同一であるニュージーランドにおいても，資産・負債の定義，および，認識規準はIASのそれと同義である。1993年に策定された『一般目的財務報告概念書』[17]は，資産を「過去の取引または事象の結果として，実体が支配している用役潜在性，または，将来の経済的便益」と定義し[18]，負債を「過去の取引または事象の結果として実体が他の実体にたいして負う現在の債務であり，用役潜在性，または，将来の経済的便益の将来の犠牲」と定義している[19]。そして，それぞれの認識規準

は,「発生する可能性が高いこと」および「信頼性をもって測定できること」であると明記している[20]。

英国においてIASの『財務諸表の作成及び表示に関するフレームワーク』に相当するのは,1999年に設定された『財務報告の諸原則』[21]である。そこでは,資産は「過去の取引,または,事象の結果として実体が支配する将来の経済的便益への権利またはその他のアクセスである」と定義され,負債は「過去の取引または事象の結果として,経済的便益を譲渡する実体の債務である」と定義されている[22]。また,認識する原則として,「十分な証拠が存在すること」および「十分な信頼性をもって貨幣で測定できること」を挙げている[23]。また,英国では,地方政府の会計基準において財務諸表の構成要素に関するフレームワークは特に設定されていない。しかし,地方政府の各会計基準と矛盾することがないかぎり企業会計の基準を基礎とすることが定められており,地方政府における資産・負債の定義,および,認識規準は企業会計のそれに準拠する。

一方,米国の州および地方政府において,経済資源を測定の焦点とし,発生主義会計を用いて政府全体の活動を報告するようになったのは,1999年に設定されたGASB基準書第34号『州及び地方政府等の基礎的財務諸表,および,行政管理者の検討と分析』[24]からである。このGASB基準書第34号では,資産・負債の定義についてはとくに触れていないが,政府全体の活動報告はGASB基準書に矛盾しないかぎりFASBの財務会計基準書および財務会計の諸概念に関するステートメントに準拠することが要求されている[25]。

このように,実体が私企業であるか地方政府等であるかを問わず,会計上の負債の定義は,「過去の取引または事象の結果として発生した現在の債務からもたらされる将来の経済的便益の犠牲」であり,その認識規準は「発生の可能性が高いこと」,かつ,「信頼性をもって測定できること」であるというのが国際的な合意であるといえる。

第3章　負債会計　83

3　交付税措置が行われる地方債

(1) 問題の所在

　地方債とは，自治体が債券を発行して行う一会計年度を超える借入をいう。自治体は，予算の定めるところにより地方債を発行することが出来るが（地方自治法第230条1項），起債を行うことができる事業（適債事業）は，いわゆる建設地方債である次の5つの場合に限定される（地方財政法第5条）。すなわち，適債事業（5条債）として認められているのは，①公営企業に要する経費の財源，②出資金，貸付金の財源，③地方債の借換の財源，④災害復旧費の財源，および，⑤公共施設の建設事業の財源の5つである。また，これとは別に特例法の立法化による起債（特例債）が認められている。この特例債には，5条債では発行が認められない経常経費の財源としての赤字地方債の性格を有する減税補てん債[26]，臨時財政対策債[27]等が含まれる。

　そして，それぞれの地方債の起債にあたっては，その起債目的，限度額，利率，償還方法等が予算で定められる。このように，地方債は，予め定められた期日に元利金の償還を行うことが決められている借入金であり，「過去の取引または事象の結果として発生した現在の債務からもたらされる将来の経済的便益の犠牲」という負債の定義を満たし，かつ，「発生の可能性が高いこと」，および「信頼性をもって測定できること」という認識規準を満たすものである。したがって，本来，地方債は，その発行残高を負債として貸借対照表に計上すべきである。

　しかしながら，ここで問題となるのは，元利償還金の一定割合が基準財政需要額に算入され，将来，地方交付税交付金で措置されることが予定されている地方債を負債としてどのように取り扱うべきかということである。

　国は，国の減税政策による自治体の減収分を補てんするために，あるいは，公共投資または特定タイプの事業を奨励もしくは優遇するために，地方債の元利償還金の一定割合を地方交付税算定の基礎となる基準財政需要額に算入し財源を補償する交付税措置を行っている。たとえば，減税補てん債や臨時財政対

策債は，元利償還金の全てが基準財政需要額に算入される。また，辺地対策事業債[28]は元利償還金の80％が，過疎対策事業債[29]は元利償還金の70％がそれぞれ基準財政需要額に算入され，地域総合整備事業債[30]は，自治体の財政力に応じて元利償還金の30％から55％が基準財政需要額に算入される。さらに，一般公共事業債も平成13年度までは，その30％が基準財政需要額に算入され，財源対策債[31]にいたってはその80％が基準財政需要額に算入されていた[32]。また，市町村の合併を促進するための「市町村の合併の特例に関する法律」（合併特例法）による合併特例債は，合併市町村の対象事業について，その元利償還金の70％が基準財政需要額に算入されることとなっている。

このような地方債の元利償還金に対する交付税措置は，少ない自己資金で大きな公共投資を可能とするものであり[33]，佐賀県が「後年度の償還金に対する財源措置率の高いものを優先して借入を行う」[34]と明言しているように，自治体にとり非常に魅力的な財源調達手段であるといえる。表1は，佐賀県の平成14年度末および平成15年度末の県債残高および交付税措置後の県債残高見込額である。

これによれば，佐賀県の平成14年度末の県債残高見込額5,859億円（100％）に対する交付税措置見込額は3,772億円（64％），措置後県債残高見込額は2,087億円（36％）であり，平成15年度末の県債残高見込額5,962億円（100％）に対する交付税措置見込額は3,989億円（67％），措置後県債残高見込額は1,973億円（33％）と，地方債残高に対する交付税措置見込額の割合は相当大きい。

このように，元利償還金の一定割合が基準財政需要額に算入され，将来，地方交付税交付金で措置される地方債については，佐賀県のように地方債残高全体に占める割合が高い自治体もあり，これを貸借対照表上，どのように扱うかについては議論が分かれる。

現在，自治体が作成・公表している貸借対照表では，地方債の発行残高を負債として貸借対照表に計上するとともに，①交付税措置予定額を欄外注記するもの，②交付税措置予定額の欄外注記を行わないもの，③地方債の発行残高を

表1 佐賀県の平成14年度末および平成15年度末の県債残高および，交付税措置後の県債残高見込額

(単位：百万円)

事項	交付税算入率(%)	県債残高見込 14年度	県債残高見込 15年度	財源措置後県債残高見込 14年度	財源措置後県債残高見込 15年度
特別分	86.9	258,430	300,329	33,854	39,343
臨時税収補てん債	100.0	3,206	2,950	0	0
減税補てん債	100.0	11,948	13,271	0	0
臨時財政対策債	100.0	30,600	70,000	0	0
臨時財政特例債	100.0	34,252	30,193	0	0
公共事業等臨時特例債	100.0	2,194	1,122	0	0
財源対策債	80.0	1,199	713	240	142
調整債	80・100	3,969	3,140	285	226
一般公共事業債（臨時公共）	80.0	155,304	164,369	31,060	32,873
地域総合整備事業債（財対分）	100.0	6,542	6,291	0	0
臨時地方道路整備事業債(財対分)	100.0	5,192	6,805	0	0
通常分	46.6	327,531	295,917	174,902	158,020
補正予算債	40〜80	70,726	66,916	18,883	17,866
地域総合整備事業債	55.0	54,963	51,135	24,733	23,010
臨時地方道路整備事業債	55.0	39,838	37,356	17,927	16,810
鉱害復旧事業債	57.0	5,747	4,740	2,471	2,038
かんまん債	57.0	10,523	9,186	4,524	3,950
一般公共事業債（一般）	30.0	25,791	20,602	18,053	14,421
臨時地方道路整備事業債(一般分)	30.0	28,033	24,472	19,623	17,130
合計	65.0	585,961	596,246	208,756	197,363
対前年度伸率（%）		100.6	101.8	99.5	94.5

出典：佐賀県「佐賀県の財政状況（平成14年度下半期）」平成15年6月，23頁。

貸借対照表本体で交付税措置のあるものとそうでないものの2つに分けて表示するもの（富山県），の3方式に大きく分かれる。また，総務省の「地方公共団体の総合的な財政分析に関する調査研究会報告書」[35]（総務省方式）は，地方

債の将来の交付税措置とは「基準財政需要額に公債費の一定割合を含めて算定するということであって,後年度に現金の収入が予定されていることと同義ではない」との理由から,地方債の発行残高を貸借対照表に負債として計上し,交付税措置額は「参考として,別途,付属書類に表示することが考えられる」とした。

　これにたいし,醍醐教授は,自治体の起債にかかる国の交付税措置は,地方債の元利償還金の一定割合を基準財政需要額に算入することによって国が対象経費の一部または全部を地方交付税で補填することを約束するものであり,自治体が交付税措置の付いた地方債を発行した時点で,国の補填義務はすでに回避不可能であり,かつ,当該義務額を測定することも可能であるから,国の債務としての要件を満たしており,その分自治体の債務額を減額すべきであると主張している[36]。すなわち,自治体の起債にかかる国の交付税措置は自治体に対する国の債務として,国の貸借対照表に負債として計上すべきであり,かつ,自治体からみれば,交付税措置は国に対する債権であるから,自治体の貸借対照表において地方債の発行残高から交付税措置額を間接控除し,自治体の実質的債務額を表示すべきであるという。つまり,会計上で認識すべき負債は,発生の可能性が高く,かつ,発生の原因となる事象がすでに生起している債務であるから,逆に合理的根拠に基づいて回避される可能性が高いとみなされる債務は負債としての要件を満たさないという。具体的には,交付税措置付きの地方債は,起債の時点で交付税措置見込額を当該地方債からの控除項目として表示し,以後償還に至るまでの間,当該起債団体の基準財政需要額への公債費の算入率を決める指標となっている財政力指数の変動に合わせて交付税措置見込額を再評価し,実質的債務額へ収斂させていくことが最善の会計方法であるという[37]。

(2) 地方債の交付税措置の発生可能性および測定可能性の検討

　醍醐教授は,上述のとおり,地方債の元利償還にかかる国の交付税措置は,国からみれば発生の可能性が高く,かつ,信頼性をもって測定できるから会計

上の負債であり，反対に自治体からみれば，地方債の元利金償還は回避される可能性が高く，かつ，信頼性をもって回避額が測定できるから会計上の負債ではないと主張する。したがって，交付税措置付きの地方債は負債ではないという主張の妥当性を検討するためには，負債の認識規準である「発生の可能性が高いこと」および「信頼性をもって測定できること」を満たすか否かを検討すること，つまり，地方債の交付税措置見込額が自治体に実際に現金として交付され，元金償還の財源となる発生の可能性が高いといえるか否か，および，交付税措置見込額を信頼性をもって測定出来るか否かを吟味する必要がある。

図1は，個々の自治体の普通交付税額決定の仕組みを表したものである。

図1　普通交付税額決定の仕組み

○各自治体ごとの普通交付税額＝基準財政需要額－基準財政収入額
　　　　　　　　　　　　　　＝財源不足額
○基準財政需要額＝単　位　費　用　×　測 定 単 位　×　補正係数
　　　　　　　　（測定単位1当たり費用（法定））　（人口・面積等）　（寒冷補正等）

○基準財政収入額＝標準税収入見込額×基準税率（75％）＋地方譲与税

各自治体の普通交付税額は，図1に示すように基準財政需要額から基準財政収入額を控除した財源不足額について交付される。したがって，基準財政収入額が基準財政需要額を上回る場合には，普通交付税は交付されない。基準財政需要額とは，各自治体が標準的な水準の行政を行うために必要とされる一般財源の額をいう[38]。基準財政需要額は，各行政事務ごとに地方交付税法で定められた単位費用（標準的な団体が標準的な行政を行う場合に必要な一般財源の額を測定単位当たりで示したもの）に測定単位（教育費の場合には教職員数，児童数，学級数等）を乗じ，さらに，各地域の特性を反映させるための補正係数を乗じて算定される。補正係数には，寒冷または積雪の度合いによって割高になる経費の差を反映させる寒冷補正の他，密度補正[39]，事業費補正[40]，財政力補正[41]等さまざまな係数がある。基準財政収入額は，標準的な状態において徴

収が見込まれる税収入(都道府県税および市町村税)に地方独自の財源を留保することを目的とした基準税率を乗じて算定する。

地方債の元利償還金を基準財政需要額に算入する交付税措置には,単位費用として公債費に算入するもの(辺地対策事業債,過疎対策事業債,減税補てん債,臨時財政対策債,合併特例債等),事業費補正として算入するもの(地域総合整備事業債,一般公共事業債等)等があるが,どのような方法をとるにせよ元利償還金の一定割合を基準財政需要額に算入することに変わりはない。

したがって,各自治体への普通交付税額は,(普通交付税額=基準財政需要額-基準財政収入額)という算定式が示すとおり,基準財政需要額が基準財政収入額を上回る場合にのみ交付される。そのため,地方債の交付税措置見込額が自治体に実際に現金として交付され,元金償還の財源となるか否かは,この普通交付税額の算定式の「基準財政需要額」と「基準財政収入額」の変動に大きく左右されることとなる。

たとえば,ある自治体の第×1年度および第×2年度の基準財政収入額が100億円,基準財政需要額に算入される地方債元金償還の交付税措置額が10億円で一定であると仮定するとき,第×1年度の基準財政需要額が120億円の場合には,普通交付税額は20億円(基準財政需要額120億円-基準財政収入額100億円)となるが,第×2年度の基準財政需要額が100億円に変動する場合には,第×2年度の普通交付税額は,0̊(基準財政需要額100億円-基準財政収入額100億円)となり交付されない。つまり,地方債元金償還の交付税措置額が毎年同額,基準財政需要額に算入されたとしても,基準財政需要額の変動により,普通交付税額は変動するため,必ずしも元金償還の交付税措置額を上回る普通交付税額が交付される保証はないといえる。そして,基準財政需要額は,地方財政計画を基にした標準的な行政水準によって算定されるため,たとえ自治体の測定単位に変動が無くても,単位費用が地方財政計画にあわせて改訂されるため,基準財政需要額が変動する可能性は高いのである。

また,ある自治体の第×1年度および第×2年度の基準財政需要額が一定であっても,第×2年度の基準財政収入額が増加すれば,普通交付税額は減少す

る。今後，景気の回復等から地方税収入が伸び基準財政収入額が大幅に増加するという見込みは少ないだろうが，地方分権の進展により将来，国から地方へ大幅な税源委譲がなされ，基準財政収入額が増加する可能性は，決して小さいとはいいきれないだろう。つまり，地方債元金償還の交付税措置額が毎年同額，基準財政需要額に算入されたとしても，基準財政収入額の増加により，普通交付税額は減少するため，必ずしも元金償還の交付税措置額を上回る普通交付税額が交付される保証はないといえる。

　このように，たとえ基準財政需要額に算入される地方債元金償還の交付税措置額が一定であったとしても，基準財政需要額が減少する場合，および，基準財政収入額が増加する場合には，自治体への普通交付税額は減少することとなり，地方債の元金償還に対する交付税措置見込額が実際に普通交付税額として交付される「発生の可能性」は必ずしも高いとはいえない。

　さらに，地方債の元金償還の交付税措置額に対応する普通交付税額を「信頼性をもって測定できる」かにも疑問が生じる。普通交付税額は，（普通交付税額＝基準財政需要額−基準財政収入額）という算定式が示すとおり，あくまでも，基準財政需要額に対し基準財政収入額で賄いきれない財源不足額を補填するものである。つまり，財源不足が生じる自治体の基準財政需要額は，基準財政収入額と普通交付税額で資金調達されることを意味する。したがって，基準財政需要額に算入される個々の事業の経費について，A事業は，普通交付税額で資金調達し，B事業は，基準財政収入額で資金調達するというように資金調達源泉を事業ごとに色分けすることはできない。全ての対象事業は，本来，基準財政需要額の合計額に対する基準財政収入額と普通交付税額の割合に応じてそれぞれ資金調達されると理解するのが合理的であろう。したがって，自治体に交付される普通交付税額が地方債元金償還の交付税措置額を大きく上回る場合であっても，この地方債元金償還の交付税措置額がすべて普通交付税額で資金調達されると考えるのは難しいだろう。さらに，基準財政需要額と基準財政収入額が環境の変化により常に変動することを考えると，地方債元金償還の交付税措置額のうち，将来，普通交付税額で資金調達される金額と基準財政収入額で

資金調達される金額を「信頼性をもって測定すること」は困難であると考えられる。

(3) 三位一体改革の動向

近年,三位一体改革(①国庫補助負担金の改革,②地方交付税の改革,③税源委譲を含む税源配分の見直し)等の自治体を取り巻く環境は,さらに,地方債の交付税措置見込額が元金償還の財源となる「発生の可能性の高さ」に疑問を抱かせるものである。

平成15年6月に閣議決定された「経済財政運営と構造改革に関する基本方針2003」(以下,「基本方針2003」という)は,三位一体改革によって達成されるべき「望ましい姿」として,税源委譲等により地方税の充実を図るとともに,地方歳出の徹底した見直しにより地方交付税総額を抑制し,地方交付税不交付団体の人口割合を大幅に高めることを挙げ,そのための具体的な改革工程を示した[42]。それは,平成18年度までに①国庫補助金の4兆円縮減,②地方交付税総額の抑制,③基幹税による税源委譲等を行うことである。この基本方針を受けて策定された平成16年度政府予算[43]は,①国庫補助金の1兆円削減,②地方交付税の1兆2千億円の抑制,③2,309億円の税源委譲予定交付金,および,所得税の一部4,249億円を所得譲与税として地方へ税源委譲することを盛り込んだ。

表2は,平成13年度から平成16年度予算における交付税および譲与税配付金特別会計(以下,交付税特別会計という)の出口ベースの地方交付税総額,臨時財政対策債発行額,および,地方財政計画規模の推移を表したものである。

地方交付税額の財源は,国税のうち,所得税,法人税,酒税,消費税,たばこ税のそれぞれ一定割合額と決まっているため,交付税特別会計の入り口ベースの交付総額と自治体全体の財源不足額をまかなうために自治体に交付される出口ベースの交付税額は必ずしも一致しない。従来,国は,入り口ベースの交付税額でまかなえない地方の財源不足額を交付税特別会計の借入金で補ってきた。その結果,平成16年度末の交付税特別会計の借入金残高は,50兆2千億

表2　地方交付税総額および地方財政計画規模の推移

(単位：億円)

	平成13年度	平成14年度	平成15年度	平成16年度
交付税特別会計出口ベースの地方交付税総額　(a)	203,498	195,449	180,693	168,861
臨時財政対策債発行額　(b)	14,488	32,261	58,696	41,905
財源不足額　(a+b)	217,986	227,710	239,389	210,766
地方財政計画規模	893,071	875,666	862,107	846,669

出典：総務省「(各年度の)地方財政計画の概要」より作成

円程度(そのうち地方負担分は32兆8千億円)と莫大なものとなっている[44]。この交付税特別会計借入金の地方負担分32兆8千億円は将来の地方交付税交付金から減額するという形で地方が負担することとなっており，いわば，将来の地方交付税の先食いである。さらに，平成13年度から平成18年度までの間発行することが認められている臨時財政対策債は，従来の交付税特別会計の借入金による方式に代えて，地方財源の不足を自治体が発行する特例債で補填するものであり，算定された発行額はそのまま基準財政需要額から振替えられる(つまり，基準財政需要額がその分，減額される)。

　これは，自治体の財源不足額(当初の基準財政需要額−基準財政収入額)のうち，出口ベースの地方交付税額でまかないきれない分を臨時財政対策債で補うものであり，たとえ，臨時財政対策債の元利償還金が全額，後年度の基準財政需要額に算入されるとしても，財源不足額の資金調達リスクを国から自治体に移転するものであるといえる。

　表2から明らかなように，地方財政計画規模は，平成13年度の89兆円から平成16年度では85兆円と一貫して減少し，出口ベースの地方交付税額(a)も平成13年度の20兆円から平成16年度では17兆円と4年連続して減少している。しかし，出口ベースの地方交付税額(a)に臨時財政対策債発行額(b)を加えた財源不足額(a+b)は，平成15年度まで増加していた。しかし，三位一体改革を反映した平成16年度予算で初めてこの財源不足額(a+b)が対

前年比で2兆9千億円（12％）の減少となった。これは，主に「基本方針2003」に沿って歳出を抑制した結果，対前年比で給与関係経費の1.9％減（人員の10,980人純減），単独投資的経費の9.5％減，一般行政経費の0.3％減等，基準財政需要額を削減したことによるものである[45]。「基本方針2003」では，平成18年度までに人員をさらに3万人以上純減すること，単独投資的経費を平成2～3年度の水準まで抑制すること等を掲げており，今後も自治体全体の基準財政需要額が削減されることが予想される。この平成16年度予算が各自治体に及ぼす影響は大きく，最大の政令指定都市である横浜市の場合，財源不足額（a＋b）は，平成15年度の1,250億円から320億円（26％）減少し，平成16年度予算では930億円となっている[46]。

さらに，平成16年6月に閣議決定された「経済財政運営と構造改革の基本方針2004」では，平成18年までに所得税から個人住民税への本格的な地方への税源委譲を実施すること，税源委譲の規模は3兆円を目指すこと，および，地方交付税は今後も抑制することが明記された[47]。このように今後も三位一体改革は，急ピッチで進むことが予想され，地方交付税総額が将来大幅に増加するとは考えにくく，また，地方歳出の徹底した見直しに伴い，基準財政需要額は年々削減される傾向が強い。

これらのことは，地方債の元利償還金に対する交付税措置が，後年度の基準財政需要額に算入されても，それが将来必ずしも財源の補償に結びつかないことを意味する。つまり，地方債の交付税措置は，一見すると国が地方の借金の面倒をみたようにみえるが，地方交付税の総額は制限されているので，その分だけ公債費以外の部分で需要額を切りつめざるをえず，国が追加負担して交付税総額を加算しないかぎり，たとえ交付団体であっても救済されたことにはならないのである[48]。税源委譲等により基準財政収入額が増加することにより，また，経費削減に伴い基準財政需要額が減少することにより，各自治体の普通交付税額は縮小することが予想され，地方債の交付税措置が基準財政需要額に算入されても，それが直ちに財源補償されるとは限らず，自主財源で賄わなければならない場合もあり得る。このような地方債の交付税措置見込額を貸借対

照表において地方債発行残高から間接控除することは，醍醐教授の主張する自治体の実質的債務額の表示につながらないだけでなく，むしろ，自治体債務の本質を見誤らせる危険がある。国が約束した地方債の交付税措置は，基準財政需要額への算入であって，元利償還の責任を国が負うこととは異なる。地方債の元利償還の責任は，あくまでも発行を決めた当該自治体にあるのであり，自治体貸借対照表に負債として計上すべきなのは地方債発行残高であるといえる。交付税措置見込額は，地方債発行残高から控除すべきものではなく，あくまでも注記で開示すべき補足情報である。しかしその場合においても，「将来，必ず交付税措置により元金が償還される」等，財務報告の利用者が誤解するような記述は差し控えるべきである。

4 退職給与引当金

わが国企業会計では，1998年6月に企業会計審議会が「退職給付に係る会計基準」(以下，退職給付会計基準という)を発表し，2000年4月以降開始事業年度からその適用が開始された。この退職給付会計基準は，その設定に関する意見書に「国際的にも通用する内容となるよう，これを整備していくことが必要である」[49]と明記されているように，会計のグローバル・スタンダード化を目指したものである。これは，確定給付制度において，将来支給する退職給付額のうち，従業員の当期までの勤務によりすでに発生した給付額に基づき，退職給付債務の計算を割引現在価値により行う発生給付評価方式を採用し，さらに，将来の昇給等を反映する予測単位積増方式を採る点で，IAS第19号「従業員給付」[50]，および，米国の財務会計基準書(SFAS)第87号「事業主の年金会計」[51]と基本的に同一の枠組みとなっている。

また，米・英等の地方政府等においても年金給付につき企業会計とほぼ同様の会計処理がなされている。米国では，GASBが，GASB基準書第27号「州および地方政府による年金会計」[52]でSFAS第87号とほぼ同様の基準を設定し，97年度から適用されている。英国では，IAS第19号に相当する企業会計の基準である財務報告基準(FRS)第17号「退職給付」[53]が2000年11月に発行さ

れ，2003年6月22日以降終了事業年度から適用されることとなっている。これをうけて英国の地方政府においても，FRS第17号の適用を開始する予定であり，それまでは，移行措置として詳細な注記が要求されている[54]。

さらに，ニュージーランドの企業会計および国・地方政府の会計基準である財務報告基準（FRS）では，IAS第19号に該当する基準は現在存在していないが，国および地方政府等のパブリック・セクターにおいては，会計検査院および財務省がIAS第19号とほぼ同じ内容の会計処理を求めるガイダンスを発行している[55]。

これにたいし，わが国の自治体においては，退職給与引当金の見積方法につき総務省方式が「期末要支給額方式」を提示している他，「退職給付会計基準方式」「期末要支給額の40％方式」等，独自の見積方法を採用している自治体が見受けられる。

そこで本節では，退職給付会計基準を概観したのち，自治体会計において企業会計と同様の退職給付会計基準を適用することの可否を負債の定義および認識規準の観点から検討し，わが国自治体に適する退職給与引当金の見積方法を考察する。

（1） 退職給付会計基準の概要

退職給付会計基準の最も大きな特徴は，従来，別々に会計処理していた退職一時金と企業年金制度を企業会計上，統一的に把握し処理することである。すなわち，退職給付会計基準では，退職給付を「一定の期間にわたり労働を提供したこと等の事由に基づいて，退職以後に従業員に支給される給付」[56]と定義し，内部留保される退職一時金と外部拠出される企業年金を区別しない。したがって，貸借対照表の負債（退職給付引当金）の計上にあたっては，企業外部に拠出している年金資産がある場合にはその額を控除し，また，損益計算書の費用（退職給付費用）も，年金資産の積立目的の外部拠出額とは別に計算される。確定給付制度における退職給付引当金および退職給付費用の計算方法を示したものが図2である。

図2　退職給付引当金および退職給付費用の計算方法

退職給付引当金＝退職給付債務±未認識過去勤務債務および未認識数理計算上の差異
　　　　　　　－年金資産

退職給付債務　＝退職時の見込退職給付額×当期末までに発生したと考えられる割合
　　　　　　　×割引率

退職給付費用　＝勤務費用＋利息費用－年金資産の期待運用収益
　　　　　　　＋未認識給付債務の償却額

　退職時に見込まれる退職給付総額のうち，期末までに発生していると認められる額を現在価値に割り引いたものを退職給付債務とし，そこから未認識過去勤務債務および未認識数理計算上の差異を加減した額から年金資産の額を控除した額を退職給付引当金として負債に計上する。退職給付債務の計算は，原則として個々の従業員ごとに次のように行う。すなわち，①将来の昇給等を見込み，退職率，死亡率等を加味して，退職時の見込退職給付を計算する（自己都合，会社都合の給付率が異なる時はその発生確率も加味する），②当期末までに発生したとみなされる退職給付債務を勤務期間等を基準とする方法で見積もる，③リスク・フリーレート等（長期国債等）を用い，当期末までに発生したとみなされる退職給付債務を現在価値へ割り引く。

　また，退職給付費用は，当期に発生した退職給付である勤務費用に，期首の退職給付債務に割引率を乗じて計算する計算上の利息である利息費用を加え，ここから年金資産の期待運用収益を控除し，過去勤務債務および数理計算上の差異（未認識給付債務）の償却額を加えて計算する。

(2)　自治体の退職給与引当金見積方法

　自治体職員の退職手当は，条例によりその条件・支給率等が規定され，各自治体の一般財源から支給される。これにたいし，年金給付は，各地方公務員共済組合が行っている。地方公務員共済組合制度は，地方公務員の相互救済を目的とし，地方公務員とその家族を対象に長期給付事業（年金給付），短期給付事業や福祉事業を総合的に行う制度である。地方公務員共済組合が行う年金給

付事業は，各自治体および各職員が総務大臣の定める掛金率および負担金率（財源率）に基づき掛金および負担金を地方公務員共済組合に納付することにより維持される。そのため，年金給付についての各自治体の責任は，職員一人一人の給与額に対し定められた負担金率に基づく負担金を各地方公務員共済組合に納付することにとどまり，自治体の財務諸表において認識すべき年金資産・負債は存在しない[57]。したがって，自治体において負債として認識すべきものは退職一時金のみであり，これは，「過去の取引または事象の結果として発生した現在の債務からもたらされる将来の経済的便益の犠牲」という負債の定義を満たし，かつ，「発生の可能性が高い」という負債の認識規準の一つを満たす。

現在，自治体の退職給与引当金の見積方法は，総務省方式の「期末要支給額方式」，武蔵野市の「退職給付会計基準方式」，臼杵市の「期末要支給額の40％方式」の3つに大きく分けられる。図3は，これらの具体的な計算方法を示したものである。

総務省方式は，退職給与引当金を「年度末に全職員が普通退職した場合の退職手当総額」とし，算定にあたっては一人ごとの積み上げ方式が望ましいが，作業量・作業時間等が膨大に及ぶ場合は，推計値でも差し支えないとし，図3

図3　現行自治体の退職給与引当金の見積方法

〈総務省方式：期末要支給額方式〉
　①対象職員数×平均給与月額×平均勤続年数による普通退職の支給率
　②勤続年数別職員数×各平均給与月額×各勤続年数による普通退職の支給率

〈武蔵野市：退職給付会計基準方式〉
　一人当たりの平均退職金（定年）×年度末職員数×期間按分率×複利現価率

〈臼杵市：期末要支給額の40％方式〉
　年度末の自己都合退職の退職金平均額×年度末職員数（翌年度および翌々年度退職予定者を除く）×40％

の① 対象職員数×平均給与月額×平均勤続年数による普通退職の支給率，および，② 勤続年数別職員数×各平均給与月額×各勤続年数による普通退職の支給率，の2つを推計方法の例として挙げている[58]。

　武蔵野市は，企業会計の退職給付会計基準の方が自己都合による要支給額方式より実態に近いと考え，この方式を採用したという。そして，本来であれば職員個人別に計算する必要があるが，実務作業が困難なために，平均年齢の職員モデルを設定し見積計算を行ったと説明している[59]。具体的には，平均年齢の職員モデル（43.06才，大卒）の平均給与月額を基礎に，賃金上昇率を毎年2％と仮定して一人当たりの平均退職金を推計し，これに年度末職員数，期間按分率（平均勤続年数÷全勤務期間），複利現価率（残存期間にわたって2％の割引率を用いて現在価値に割り戻す率）を乗じて計算を行っている[60]。

　臼杵市は，総務省方式および独自方式の貸借対照表をそれぞれ作成しており，独自方式の貸借対照表では，負債の部を流動負債，流動的固定負債，固定負債の3つに分け，流動負債に翌年度支払予定退職金を，流動的固定負債に翌々年度支払予定退職金を，固定負債に退職給与引当金を計上している[61]。翌年および翌々年の支払予定退職金を退職給与引当金と別に計上したのは，毎年の退職者数が平均化しているとは限らず，かつ，退職者数の増減が自治体経営に大きな影響を及ぼすため，短期的安全性をはかる一つの資料として翌年および翌々年の支払予定退職金を別に示したのだという[62]。さらに，それら以外は，年度末の自己都合退職の退職金平均額に年度末職員数を乗じて計算した期末要支給額について，従来の企業会計にならってその40％を退職給与引当金に計上したという[63]。

(3) 退職給付会計基準の自治体への適用の可否

　退職給付会計基準を自治体に適用すべきか否かを検討するためには，まず，武蔵野市が採用している退職給付会計基準方式が企業会計の退職給付会計基準に沿うものであることを確かめる必要がある。

　武蔵野市は，企業会計の退職給付会計基準の考え方を基に，定年による退職

金支給見込額のうち「現在までに発生していると認められる額」を現在価値に割り引いた金額を負債として計上すると説明し，図4のような退職給与引当金の算定イメージ図を示している。

このような武蔵野市方式の考え方は，図4からわかるように，将来の昇給等も考慮したうえで退職給付を見積もり，さらに，当期までの既発生分を現在価値に割引くという点で，退職給付会計基準の考え方と同様であるといえる。しかしながら，武蔵野市方式は，①モデル職員を用い，個々の職員の積み上げを行っていない点，および，②自己都合，定年退職，死亡率の発生確率が計算に含まれていない点で退職給付会計基準とは異なる。精緻な推計計算にはアクチュアリー等の保険数理の専門家が必要であり，職員の年齢別の分布が均一でない場合には，個別の積み上げによる方法と比して大きな乖離が生ずることもあり得る。費用と労力がかかることを考えれば簡便な方法もやむを得ないと言えるが，その分，企業会計における退職給付会計基準を厳密に適用した場合よりも信頼性が劣るといえるだろう。

次に，退職給付会計基準に準ずる武蔵野市方式が自治体における退職給与引

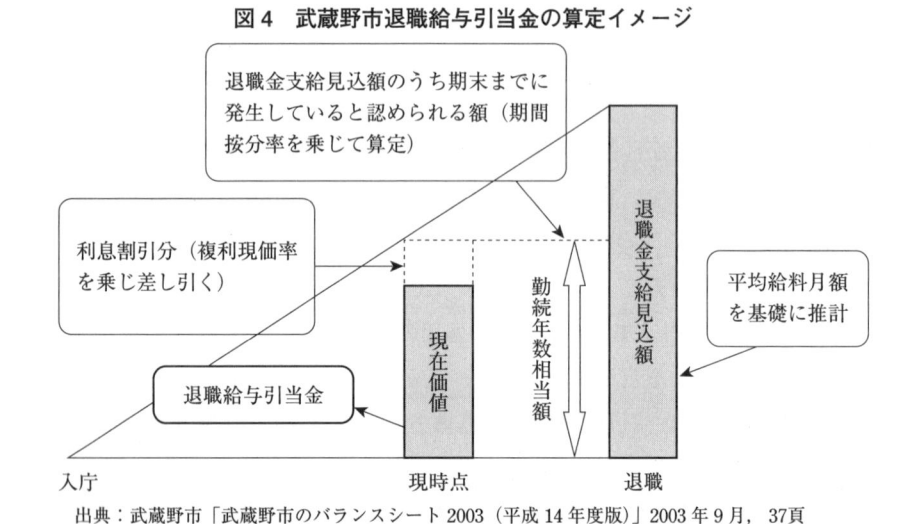

図4　武蔵野市退職給与引当金の算定イメージ

出典：武蔵野市「武蔵野市のバランスシート2003（平成14年度版）」2003年9月，37頁

**表3　退職給付会計基準方式，および，期末要支給額方式に基づく
　　　平成14年度武蔵野市退職給与引当金見積額の比較**

武蔵野市方式 (退職給付会計 基準方式)	退職給与引当金額	153億円
	計　算　式 (64)	一人当たり平均退職金（定年）× 年度末職員数 × 期間按分率 × 複利現価率
総務省方式 (期末要支給額 方式)	退職給与引当金額	121億円
	計　算　式 (65)	対象職員数 × 平均給料月額 × 平均勤続年数による普通退職の支給率

出典：武蔵野市財政課より入手した基礎数値，および，武蔵野市「職員の退職手当に関する条例」を基に計算した。

当金の見積方法として，適用可能であるか否かを，負債のもう一つの認識規準である「信頼性をもって測定できる」かという観点から検討する。

表3は，平成14年度の武蔵野市の具体的な数値をもとに，退職給付会計基準の考え方に基づいて武蔵野市が計上した退職給与引当金見積額と，総務省方式である期末要支給額方式に基づいて推計した退職給与引当金見積額を比較したものである。退職給与引当金見積額は，武蔵野市方式が153億円，総務省方式が121億円となり，武蔵野市方式の見積額は，総務省方式の1.26倍と，その差はかなり大きい。

次に表4は，退職給付会計基準方式に基づく武蔵野市の平成14年度の退職給与引当金額見積額が割引率の変動によりどのような影響を受けるかを表したものである。

企業会計において，退職給付会計基準による見積額は，割引率等の基礎率の変動から相当大きい影響を受けることが指摘されている[66]。表4は，自治体においても同様に，割引率の変動が退職給与引当金見積額へ与える影響が大きいことを示すものである。現在の割引率2％が3％になると，退職給与引当金見積額は現在の153億円から130億円と15％減少し，割引率が4％になると，退職給与引当金見積額は110億円と28％も減少することとなる。このように，基礎率等の変動により大きな影響を受ける退職給付会計基準による退職給与引

表4 割引率の変動による
武蔵野市退職給与引当金の推移

割引率	割引率の係数	退職給与引当金
2％	0.71416	153億円
3％	0.60502	130億円
4％	0.51337	110億円
5％	0.43630	93億円

出典：日本公認会計士協会「退職給付会計に関する実務指針（中間報告）」，資料5-2 割引率の係数，1999年，より平均残存勤務期間17年の係数を用いて計算した。

当金見積方法では，職員構成や支給率等に大きな変化がなくても市場金利の動向いかんで毎年の見積額に相当の増減が生じる可能性があり，信頼性の観点からは，期末要支給額方式に比べ劣るといえるだろう。

さらに，ここで問題となるのは，割引率が2％から4％に変動した場合に，退職給付会計基準に基づく退職給与引当金見積額が110億円となり，総務省方式の期末要支給額121億円を下回ることである。

図5は，年金債務の3つの考え方を示す一般的な図である。ここで，確定給付債務とは，「すでに受給権が取得された給付であって，現在の給与にもとづいて算出された債務」であり，累積給付債務とは，「いまだ受給権は取得されていないが，すでに過去から現在までに提供された勤務によって将来の給付が発生しており，かつ現在の給付を基礎として算出された債務」をいい，予測給付債務とは，「いまだ受給権は取得されていないが，すでに過去から現在までに提供された勤務によって将来の給付が発生しており，かつ，将来の予測退職時を基礎に算出された債務」をいう[67]。

退職給付会計基準の考え方は，予測給付債務を対象とするものであり，それは図5から明らかなように上記3つの債務のうち最も大きいものである。にもかかわらず，退職給付会計基準に基づく退職給与引当金見積額（つまり，予測給付債務）が，いわば確定給付債務である期末要支給額を下回るのはおかしい

図5　年金債務の考え方

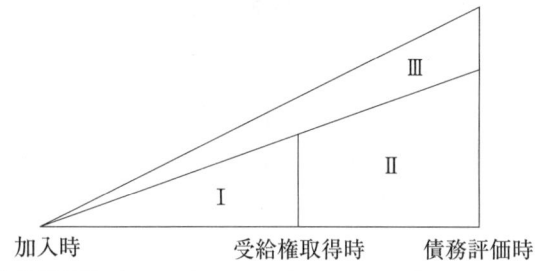

```
                                    Ⅲ
                              Ⅱ
                   Ⅰ
        加入時       受給権取得時      債務評価時
```

確定給付債務（vested benefit obligation, VBO）＝ Ⅱ
累積給付債務（accumulated benefit obligation, ABO）＝ Ⅰ＋Ⅱ
予測給付債務（projected benefit obligation, PBO）＝ Ⅰ＋Ⅱ＋Ⅲ

出典：今福愛志『年金の会計学』新世社，2000年，42頁。

という疑念が生じる。

　このように期末要支給額が予測給付債務である退職給付債務を上回るケースについて，FASBの緊急問題専門部会は，期末要支給額，および，退職給付債務（予測給付債務）の両方の計上を認めるという合意に達している[68]。

　しかしながら，期末要支給額は，当期末までの勤続年数を既に経過し，かつ，自己都合退職という最低条件を充足済の債務額であるから，これは法的にも会計上も確定債務であり，負債として計上すべき最低限度額である[69]。もしかりに，退職給付会計基準に基づく退職給与引当金見積額が期末要支給額より重要性をもつほどに小さい場合には，期末要支給額が退職給与引当金見積額として適切であると見なされるべきであろう[70]。

　このように退職給付会計基準に基づく予測給付債務が期末要支給額を下回るケースが発生する可能性は，退職一時金制度のみを扱う自治体の場合，年金制度を併せ持つ企業に比べ多いと考えられる。したがって，この点からも，自治体における退職給与引当金見積方法としては，退職給付会計基準に基づく方式より，期末要支給額方式の方が信頼性がより高いといえるだろう。

5 おわりに

第2節おいて,実体が私企業であるか地方政府等であるかを問わず,会計上の負債の定義は,「過去の取引または事象の結果として発生した現在の債務からもたらされる将来の経済的便益の犠牲」であり,その認識規準は「発生の可能性が高いこと」,かつ,「信頼性をもって測定できること」が国際的な合意であることを明らかにした。

第3節では,この負債の定義,および,認識規準から,交付税措置が行われる地方債を負債として認識すべきか否か,いいかえれば,交付税措置見込額を負債から控除することが適切か否かを考察した。

地方債の交付税措置見込額が自治体に実際に現金として交付され,元金償還の財源となるか否かは,普通交付税額の算定式(普通交付税額=基準財政需要額-基準財政収入額)の「基準財政需要額」と「基準財政収入額」の変動に大きく左右される。基準財政需要額に算入される地方債元金償還の交付税措置額が一定であったとしても,基準財政需要額が減少する場合,および,基準財政収入額が増加する場合には,自治体の普通交付税額は減少するため,地方債の元金償還に対する交付税措置見込額が実際に普通交付税額として交付される「発生の可能性」は必ずしも高いとはいえない。

また,普通交付税額は,あくまでも基準財政需要額に対し基準財政収入額で賄いきれない財源不足額を補填するものであるから,財源不足が生じる自治体の基準財政需要額は,基準財政収入額と普通交付税額の双方で資金調達されることを意味する。したがって,地方債元金償還の交付税措置額がすべて普通交付税額で資金調達されると考えるのは適切ではなく,地方債元金償還の交付税措置額のうち,将来,普通交付税額で資金調達される金額と基準財政収入額で資金調達される金額を「信頼性をもって測定すること」は実質的に困難である。つまり,地方債の交付税措置見込額は,負債から控除できるほどに「発生の可能性が高い」ものではなく,また,「信頼性をもって測定できる」ものでもないといえる。自治体の貸借対照表に負債として計上する地方債の額は,あ

くまでも期末発行残高であるべきである。

　さらに，三位一体改革等，近年の自治体を取り巻く環境を考慮すれば，今後，地方歳出の徹底した見直しや地方交付税の抑制に伴い基準財政需要額が減少する傾向にあり，また，大幅な税源委譲が実現すれば基準財政収入額が増加する可能性も高い。これは，交付税措置見込額を負債から控除することの「発生の可能性」をより低くするものであるといえる。

　第4節では，わが国自治体への退職給与引当金の見積方法として企業会計の退職給付会計基準を適用することの可否を考察した。わが国自治体への退職給与引当金の見積方法として，退職給付会計基準を適用することについては，武蔵野市の見積方法を検討した結果，退職給付会計基準に基づく見積方法を自治体に適用するには信頼性の観点からいくつかの問題があることを明らかにした。それは，①モデル職員を使った簡便的な見積計算では，アクチュアリー等の保険数理の専門家による個々の職員の退職給付を計算する方法に比べて乖離が相当程度大きくなる可能性があること，②割引率等の基礎率の変動により見積額が大きい影響を受けること，さらに，③退職給与引当金会計見積額が確定給付債務である期末要支給額を下回るケースが出現する可能性が企業会計に比べ高いこと，の3点である。これらの問題により，負債の認識規準の一つである「信頼性をもって測定できること」が大きく損なわれる可能性がある。

　わが国自治体では，英国，米国，ニュージーランド等の諸外国の地方政府等とは異なり，年金制度は自治体とは別の実体が担い，自治体が負債計上の対象とするのは退職一時金制度のみである。さらに，企業会計と同様の精緻な保険数理計算を行うには，相応の費用と労力が必要となる。これらのことを考えると，わが国自治体に企業会計の退職給付会計基準による退職給与引当金の見積方法を適用することは，信頼性の観点から，さらには費用と便益の観点から，適切ではないと考える。総務省方式の期末要支給額方式の方がより信頼性が高く，かつ，費用と便益の観点からも優れているといえるだろう。

　また，臼杵市が行っている期末要支給額の40％方式は，既に期末時点において発生している確定給付債務である期末要支給額をさらに割引くという考え

方であり，到底受け入れられない。しかし，翌年度および翌々年度の退職金支払予定額を注記で明らかにすることは，職員の年齢分布にばらつきがある場合に有用な意思決定情報であるといえる。特に，近い将来，団塊の世代が退職を迎え毎年の支払退職金額の大きさがピークになることが予想されるため，翌年度および翌々年度だけでなく，直近5年程度の退職金支払予定額を注記等で明らかにすることは重要である。

(注)
（1） 詳しくは，第1章参照。
（2） 東京都の平成13年度末の普通会計貸借対照表では，負債合計9兆4,053億円（100％）に対し，地方債は7兆6,264億円（81％），退職給与引当金は1兆1,662億円（12％）となっている（東京都「東京都の機能するバランスシート平成13年度決算速報版」2003年1月，12頁）。また，最大の政令指定都市である横浜市の平成13年度末の普通会計貸借対照表では，負債合計2兆5,745億円（100％）に対し，地方債は2兆3,571億円（92％），退職給与引当金は2,174億円（8％）となっている（横浜市「横浜市の財政状況平成14年度版」2002年，43頁）。
（3） 醍醐聰「財政規律の監視手段としての政府負債の情報開示」『財政と公共政策』第26巻第1号（2004年2月），55-79頁。および，醍醐聰『自治体財政の会計学』新世社，2000年，273-274頁。
（4） 債務負担行為とは，地方自治法第214条の規定により，契約の履行が複数年度にまたがる債務やどの年度にどれだけの支出を要するかを確定できない債務を自治体が負担する場合に予算の単年度主義の例外として，事項，期間，限度額を予算で定め議会の議決を要するものをいう。債務負担行為には，土地や建造物など物品の購入に係るものと，債務保証，損失補償に係るものに区分される。自治体が土地開発公社に先行取得を依頼した土地を債務負担行為として負債に計上すべきという主張は，先行取得の依頼に違法性がないかぎり自治体が依頼した土地を将来，公社から買い取ることが義務づけられるため，公社への土地引渡し請求権を資産に計上するのと両建てで，土地買い取りの対価支払い義務を負債に計上すべきというものである。詳しくは，醍醐聰，同上論文，醍醐聰，同上書，274-279頁，および，醍醐聰「自治体会計における負債の認識と開示」『JICPAジャーナル』第540号（2000年7月），68-73頁参照。
（5） 平成14年度末の全国の土地開発公社の土地保有残高は，6兆7,032億円（総務省「平成14年度土地開発公社事業実績調査結果」2003年12月25日）であり，

平成14年度末の全国の地方債残高134兆961億円（総務省「平成16年版地方財政白書の概要」2004年3月9日）の約5%である。また，平成12年7月の自治事務次官通知「土地開発公社経営健全化対策について」（自治政第54号・自治第142号）により，設立・出資団体の財政状況等により独力では土地開発公社の健全化の達成が困難と考えられる土地開発公社について健全化の対策が講じられることとなった。これに基づき，対象団体となった土地開発公社には健全化計画の策定と報告が義務づけられることとなり，保有土地の用途の変更や民間売却等が積極的に行われるようになってきている。たとえば，川崎市の「土地開発公社の経営の健全化に関する計画（平成12年度～平成17年度）」では，平成11年度末の保有土地総額1,311億円を平成17年度末には686億円と半減させることが策定されている。

(6) Financial Accounting Standards Board (FASB), *Statement of Financial Accounting Concepts No.6 : Elements of Financial Statements,* 1985. 邦訳：平松一夫・広瀬義州『FASB財務会計の諸概念』中央経済社，2002年，267-408頁。
(7) *Ibid.,* par.25.
(8) *Ibid.,* par.35.
(9) FASB, *Statement of Financial Accounting Concepts No.5 : Recognition and Measurement in Financial Statements of Business Enterprises,* 1984. 邦訳：平松一夫・広瀬義州，前掲書，195-266頁。
(10) *Ibid.,* par.63.
(11) International Accounting Standards Committee (IASC), *Framework for the Preparation and Presentation of Financial Statements,* 1989. 邦訳：日本公認会計士協会国際委員会『国際会計基準書2001』同文舘出版，2001年，19-41頁。
(12) *Ibid.,* par.49.
(13) *Ibid.,* par.83.
(14) International Federation of Accountants (IFAC), Public Sector Committee (PSC), *Preface to International Public Sector Accounting Standards,* 2000, par.7.
(15) IFAC, PSC, *International Public Sector Accounting Standards (IPSAS) 1 : Presentation of Financial Statements,* 2000.
(16) *Ibid.,* par.6.
(17) The Council, New Zealand Society of Accountants, *Statement of Concepts for General Purpose Financial Reporting,* 1993, par.7.10.
(18) *Ibid.,* par.7.7.
(19) *Ibid.,* par.7.10.
(20) *Ibid.,* par.7.9, par.7.14.

(21) Accounting Standards Board (ASB), *Statement of Principles for Financial Reporting*, 1999.
(22) *Ibid., Chapter 4 : The elements of financial statements.*
(23) *Ibid., Chapter 5 : Recognition in financial statements.*
(24) Governmental Accounting Standards Board (GASB), *Statement No.34 : Basic Financial Statements and Management's Discussion and Analysis for State and Local Governments*, 1999.
(25) *Ibid.*, par.17.
(26) 減税補てん債は，個人住民税等の恒久的な減税による自治体の減収額を補てんするために，1994年度から特例として発行が許可され，一般財源と同様に普通建設事業以外の経費にも充当できる。
(27) 臨時財政対策債は，地方財源の不足に対処するため，平成13～18年度までの間発行することが認められたものであり，一般財源として取り扱う（当初は，平成15年度までとされていたが，3年間延長された）。これは，地方財源の不足を従来の交付税特別会計からの借入等による補てん措置（償還は国と地方が折半して負担）による方式から，財源不足を国と地方が折半し，国負担分については国の一般会計からの加算により，地方負担分については臨時財政対策債による補てんにかえたことによる。
(28) 辺地対策事業債とは，「辺地に係る公共施設の総合整備のために財政上の特別措置等に関する法律」（辺地法）の指定を受けた事業についての地方債をいう。
(29) 過疎対策事業債とは，「過疎地域自立促進特別措置法」の指定を受けた事業への地方債をいう。
(30) 地域総合整備事業債とは，「まちづくり特別対策事業」や「ふるさとづくり事業」等で指定を受けた地方単独事業についての地方債をいう。
(31) 財源対策債とは，地方財政計画上，自治体の一般財源に極度の不足が見込まれる場合に臨時的な財源対策の一環として増発される起債で，通常債の充当率の引き上げ，適債事業の範囲を拡大することにより措置されるものをいう。
(32) 2002年度開始の事業から，地方交付税改革の一環として公共事業のうち一般事業債について通常債の基準財政需要額の算入率が原則0％に，財源対策債の算入率が50％に引き下げられた。詳しくは，神野直彦・池上岳彦『地方交付税何が問題か』東洋経済新報社，2003年，117-120頁参照。
(33) たとえば過疎債の場合は，その事業に対し発行できる地方債の割合（起債充当率）が100％であるため，事業を始める際の自治体の自己資金は全く必要ない。また，元利償還に70％の交付税措置がなされるので，自治体の後年度の実

質負担は元利償還の30％であるといわれることがある。
(34) 佐賀県「佐賀県の財政状況（平成14年度下半期）」2003年6月，23頁。
(35) 自治省「地方公共団体の総合的な財政分析に関する調査研究会報告書」2000年3月，4-5頁。
(36) 醍醐聰（3）前掲論文，醍醐聰前掲書，35-36頁，108頁，273-274頁。
(37) 醍醐教授は，これについての具体的な仕訳処理，および，評価勘定である交付税措置見込額に対応する反対勘定を示していない。しかし，「発生の可能性が高く」かつ「信頼をもって測定できる」ことをもって負債の減少を認識することは，同時に収益の認識規準をも満たすことであるから，交付税措置見込額に対応する反対勘定は，収益勘定であり，以下のような仕訳処理が考えられるだろう。
〈起債時〉（借方）現　　　　　　金　××（貸方）地　方　債　　××
　　　　（借方）交付税措置見込額（B/S）××（貸方）交付税措置収益(P/L)××
〈財政力指数の変動時〉
①算入率増加の場合（借方）交付税措置見込額××（貸方）交付税措置収益××
②算入率減少の場合（借方）交付税措置収益××（貸方）交付税措置見込額××
　　　〈償還時〉（借方）地　　方　　債××（貸方）現　　　　　　金××
　　　　　　　（借方）現　　　　　　金××（貸方）交付税措置見込額××
この交付税措置収益は，起債時に全て収益として認識するのではなく，繰延収益として繰り延べる方法も考えられるだろう。
(38) 基準財政需要額の標準的水準の具体的根拠となるものは，地方財政計画に示される歳出の内容と水準である。したがって，基準財政需要額は，地方財政計画に組み込まれた給与費，社会福祉関係費，公共事業費，単独事業費などの内容を基礎として算定される。このため，地方財政計画の内容と水準にあわせて，地方交付税法の改正により単位費用の改定が行われることとなる。詳しくは，地方交付税制度研究会編『平成16年度地方交付税のあらまし』地方財務協会，2004年参照。
(39) 人口密度等による経費の増減を反映させるものである。
(40) 投資的経費に係る各自治体の現実の財政需要を反映させるものある。
(41) 各自治体の財政力の格差を反映させるものである。
(42) 閣議決定『経済財政運営と構造改革に関する基本方針2003』2003年，第2部6。
(43) 平成15年12月24日閣議決定。
(44) 総務省「平成16年度地方財政対策の概要」2003年12月。
(45) 総務省「平成16年度地方財政計画の概要」2004年2月。

(46) 横浜市「平成16年度予算案について」2004年2月。
(47) 閣議決定『経済財政運営と構造改革の基本方針2004』2004年,5-6頁。
(48) 神野直彦・池上岳彦,前掲書,109頁。
(49) 企業会計審議会「退職給付に係る会計基準の設定に関する意見書」1998年6月,二。
(50) International Accounting Standards Board (IASB),「国際会計基準書IAS第19号従業員給付」『国際会計基準書2001』同文舘出版,2001年,275-359頁。
(51) FASB, *Statement of Financial Accounting Standards No.87 : Employers' Accounting for Pensions,* 1985.
(52) GASB, *Statement No.27 : Accounting for Pensions by State and Local Government,* 1994.
(53) ASB, *Financial Reporting Standard (FRS) 17 : Retirement benefit,* 2000.
(54) The Chartered Institute of Public Finance and Accountancy (CIPFA), *Code of Practice on Local Authority Accounting in the United Kingdom,* 2002, pp.18-19.
(55) Tony van Ziji, and Stephen Walker, *The New Zealand Convergence Handbook,* Institute of Chartered Accountants of New Zealand, 2001, pp.85-88.
(56) 企業会計審議会「退職給付に係る会計基準」一1,1998年。
(57) 地方公務員共済組合(79団体)が,将来,年金給付のための資金が不足した場合には,その上部組織である地方公務員共済組合連合会(連合会)が必要な額を交付することとなっている。そのような資金不足に備えるため,各地方公務員共済組合は毎年度積立金の増加見込額の30%を連合会に払込み,連合会はこれを長期給付積立金として管理・運用を行っている(地方公務員等共済組合法第38条の8)。
(58) 総務省「地方公共団体の総合的な財政分析に関する調査研究会報告書」2001年,39頁。
(59) 武蔵野市「武蔵野市のバランスシート2002(平成13年度版)」2002年9月,35頁。
(60) 武蔵野市「武蔵野市のバランスシート2003(平成14年度版)」2003年9月,37頁,および,武蔵野市財政課の回答。
(61) 臼杵市「臼杵市貸借対照表(平成13年度)」
(62) 臼杵市「ばらんすのおとNo.4:住民自治の資料としてのバランスシート」
(63) 臼杵市(62)前掲書。
(64) 計算式の前提数値は,平均年齢の職員モデル:43.06才,大卒。
一人当たり平均退職金(定年):3,415万3千円。年度末職員数:1,132人。期間按分率:22才勤務開始,60才定年,勤続年数21.06年,全勤務期間38年とし,

平均勤続年数÷全勤務期間 = 0.5542……
複利現価率：残存勤務期間16.94年に対する2％の割引率 = 0.7150……

(65) 計算式の前提数値は，平均給与月額：38万9千円，平均勤続年数による普通退職の支給率平均：27.64ヶ月（武蔵野市職員の退職手当に関する条例，第3条の規定により，43.06才，勤続21.06年で普通退職支給率を計算）

(66) 割引率が0.5ポイント低下した場合，退職給付債務額は平均給付期間の違いにより，5〜11％程度の増加に繋がるという。山口修「退職給付会計における割引評価」『企業会計』第54巻第4号（2002年4月），26-31頁。

(67) 今福愛志『年金の会計学』新世社，2000年，41頁。

(68) これは，確定給付債務は従業員がいま直ちに退職したとしたら受給する権利がある確定給付を表す（アプローチ1）という考え方と，確定給付債務は退職予定日に基礎をおいて計算された保険数理上の現在価値を表す（アプローチ2）という考え方の両方を認めるというものである。つまり，アプローチ1は，確定給付債務は期末要支給額であるとし，アプローチ2は，確定給付債務はあくまでも保険数理上の現在価値であり，期末要支給額ではないとするものである。
FASB, *EITF 88-1 : Determination of Vested Benefit Obligation for a Defined Benefit Pension Plan,* 1988.

(69) 河野保「退職金費用の期間配分法（提要）」『會計』第152巻第4号（1997年10月），50-61頁。

(70) 今福愛志，前掲書，134頁。

第4章　収益・費用会計

1　はじめに

　わが国自治体の普通会計は，単式簿記に基づく現金主義会計を採用している。したがって，普通会計の財務表（歳入歳出決算書）が示すものは，当該年度に実際に行われた現金の収入額と支出額でしかなく，経常収支と資本的収支が区別されない等多くの問題点が指摘されている[1]。

　これにたいし，発生主義会計の財務諸表は，現金の受け払いに関係なく，実際に発生した全ての取引の情報を提供する。未収税金等，既に権利は確定しているが未だに現金を受領していない収益を含む情報は，現金主義会計に比べより完全で包括的な収益についての情報を提供する[2]。また，減価償却費，退職給与引当金繰入等を含む正確なコスト情報は，特定のプログラム・活動を継続すべきか否かについての合理的意思決定を行うために，また，コストを適切にマネジメントし活動をコントロールするために有用である[3]。さらに，収益と費用の差額である財務業績は，当期の税金およびその他の収益が当期のコストを賄うのに十分であったか否かを示し，世代間負担の衡平性を評価するのに役立つといえる[4]。

　本章では，発生主義会計を自治体に導入する場合の収益および費用会計に焦点をあて，そこにどのような問題が存在するかを明らかにし，さらにそれをいかに会計処理すべきかを考察する。私企業と自治体の収益・費用を比較した場合に，最も異なるのは収益の性質である。利益獲得を目的とする私企業の収益

の大部分は，財・サービスの提供と交換にほぼ同等の価値を受け取る交換取引（exchange transaction）によって生じる。しかし，公共の福祉の増大を目的とする自治体の主な収益は，税金，地方交付税交付金，補助金等であり，これらは交換取引から生じるものではない。このような取引は，非交換取引（nonexchange transaction）[5] と呼ばれるが，そこから生じる収益の認識については，地方政府等に既に発生主義会計を導入している先進各国等において一部取り扱いが異なっており，いまだに完全な国際的コンセンサスが得られていない。費用については，私企業のそれと大きく異なるところはないが，自治体における減価償却，および，退職給与引当金繰入の意義は必ずしも私企業のそれと同一であるとはいいきれず，検討を行う必要があると考える[6]。

このような現状認識に基づき，第2節では，非交換取引から生ずる収益の定義，および，認識・測定について米国，英国，ニュージーランド，国際会計士連盟（IFAC）の公共部門委員会（PSC）の規定を明らかにする。次に第3節でこれらの規定の比較検討を行う。第4節では，わが国自治体において非交換取引から生ずる収益をどのように取り扱うべきかを考察する。そして，第5節では，わが国自治体において発生主義会計を導入する場合の減価償却，および，退職給与引当金繰入の意義を考察する。

2 非交換取引から生ずる収益に関する規定

地方政府等の収益の大部分を占めるのは，税金や補助金等，非交換取引から生ずる収益である。このように，非交換取引から生ずる収益は，地方政府等において特有かつ重要な課題でありながら，長い間，その定義および認識に関する会計基準の開発はなかなか進まなかった。しかし，1998年に米国の州および地方政府の会計基準設定団体である公会計基準審議会（GASB）が基準書第33号『非交換取引の会計と財務報告』[7] を発行し，1999年にはG4＋1[8] が『所有者からの拠出以外の非相互移転についての受取者の会計，その定義，認識，および測定（非相互移転の会計）』[9] を公表した。さらに，IFACのPSCも，非交換取引により生ずる収益に関する国際公会計基準（IPSAS）を策定す

るために,『非交換取引による収益』[10]と題するコメント募集のための試案 (Invitation to Comment, ITC) を2004年1月に公表するなど,近年,ようやく非交換取引についての会計基準の開発が活発になってきている。

本節では,上述のGASB基準書第33号,G4＋1報告書,および,IFACのITCの内容を検討するとともに,現在まで非交換取引から生ずる収益について特段の会計規定を持たないニュージーランド,英国がどのような会計処理を行っているかを明らかにする。

(1) GASB基準書第33号

GASB基準書第33号『非交換取引の会計と財務報告』は,「交換取引」を「各取引当事者が本質的に同等の価値を受け取り,かつ,与える取引である」と定義し,「非交換取引」を「政府が交換において直接,同等の価値を受け取る(または,与える)ことなしに価値を与える(または,受け取る)取引である」と定義している[11]。そして,非交換取引を主要な性質の違いから,①派生税収益取引(Derived tax revenue transactions),②賦課非交換収益取引(Imposed nonexchange revenue transactions),③政府強制非交換取引(Government-mandated nonexchange transactions),および④自発的非交換取引(Voluntary nonexchange transactions)の4つに分類し,それぞれにつき資産および収益をいつ認識するかを示した[12]。これをまとめたのが表1である。

①派生税収益取引とは,法人または個人の所得の稼得や売上という交換取引に対し税金を課すことから生ずる収益取引(つまり,交換取引から派生する収益取引)であり,例として,売上税や所得税が挙げられる。資産の認識は,基礎をなす交換取引が発生した時,または,資源の受取時のどちらか早い方で行い,収益の認識は,基礎をなす交換取引が発生した時に,見積り払戻額,および,見積り回収不能額を差し引いた純額で認識する。また,交換取引の発生前に資源を受け取った場合は,前受として処理する[13]。

②賦課非交換収益取引とは,交換取引ではないものに対し税金等を課すことから生ずる収益取引であり,例として固定資産税や罰金が挙げられる。資産の

表1　GASBの非交換取引の分類と資産・収益の認識

分類	認識
派生税収益取引 例）売上税 　　個人所得税 　　法人所得税 　　ガソリン税	〈資産〉 基礎をなす交換取引が発生した時，または， 資源の受取時のどちらか早い方。 〈収益〉 基礎をなす交換取引が発生した時。
賦課非交換収益取引 例）固定資産税 　　罰金等	〈資産〉 資源にたいする強制的法的権利を有した時，または， 資源の受取時のどちらか早い方。 〈収益〉 資源の利用が要求される時，または，資源の利用が許可される時。（固定資産税では，課税期間）
政府強制非交換取引 例）州および地方政府 　　への連邦政府の命令 自発的非交換取引 例）特定の補助金 　　寄付等	〈資産〉 全ての適格要件が満たされた時，または， 資源の受取時のどちらか早い方。 〈収益〉 全ての適格要件が満たされた時。

出典：GASB, *Statement No.33 : Accounting and Financial Peporting for Nonexchange Transactions,* 1998, p.48.

認識は，政府が資源にたいし強制的法的請求権（enforceable legal claim）を有した時，または，資源の受取時のどちらか早い方で行い，収益の認識は，資源の利用が要求される時，または，資源の利用が許可される時に，見積り払戻額，および，見積り回収不能額を差し引いた純額で認識する。例えば，固定資産税の場合には，強制的法的請求権を有した時，または，資源受取時のどちらか早い方で資産を認識し，課税期間に収益を認識する。課税期間前に資源を認識した場合には，繰延収益を計上する[14]。

③政府強制非交換取引とは，例えば，連邦政府が地方政府に対し連邦プログラムの履行を強制するために資源を提供する場合のように，ある地方政府等がより上位レベルの政府から特定目的の履行を強制され，資源の提供を受ける場

合に発生する取引である[15]。

そして，④自発的非交換取引とは，補助金や個人からの寄付等，交換取引ではなく，法令または契約により生じる取引をいう。これら③政府強制非交換取引，および，④自発的非交換取引では，しばしば，法律，または，資源提供者により，取引の発生前に満たすことが要求される付帯条件（condition）として（a）受取者の資質，（b）資源使用の時期または期間（時間要件（time requirement）），（c）支出された費用を払い戻す場合の条件，（d）偶発事象の要件（contingency）[16]が設定される。GASBは，以上の4つを取引が発生するための適格要件（applicable eligibility requirements）と呼び，③政府強制非交換取引，および，④自発的非交換取引では，資産の認識は，全ての適格要件が満たされた時，または，資源受取時のどちらか早い方で行い，収益の認識は，全ての適格要件が満たされた時に行うこととした。したがって，適格要件が満たされる前に資源を受け取り資産を認識した場合には，前受として処理する。また，寄贈された資本的資産は，受け取り時の見積り公正価値で測定する[17]。

さらに，全ての非交換取引につき，受取資源に付される使用目的の拘束（purpose restrictions）は，資産および収益の認識に影響を与えないが，純資産が拘束されていることを財務諸表本体で開示することを義務づけた[18]。

(2) G4＋1報告書

G4＋1報告書『非相互移転の会計』は，「非相互移転（非交換取引）」を，「見返りとして直接的に同等の価値との交換を行わずに受取者の資産の増加，または，負債の減少をもたらす資源の移転である」と定義している[19]。そして，非交換取引の認識の基礎は，国際会計基準（IAS）の『財務諸表の作成及び表示に関するフレームワーク（フレームワーク）』[20]で明らかにされた資産・負債の定義，および認識規準にしたがって資産の増加，または負債の減少を認識することであるとした。すなわち，非交換取引の資産の認識は『フレームワーク』の「過去の事象の結果として当該企業が支配し，かつ，将来の経済的便益が当該企業に流入することが期待される資源」[21]という資産の定義を

満たし，かつ，「構成要素の定義を満たす項目が，a）当該項目に関連する将来の経済的便益が企業に流入するか又は企業から流出する可能性が高く，かつ，b）当該項目が信頼性をもって測定できる原価又は価値を有していること」[22]という認識規準を満たした場合に行うのである。

G4＋1報告書は，資産が発生するのは『フレームワーク』の資産の定義が要求する「支配（control）」を獲得した時点であるとし，それは，(a) 受取者が資産を受け取る強制的な権利（enforceable right）を有した時，または，(b) 資産を受け取った時であるとした。したがって，資産の認識は，(a) または，(b) のどちらか早い方で行う。また，負債の減少は，債権者が将来の返済を受け取る権利を放棄した時に認識する[23]。さらに，収益は，非交換取引を条件（stipulation）のあるものとないものに分けたうえで，条件が使用目的拘束（restriction）か，付帯条件（condition）かにより，それぞれいつ認識すべきかを明らかにした[24]。これをまとめたのが表2である。

目的拘束とは，定款や法律，またはそれに匹敵する文書により資源の使用目的を指示，または，拘束するものであり，付帯条件とは，受取者がその条件を満たさなかった場合に移転資源を資源提供者に返還しなければならないものをいう。具体的には，例えば，ある大学に寄付金が提供されるときの条件が①資

表2　G4＋1の収益認識

			収　益　の　認　識
条件なし			資産の増加，または，負債の減少を認識した時
条件有り	目的拘束		資産の増加，または，負債の減少を認識した時
	付帯条件	アプローチ1	付帯条件を満たした時 （付帯条件を満たすまでは，負債として認識）
		アプローチ2	資産の増加，または，負債の減少を認識した時 （付帯条件の充足に失敗した時に，費用と負債を認識）

出典：G4＋1 Report, M. Westwood and A. mackenzie, *Accounting by Recipients for Non-Reciprocal Transfers, Excluding Contributions by Owners : Their Definition, Recognition and Measurement,* 1999, pp.23-38 より作成。

金を特定のプログラムに使うこと，である場合は，その条件は目的拘束である。しかし，条件が②特定日に特定の生徒数を満たさなければ資金を返還すること，である場合は，その条件は付帯条件となる[25]。

　条件のない非交換取引の収益は，資産の増加，または，負債の減少を認識した時に認識する。条件が目的拘束の場合の収益は，条件のない非交換取引の場合と同様，資産の増加，または，負債の減少を認識した時に認識する。しかし，条件が付帯条件である場合には，アプローチ1，または，アプローチ2のいずれかの方法で収益を認識する。アプローチ1は，付帯条件を満たした時に収益を認識する。付帯条件を満たすまでは，受け取り資源の一部または全部を返済する義務を示す負債を認識し，付帯条件を満たした時に，負債を消去し収益を認識する。一方，アプローチ2は，資産の増加，または，負債の減少を認識した時に収益を認識する。付帯条件の充足に失敗した時に，受け取り資源の一部または全部を返済する義務を示す負債と費用を認識する。そして，目的拘束，および，付帯条件に関する情報は開示しなければならない。

　また，非交換取引は，対価を払って資産を受け取る取引ではないため，受け取り資産に取得原価はない。したがって，非交換取引は，公正価値を用いて測定する[26]。

(3) IFACのITC

　IFACのPSCは，現在までに第1号から第20号のIPSASの策定を完了しており，収益についてはIPSAS第9号『交換取引による収益』[27]を発行している。しかしながら，このIPSAS第9号は，表題のとおり交換取引により生ずる収益を対象としており，非交換取引により生ずる収益は適用対象ではない[28]。そのため，非交換取引により生ずる収益を対象とするIPSASを策定する前段階として，前述のごとく2004年1月に『非交換取引による収益』と題するコメント募集のための試案（ITC）が公表された[29]。

　このIFACのITCは，「交換取引」を「ある実体が資産または用役を受け取る，または，負債を有する場合に交換として他の実体に対しほぼ同等の価値を

与える取引」であると定義し,「非交換取引」を「交換取引ではない取引で,実体が交換としてほぼ同等の価値を直接与える(または,受け取る)ことなしに他の実体から価値を受け取る(または,与える)取引である」と定義している[30]。そして,非交換取引の収益の認識と測定に「資産・負債アプローチ」を採用することを提案した[31]。すなわち,非交換取引から生ずる収益は,実体が純資産の増加を認識する時に認識する。純資産は,資産を認識し,かつ,負債を認識しない場合に増加するため,資源インフローが収益を発生させるか否かは,それが資産の定義および認識規準を満たすか否か,および,資源インフローに関連する義務が負債の定義および認識規準を満たすか否かが重要となる。図1は,非交換取引の資源インフローをどのように認識すべきかをフローチャートで示したものである。

まず,A. 資源インフローが所有者からの拠出か否かを検討する[32]。所有者

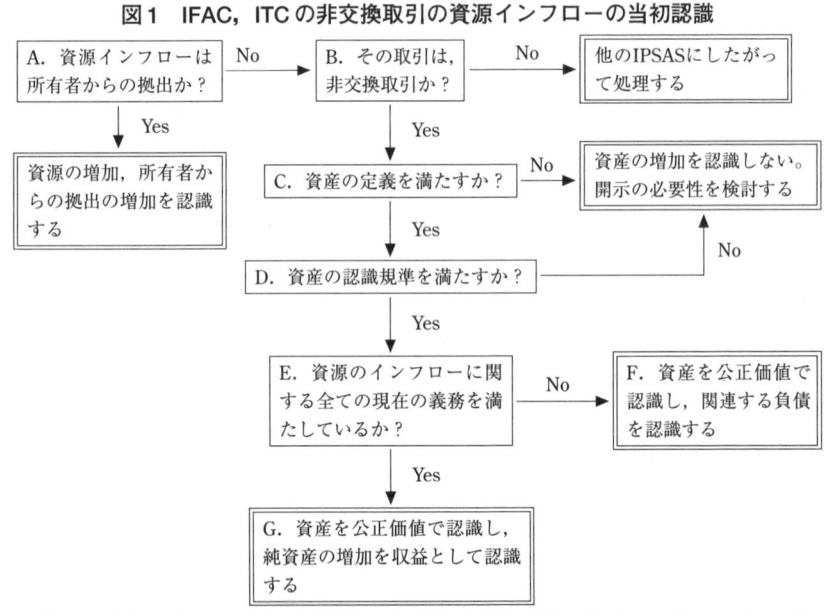

図1 IFAC, ITC の非交換取引の資源インフローの当初認識

```
A. 資源インフローは       No      B. その取引は,        No     他のIPSASにしたがっ
   所有者からの拠出か?  ──────→    非交換取引か?      ──────→   て処理する
        │                              │
       Yes                            Yes
        ↓                              ↓
  資源の増加,所有者か              C. 資産の定義を満たすか?   No    資産の増加を認識しない。
  らの拠出の増加を認識                                      ──────→  開示の必要性を検討する
  する                               │                                    ↑
                                    Yes                                   │
                                     ↓                                    No
                              D. 資産の認識規準を満たすか? ─────────────────┘
                                     │
                                    Yes
                                     ↓
                              E. 資源のインフローに関        No    F. 資産を公正価値で
                                 する全ての現在の義務を満  ──────→    認識し,関連する負債
                                 たしているか?                       を認識する
                                     │
                                    Yes
                                     ↓
                              G. 資産を公正価値で認識し,
                                 純資産の増加を収益として認識
                                 する
```

出典:IFAC, PSC, *Invitation to Comment : Revenue from Non-Exchange Transactions (Including Taxs and Transfers)*, 2004. p.22.

からの拠出である場合は，資産の増加，および，所有者からの拠出の増加を認識する。所有者からの拠出でない場合は，その取引がB．非交換取引か否かを判断する。非交換取引でないものは，他のIPSASにしたがって処理する。取引が非交換取引である場合には，それがC．資産の定義を満たすか否かのテストを行う。資産の定義を満たさないものは，資産の増加を認識せず，開示の必要性を検討する。資産の定義を満たすものは，D．資産の認識規準を満たすか否かのテストを行う。認識規準を満たさないものは，資産の増加を認識せず，開示の必要性を検討する。資産の認識規準を満たすものは，最後にE．資源のインフローに関する全ての現在の義務を満たしているか否かのテストを行う。現在の義務を満たしていないものは，F．資産を公正価値で認識し，関連する負債を認識する。一方，現在の義務を満たすものは，G．資産を公正価値で認識し，純資産の増加を収益として認識する。

　ITCは，さらに，非交換取引を税金と移転（補助金，寄付，罰金等）の2つに分け，それぞれが，どのような場合に上述のフローチャートCの資産の定義を満たすのかを明らかにした。税金の場合，資源インフローが資産の定義を満たすために必要な「資源の支配を実体にもたらす過去の事象」とは，政府が課税対象を決定した事象（課税可能事象（taxable event））であるとし，主要な6つの税金に関するそれぞれの課税可能事象を特定した[33]。具体的には，所得税の課税可能事象は，課税期間中に納税者が評価可能な所得を稼得することであり，売上税の課税可能事象は，課税期間中に課税可能な財・サービスを購入，または，売却することである。したがって，税金による資源インフローが資産の定義を満たし，かつ，認識規準を満たす時とは，(a) 課税可能事象が発生し，かつ，(b) 将来の経済的便益，または，用役潜在性が流入する可能性が高く，(c) 将来の経済的便益，または，用役潜在性の公正価値が信頼性をもって測定できる時である。税金には，関連する認識すべき負債は存在しないため，資産の認識と同時に収益を認識する[34]。

　これにたいし，移転の場合は，資源のインフローが，資産の定義を満たすために必要なことは，「実体が資源を支配している」ことであるとし，「目的の遂

行において実体が資産を利用することができるか，または，資産から便益を得ることができ，かつ，他者がその便益にアクセスすることを排除，または，規制することができる時に発生する」[35]という「資産の支配」の定義にしたがって資源を支配していることが必要であるとした。さらに，資源のインフローに条件 (stipulation) が課されている場合，条件を①使用目的拘束 (restriction)，②付帯条件 (condition)，③時間要件 (time requirement) の3つに分類し，それを負債として認識すべきか否かを明らかにした[36]。まず，①目的拘束とは，移転された資産の使用を制限または指示するが，これに違反した場合に資産を返還することが定められていない条件をいい，②付帯条件とは，特定された資産の使用に違反した場合，または，特定の将来事象が発生するか，または，発生しなかった場合に移転された資産を返還することが義務づけられている条件をいう。③時間要件とは，特定の時点まで移転された資産の使用を禁止する条件をいう。そして，資源インフローに関連し，負債として認識すべきなのは②付帯条件，および，③時間要件であるとし，①目的拘束は負債として認識しないとした。つまり，目的拘束が付されている資源インフローを資産として認識した場合には，認識すべき負債は存在しないので直ちに収益を認識する。そして，②付帯条件，または，③時間要件が付されている資源インフローを資産として認識した場合には，関連する負債を認識し，それぞれの条件が満たされた時に負債を消去し収益を認識する。

(4) ニュージーランド

ニュージーランドの会計基準である財務報告基準 (FRS) は，私企業，中央政府，地方政府の全てを適用対象としている。しかしながら，非交換取引から生ずる収益に関する個別の基準，および，政府補助金に関する個別の基準は存在しない。

1993年に策定された『一般目的財務報告概念書 (概念書)』[37]は，収益を資産の増加または負債の減少の形をとる用役潜在性または将来の経済的便益のインフロー，またはその他の増価，またはアウトフローの節約であり，所有者か

らの拠出に関連するもの以外の持分の増加を生じさせるものであると定義し，収益の認識規準は，(a) 発生の可能性が高く，かつ，(b) 信頼性をもって測定できること，であるとしている[38]。前述のとおり，ニュージーランドの財務報告基準は，私企業，中央政府，および地方政府の全てを適用対象としているため，この『概念書』で明らかにされた収益の定義，および認識規準は，当然，交換取引および非交換取引から生ずる全ての収益をその対象としている。また，FRS 第3号『有形固定資産』[39]は，寄付または補助金を受けた有形固定資産について，取得時の公正価値を取得原価とすること，および，受け取った寄付，または，補助金は，受け取った会計年度の収益として認識することを要求している。さらに，『概念書』は，収益費用対応の原則の適用が，概念書の資産・負債の定義との不一致をもたらす可能性を示唆し，不一致が発生する場合には，収益費用対応の原則を適用すべきではないと主張している[40]。

　ニュージーランドに IAS，および，IPSAS を採用できるか否かを検討している『ニュージーランド convergence ハンドブック』[41]は，IAS 第20号『政府補助金の会計処理および政府援助の開示』[42]をニュージーランドで採用すべきではないという結論に達している[43]。これは，IAS 第20号が規定する補助金の処理とニュージーランドが規定する処理とが根本的に異なることを主たる根拠としている。IAS 第20号は，政府補助金を関連費用と対応させるために，有形固定資産に関する補助金を，①繰延収益に計上し，資産の耐用年数にわたり減価償却費と対応させて収益を認識するか，または，②有形固定資産の取得原価から控除するか，のどちらかの方法を採ることを求めている。しかし，上述のとおり，ニュージーランドにおいては，補助金により取得した有形固定資産の取得原価は公正価値とし，補助金は受け取った年度の収益として認識することが要求されている。さらに，『ニュージーランド convergence ハンドブック』は，IAS 第20号が要求する繰延収益は，将来の経済的便益を犠牲にするという負債の定義を満たすものではなく，これを負債として認めることは，『概念書』の負債の定義との不一致をもたらすため，IAS 第20号を採用できないというのである。

(5) 英　国

英国の地方政府の会計基準である『地方政府の会計コード』[44]は，税金収益を発生主義に基づき関係する期間に計上することと規定している[45]。また，政府補助金および寄付金は，①発生主義に基づき，受け取るための条件を満たし，かつ，受け取ることが合理的に確実になった時に資産を認識すること，②収益の認識は，関連する費用に対応させること，および，③固定資産取得のための政府補助金および寄付金は，繰延補助金勘定（government grants-deferred account）に貸記し，関係する固定資産の減価償却費に対応するよう耐用年数にわたり収益勘定に振りかえることを定めている[46]。『地方政府の会計コード』の補助金等に関するこれらの規定は，私企業の会計基準の一つである会計実務基準書（Statement of Standard Accounting Practice, SSAP）第4号『政府補助金の会計』[47]に準拠するものである。

SSAP第4号『政府補助金の会計』は，補助金の収益を補助金が貢献することを意図された支出に対応するよう認識することを求めている。そのため，補助金と関係する支出との対応関係が確立されている場合には収益の認識は支出に対応させ，また，固定資産の取得のための補助金の収益は，固定資産の耐用年数にわたって認識することを義務づけた。その結果，収益の認識を補助金受取時に行わず，次期以降に繰り延べるものを，繰延収益とするとした。また，補助金は受け取るための条件を満たし，かつ，受け取ることが合理的に確実になるまで認識してはならないが，条件に違反した場合に受取資源を返還しなければならないという潜在的負債は，その支払いが確実になった範囲でのみ認識すべきとした。さらに，固定資産の取得に補助金が用いられた場合，その取得価額から補助金を控除することは，費用と収益を対応させるという点で妥当であるが，1985年会社法がこれを禁止したためこれを認めないとした。そして，SSAP第4号は，全ての重要な観点において，IAS第20号『政府補助金の会計処理および政府援助の開示』に準拠していると結論している[48]。

3　非交換取引規定の比較検討

(1) 資産の認識

　GASB基準書第33号は，売上等の派生税収益取引では資産の認識を「交換取引が発生した時，または，資源受取時のどちらか早い方」で行い，固定資産税等の賦課非交換収益取引では，「強制的法的請求権を有した時，または，資源受取時のどちらか早い方」，そして政府強制非交換取引，および，自発的非交換取引では，「全ての適格要件を満たした時，または，資源受取時のどちらか早い方」で行うと，3つの異なる資産認識規準を示した。これについて，GASBは，非交換取引における適切な資産の認識時点は，概念的には資源に対する強制的な法的請求権が発生する時であるという結論に達したが，政府強制非交換取引，および，自発的非交換取引においては，課税権を有する場合と異なり，約束した資源の支払いを直接強制することができないため，法的または契約的要求が取引の発生のために重要として，適格要件を資産の認識規準にしたのだと説明している[49]。つまり，各取引ごとに異なる認識規準を示してはいるものの，その根底にあるのは「発生の可能性が高いこと」，および，「信頼性をもって測定できること」という資産の一般的な認識規準であり，上述の3つの規準はそれを各取引ごとに詳細に規定したものといってよい。

　G4＋1報告書では，認識の基礎は，IAS『フレームワーク』で明らかにされた資産・負債の定義，および認識規準にしたがって資産の増加，または負債の減少を認識することであると明確に掲げている。したがって，G4＋1報告書が資産の認識を「資産を受け取る強制的権利を有した時，または，資源受取時のどちらか早い方」で行うとしたこともまた，「発生の可能性が高いこと」，および，「信頼性をもって測定できること」をより具体的に示したものであるといえる。

　同様に，英国の「受け取りの条件を満たし，かつ，受け取ることが合理的に確実になった時」に補助金および寄付金を資産として認識するという規定も単に資産の認識規準をより具体的に示したものであるといえる。

このように，非交換取引における資産の認識は，IFACのITC，ニュージーランドがそうであるように，交換取引における資産の認識と同一であり，各規定において根本的な相違はみられない。

(2) 収益，および，負債の認識

GASB基準書第33号は，各取引の発生の要件が満たされるまでは，資源提供者は負債を有さず，受取者も受取債権を有さないとし，それまでは，資源提供者は費用を，受取者は収益を認識してはならず，その前に受取者が受け入れた資源は，前受けとして負債を認識することを要求している[50]。各取引の発生の要件とは，派生税収益取引では基礎をなす交換取引の発生であり，賦課非交換収益取引では強制的法的請求権の発生であり，政府強制非交換取引，および，自発的非交換取引では全ての適格要件が満たされることである。

G4＋1報告書は，収益は原則として資産認識時に認識するとし，付帯条件がある場合に，これを満たすまで収益を認識せず負債を認識する方法と，資産認識時に収益を認識し，付帯条件を満たすことに失敗した場合に，費用と負債を認識する方法の2つを示した。

IFACのITCは，資産の増加が純資産を増加させる時，つまり，関連する負債がない場合に収益を認識する。そして，認識すべき負債として付帯条件と時間要件を挙げている。

ニュージーランドは，IFACのITCと同様に，資産の増加が純資産を増加させる時に収益を認識し，負債は，負債の定義および認識規準を満たす場合に認識するとしている。

これら4つの規定に共通しているのは，資産を認識した時点で，認識すべき負債がない場合に収益を認識するとしたことである。しかし，各規定が掲げた負債として認識すべきものは，少しずつ異なっている。GASBは，政府強制非交換取引，および，自発的非交換取引において，全ての適格要件が満たされる前に資産を認識した場合には，負債を認識するとし，適格要件として，(a) 受取者の資質，(b) 時間要件，(c) 支出された費用を払い戻す場合の条件，(d)

偶発事象の要件，の4つを挙げている。一方，G4＋1報告書は，付帯条件を満たすまで負債を認識する方法と，付帯条件の充足に失敗した時にはじめて負債を認識する方法の2つを挙げている。つまり，G4＋1報告書は，付帯条件を負債として扱うべきか否かについて統一した結論に達していない。さらに，G4＋1報告書が定義する付帯条件とは，受取者がこれを満たさなかった場合に移転資源を資源提供者に返還しなければならないものをいう[51]。

これにたいしITCが挙げる認識すべき負債は，付帯条件と時間要件であるが，この付帯条件は，特定された資産の使用に違反した場合，または，特定の将来事象が発生するか，または，発生しなかった場合に移転された資産を返還することが義務づけられている条件をいい，時間要件は，特定の時点まで移転された資産の使用を禁止する条件をいう。

ITCでは，GASBの（a）受取者の資質，と（c）支出された費用の払い戻しの条件，の2つは特に示されていない。しかし，これらは，資源を受け取るための必須の条件であり，これが満たされなければ補助金は実施されない。そのためITCでは，この2つを負債の条件として挙げなかったと考えられる。

また，GASB基準書第33号，G4＋1報告書，および，ITCは，いずれも，目的拘束は負債を発生させないとした。これについてG4＋1報告書は，目的拘束が課すのは資源を拘束された方法で適切に使用するという受託責任であり，受託責任それ自体は負債を発生させないと説明している[52]。つまり，GASB基準書第33号，G4＋1報告書，ITC，およびニュージーランドの収益および負債の認識規定は，基本的に大きな相違はないといえる。これにたいし，後述するように英国のみが異なる認識規準を定めている。

(3) 収益・費用の対応

英国は，補助金およびその他の寄付金について，収益を関連する費用に対応させることを要求している。すなわち，固定資産取得のための補助金および寄付金は，受取時に全額を収益と認識せずにこれを負債勘定として繰り延べ，固定資産の減価償却費に対応するように耐用年数にわたり収益を認識する。ま

た，固定資産の取得以外にも，補助金等が特定の目的に貢献することが明示されている場合には，収益は，関連する費用に対応させるまで負債勘定として繰り延べる。

G4＋1報告書は，英国のように非交換取引において収益・費用を対応させる方法を伝統的アプローチと呼び，次の4つの観点から批判を行っている[53]。

まず，第一の観点は，収益認識原則に不規則性を生じさせることである。伝統的アプローチでは，固定資産取得のための非交換取引は当初，繰延収益という負債で認識し，関係する資産の耐用年数にわたり収益として認識するか，または，非流動資産のコストから直接相殺（控除）する。しかし，取得した非流動資産に耐用年数がない場合，または，永久の耐用年数を有する場合（たとえば土地や歴史的遺産）に，伝統的アプローチを採用すると「永久繰延収益」という負債を認識することとなる。しかし，収益を永久に繰り延べることは適切ではないため，伝統的アプローチに基づく実務では，一般原則に対する例外を作り，耐用年数がなかったり，耐用年数を限定できない資産については，非交換移転を直接持分に貸記することとなる。つまり，収益認識原則が受け入れる資産の性質に左右されてしまうのである。

第二の観点は，収益認識に恣意性介入の余地があることである。たとえば，特定のプロジェクトのために政府から訓練のための補助金を受け取る場合，伝統的アプローチでは，①訓練が提供される期間，②実体または従業員がその訓練から直接便益を得ると見積もられる期間，③訓練を受けたスタッフが雇用されると見積もられる期間，④訓練提供のために費用が発生した期間，のように複数の収益認識可能時点が存在し，かつ，各期間の長さが違うため，財務業績の測定が大きく異なることとなる。

第三の観点は，伝統的アプローチの下での繰延収益は，IAS『フレームワーク』の負債の定義および認識規準を満たさず，IAS『フレームワーク』とのコンフリクトを起こすことである。伝統的アプローチでは，本来負債でないものが負債として表示されるため，実体の適正な財政状態を表示しないといえる。

そして，最後に指摘しているのは，非交換取引の収益の認識に収益費用対応

の原則を適用することは適切ではないということである。交換取引の場合には，財・サービスとの交換で収益が発生するのであるから，収益の認識とそのために犠牲になった費用を直接対応させることは必要である。しかし，非交換取引では，収益が財・サービスとの交換で発生するわけではない。非交換取引が活動に占める割合が高い非営利組織では，財・サービスのコストと受け取る非交換収益の関係は運営業績の指標として営利企業ほど重要ではない。むしろ，業績測定尺度としては，提供したサービスのコスト，質，量の方が重要である。非営利組織におけるより目的適合な対応関係は，収益対コストではなく，サービスとサービスコストであるという。

ITCもまた，収益と費用を対応させる考え方を採用しなかった理由として，IAS『フレームワーク』に矛盾すること，および，収益と費用の対応は稼得概念の利用を前提とするが，稼得概念は非交換取引から生ずる収益には適用できないことを挙げている[54]。

4　わが国において適用すべき会計処理

(1)　非交換取引規定の比較検討からの考察

税金収益の認識は，GASB基準書第33号，G4＋1報告書，IFACのITC，ニュージーランド，および，英国の各規定において大きな相違はみられない。税金収益は，税金債権にたいし自治体が法的請求権を有した時に認識すべきである。したがって，税金収益の認識は，各税金の性質，および，関連法規に基づき個々に定められるべきである。

これにたいし，補助金，および，寄付金等の収益の認識については，GASB基準書第33号，G4＋1報告書，IFACのITC，ニュージーランドのように資産・負債アプローチを採用すべきか，あるいは，英国のように収益と費用を対応させる伝統的なアプローチを採用すべきかで議論がわかれる。

図2は，固定資産取得のために受け取った補助金収益を，英国が行うように費用と対応させて認識する場合と，GASB基準書第33号，G4＋1報告書，ITC，およびニュージーランドが行うように資産認識時に認識する場合とを比

較したものである。

図2で設定した仮定は，①A政府の第×1期末貸借対照表の内訳は，資産100，負債50，純資産50である，②第×2期に固定資産取得のための補助金100を受け取り，固定資産を取得した，③固定資産の残存価額は0，耐用年数は10年で定額法による減価償却を第×3期から行う，④第×2期，第×3期においてその他の収益・費用は均衡している，の4つである。収益を費用と対応させて認識する場合には，補助金受け取り時，および，固定資産の減価償却を行っている10年間において純余剰／損失は発生せず，純資産は全く変動しない。つまり，補助金受け取りが損益に与える影響は全くない。これにたいし，収益を資産認識時に認識する場合には，補助金受け取りにより純余剰が発生して純資産が増加し，固定資産の減価償却に伴い純損失が発生して純資産が減少していく。したがって，収益と費用を対応させる伝統的アプローチと資産認識時に収益を認識する資産・負債アプローチの根本的相違は，財務業績および純

図2　補助金収益の認識方法の比較

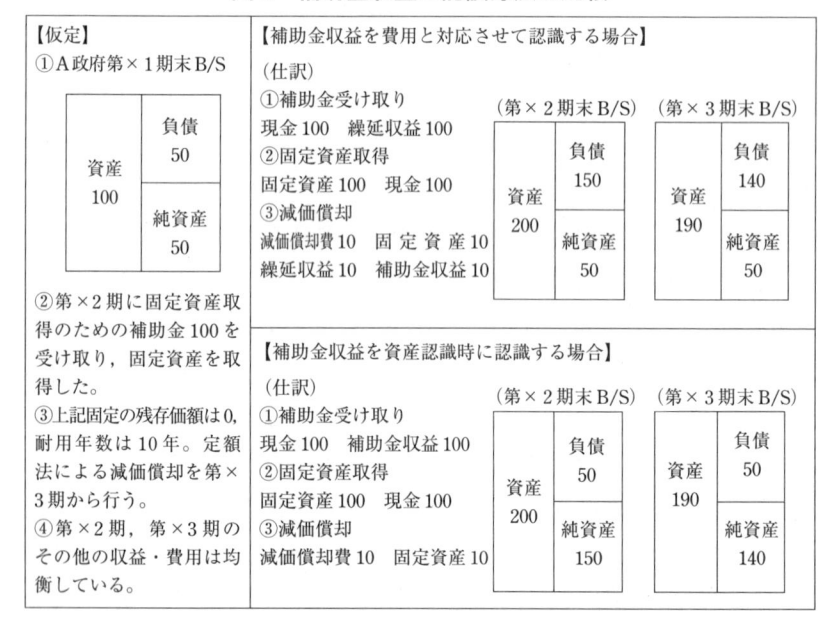

【仮定】	【補助金収益を費用と対応させて認識する場合】		
①A政府第×1期末B/S 資産100／負債50／純資産50	(仕訳) ①補助金受け取り 現金100　繰延収益100 ②固定資産取得 固定資産100　現金100 ③減価償却 減価償却費10　固定資産10 繰延収益10　補助金収益10	(第×2期末B/S) 資産200／負債150／純資産50	(第×3期末B/S) 資産190／負債140／純資産50
②第×2期に固定資産取得のための補助金100を受け取り，固定資産を取得した。 ③上記固定の残存価額は0，耐用年数は10年。定額法による減価償却を第×3期から行う。 ④第×2期，第×3期のその他の収益・費用は均衡している。	【補助金収益を資産認識時に認識する場合】		
	(仕訳) ①補助金受け取り 現金100　補助金収益100 ②固定資産取得 固定資産100　現金100 ③減価償却 減価償却費10　固定資産10	(第×2期末B/S) 資産200／負債50／純資産150	(第×3期末B/S) 資産190／負債50／純資産140

資産に表れる。では，どちらの方法がより適切であろうか。補助金によって取得した固定資産は，耐用年数にわたってサービスを提供し続けていくものであり，自治体が将来，返済，あるいは，返却する必要のないものである。それにもかかわらず，伝統的アプローチでは負債が増加しており，実体の財政状態を適切に反映していないといえる。

　また，既にG4＋1報告書，およびITCが批判しているように，非交換取引に収益費用対応の原則を適用する伝統的アプローチを採用することは適切ではないと考える。なぜなら，自治体においては，営利企業のように収益を稼得するために犠牲となった費用を対応させて利益を計算するという収益・費用の対応関係は存在しないからである。利益獲得を目的としない自治体では，補助金や寄付金収益を獲得するために費用が発生するのではなく，費用をまかなうために収益を用いるため，売上と売上原価というような直接的な因果関係は存在しないのである。

　さらに，伝統的アプローチの採用は，補助金提供側には費用処理を求めるのに対し，受取側には，一部または全部を負債として処理することを求めるため，会計処理が非対称となる問題が生じる。これは，県と市町村の関係のように，補助金提供者と受取者の関係において，一つの取引に関する会計処理が非対称となり，双方の財務諸表が適正に作成されていることを外部から検証することを困難にさせる。

　したがって，わが国においても補助金，および，寄付金等の収益の認識は，収益と費用を対応させる伝統的アプローチではなく，資産・負債アプローチを採用すべきである。

(2) 国際的動向からの考察

　2002年6月に国際会計基準審議会（IASB）と米国財務会計基準審議会（FASB）の間で，「収益認識」問題に関する共同プロジェクトを発足させる合意が成立した。この共同プロジェクトが発足した背景には，IASBにおいて，IAS『フレームワーク』，および，IAS第18号『収益』[55]における収益の定義

と認識規準がIAS『フレームワーク』の資産・負債の定義と一致していないことが挙げられている[56]。つまり，IAS『フレームワーク』では，収益の定義と認識規準に資産・負債アプローチを採用しているのにたいし，IAS第18号『収益』では収益・費用アプローチを採用しているという矛盾が生じているのである。また，FASBにおいても，財務会計諸概念に関するステートメント（SFAC）第6号『財務諸表の構成要素』[57]では収益を資産・負債アプローチから定義しているのにたいし，SFAC第5号『営利企業の財務諸表における認識と測定』[58]の，収益認識では収益・費用アプローチを採用するという矛盾が生じていたことが背景にある。そして，これらの矛盾を克服し，資産・負債アプローチによる収益認識規準の理論的純化を図る方向で推し進めるというのが，この共同プロジェクトの基本的スタンスである[59]。

さらに，IASBは，現在，単独のプロジェクトとして，IAS第20号『政府補助金の会計処理および政府援助の開示』の見直しを行っている。これは，現行のIAS第20号が固定資産取得のための補助金の収益認識を固定資産の耐用年数にわたって行うこと，および，収益認識を次期以降に繰り延べる繰延収益の負債計上を要求しているため，これがIAS『フレームワーク』の資産・負債の定義と矛盾するからである。IASBは，この見直しについて合意に達しなかった場合には，IAS第41号『農業』[60]の会計処理を採用することをすでに決定している。それは，付帯条件がない補助金収益は，補助金が受取可能となった時に認識すること，および，付帯条件のある補助金収益は，付帯条件を満たした時に認識するというものである[61]。

これらの収益認識についての会計基準開発の国際的な動向を踏まえ，ITCは，IAS第18号『収益』とほぼ同じ内容のIPSAS第9号『交換取引による収益』も資産・負債アプローチを採用し，将来的には交換取引，非交換取引の違いにかかわらず，収益の認識・測定について一つのIPSASを開発すべきことを提案している[62]。

このように，収益認識に関し，従来の収益・費用アプローチから資産・負債アプローチへの転換の試みが国際的な流れといえるが，交換取引の収益認識に

ついて伝統的な「稼得」や「実現」という概念を外すことについては，今後も紆余曲折が予想される。これにたいし，もともと「収益と費用の対応」「稼得」「実現」といった概念が存在しない非交換取引の場合には，収益を資源インフローが純資産の増加をもたらす時に認識するという資産・負債アプローチを採用することに異論はないと考えられる。わが国においても，非交換取引の収益の認識には，資産・負債アプローチを採用すべきである。

5 減価償却，および，退職給与引当金繰入の意義

IAS『フレームワーク』は，費用を「当該期間中の資産の流出もしくは減価又は負債の発生の形をとる経済的便益の減少であり，持分参加者への分配に関連するもの以外の持分の減少を生じさせるもの」と定義している[63]。したがって，費用は，実体が純資産の減少を認識する時に発生主義にもとづき認識される。自治体においては，既に述べたように，営利企業のように収益を稼得するために犠牲となった費用を対応させて利益を計算するという収益・費用の対応関係は存在しない。利益獲得を目的としない自治体では，収益を獲得するために費用が発生するのではなく，費用をまかなうために収益を用いるため，売上と売上原価というような直接的な因果関係は存在せず，期間的対応があるのみである。

自治体において，費用という観点から従来の現金主義会計と発生主義会計を比較した場合に最も大きく相違するのは，発生主義会計において減価償却費および退職給与引当金繰入を認識することである。以下では，自治体における減価償却および退職給与引当金繰入の意義を考察する。

(1) 減価償却の意義

減価償却とは，有形固定資産の取得原価をその使用期間にわたって費用として配分する手続きである。企業会計上，減価償却は，有形固定資産の取得に要した額のすべてを，取得した会計期間の費用とするのは合理的ではないため，それを使用することによって獲得された収益に対応する費用として，資産が使

用できる各期間に配分するものである。つまり,企業会計審議会の連続意見書第三『有形固定資産の減価償却について』[64]が「減価償却の最も重要な目的は,適正な費用配分を行うことによって,毎期の損益計算を正確ならしめることである。このためには,減価償却は所定の減価償却方法に従い,計画的・規則的に実施されねばならない。」と述べているように,減価償却の目的は,正確な損益計算を行うことである。また,減価償却には,その効果として固定資産の流動化（自己金融）が挙げられる。これは,固定資産に投下された資金が減価償却手続を通じ製品原価や売上原価に算入され,製品または商品の販売により貨幣性資産が回収されるというものである。さらに,減価償却累計額は,一定時点での減価償却性資産の残留原価を表すための控除的性質の評価勘定を意味し,資産の評価要素としての機能を備えている[65]。そして,この評価要素は,資産の管理保全責任と密接な関連を有し,減価償却は固定資産に対する管理保全責任の減少と解除にとって不可欠の働きをもっているという[66]。すなわち,減価償却が行われない場合には,企業の当該資産に対する管理保全責任は何時までも残ることになるが,減価償却を行うことによって資産の帳簿価額が減少してゆき,当該資産に対する管理保全責任が次第に小さくなり,解除されていくのである。

これにたいし,自治体において減価償却を行う意義は何であろうか。すでに明らかにしたように,企業会計において減価償却を行う目的は,毎期の損益計算を適正に行うことである。そして,企業会計が適正な損益計算を行う目的には,①分配可能利益の算定,②企業業績の評価,③投資家への意思決定情報の提供,の3つが挙げられる[67]。つまり,企業会計では,上記3つの目的を果たすために減価償却を行い,適正な損益計算,いいかえれば適正な利益を算定する。これら企業会計における減価償却を行う論拠は,利益の獲得ではなく福祉の増大を目的とする自治体にも適用できるであろうか。

①分配可能利益の算定に資するために減価償却を行うという論拠は,もともと「利益計算」や「処分可能利益の算定」が会計目的ではない自治体の場合には論拠となり得ない。それは,自治体の運営目的が利益を獲得し,資源提供者

に成果としてキャッシュ・フローを配分することではないためである。次に，②業績の評価に資するために減価償却を行うという論拠も自治体には適用できない。なぜなら，自治体の業績は利益で測れないからである。自治体が住民に提供する行政サービスの業績評価は，各行政分野において非財務情報であるサービスの成果と，提供にかかるコストの比較分析によってなされるのであり，それは経済性，効率性，有効性を評価することである。さらに，③投資家への意思決定情報の提供に資するために減価償却を行うという論拠も適用できない。その理由は，投資の意思決定情報として実体の将来キャッシュ・フロー獲得能力を評価することが有用であるという点では企業も自治体も同じであるが，自治体のキャッシュ・フローの発生源泉は主に税金であるため，利益概念を用いてキャッシュ・フロー獲得能力を測ることはできないからである。したがって，自治体の場合には，企業会計とは異なる論拠が必要となる。

　自治体において減価償却を行う意義の一つは，世代間の負担を明らかにすることである。減価償却は，固定資産の取得に要した現金支出額を全て支出時の費用とするのではなく，固定資産の使用による用役の提供期間に応じて各年度の費消額を計算することにより，用役の提供を受けた世代に発生した費用を負担させる。したがって，減価償却費を含む費用と収益の差額である財務業績は，当期の税金およびその他の収益が当期のコストをカバーするのに十分であったか否かを明らかにし，これは，世代間の負担の衡平性を評価するのに役立つものである[68]。

　また，減価償却を行うもう一つの意義は，固定資産の使用にかかるコスト情報を提供することである。正確なコスト情報は，特定のプログラム・活動を継続すべきか否かについての合理的意思決定を行うために，また，コストを適切にマネジメントし活動をコントロールするために，さらに，適切な予算策定を可能にするために必要不可欠である[69]。

　適切なコスト情報は，また，自治体の行政活動の経済性，効率性，有効性の評価の基礎を提供する。つまり，サービス提供のために要したコストが経済的であるか否か，提供したサービス（アウトプット）がコストと比較して効率的

であるか否か，サービス提供による効果（アウトカム）がコストと比較して満足できるものであるか否かというサービス業績評価の基礎を提供する。

さらに，減価償却は，資産の評価要素としての機能を備えているため，資産のマネジメントの意思決定に有用であり，適切な資産のマネジメントを可能にする。すなわち，減価償却に基づく資産情報は，資産の存在および維持・運営コストを特定するために，資産の維持・更新，余剰資産の処分，資産の効率的な利用といった資産のマネジメントにおいて適切な意思決定を導くといえる[70]。固定資産の維持コストの把握は，マネージャーが将来コストを予想し，資産更新の最適な時期を決定することを可能にする[71]。使用または陳腐化による資産価値の減少の認識は，固定資産の所有コストおよび使用コストを考慮し，リースか購入かという選択において適切な意思決定を行うことを可能にする[72]。

(2) 退職給与引当金繰入の意義

退職給与引当金とは，従業員が一定期間勤続したこと等の事実に基づいて退職時に支払われる退職給付に対し，当期以前の事象に起因する回避不可能な将来の支払い義務を表すための引当金であり，負債としての性格をもった引当金である。企業会計上，負債性引当金を計上する目的は，将来の特定時点において実現する費用や損失を，その原因の生ずる期間にあらかじめ見越し計上することにより，①各期の損益計算の正確を期するとともに，②将来の支出等に備えて財務的準備を行う点にある[73]。

このような企業会計上の退職給与引当金計上の目的と，自治体における目的とは同一であろうか。すでに減価償却の意義の検討において明らかにしたように，「利益計算」や「処分可能利益の算定」が会計目的ではない自治体において退職給与引当金を計上する意義は，①損益計算の正確を期するためではない。また，自治体の場合は，税金を主な源泉とする収益で費用をまかなうため，企業会計のように収益により犠牲となった費用を回収することはなく，退職給与引当金の計上が②将来の支出等に備えて財務的準備を行うことにはつな

がらない。

　自治体において退職給与引当金を計上する意義は，減価償却を行う場合と同じである。それは，発生した費用を発生した期の世代に負担させることで世代間の負担を明らかにすること，および，適正なコスト情報を提供することである。さらに，退職給与引当金は，負債として計上されるため，負債のマネジメントの意思決定に有用であり，適切な負債のマネジメントを可能にする。単に借入金だけでなく長年蓄積されていく退職給与引当金を負債として認識することにより，自治体に負債の存在を自覚させ返済計画の策定を可能にする。負債は直接，将来の収入を拘束し，返済能力および将来の資金調達に影響を与えるものである[74]。退職給与引当金を含むすべての負債が報告されなければ，現在提供しているサービスの量と質を継続することが可能か否か，あるいは新規プログラムまたはサービスをまかなう余裕があるか否かという判断において現実的な評価を行うことができず，適切な意思決定を行うことができない[75]。また，すべての負債を認識することは，それぞれの負債のマネジメントを担当する部署を明確にし，責任の所在を明らかにするといえる[76]。

6　お　わ　り　に

　本章では，わが国自治体に発生主義会計を導入した場合に，非交換取引から生ずる収益をどのように認識すべきか，および，利益獲得を目的としない自治体における減価償却，退職給与引当金繰入の意義を考察した。そして，非交換取引から生ずる収益は，費用に対応させて収益を認識する伝統的アプローチではなく，純資産が増加した時に収益を認識する資産・負債アプローチを採用すべきことを明らかにした。また，自治体における減価償却費，および，退職給与引当金繰入を計上する意義は，世代間の負担の衡平性の判断に資すること，および，適正なコスト情報を提供することであることを明らかにした。

　しかしながら，わが国自治体の現行会計制度は，既に述べたとおり単式簿記による現金主義会計を採用している。そこでは，歳入および歳出の会計年度所属区分は詳細に定められ（地方自治法施行令第142条，第143条）[77]，会計年度

末から2ヶ月間（4月1日から5月31日まで）の出納整理期間内に現金の受け払いが完了した未収分または未払分は，当該年度の収入・支出として処理される（地方自治法第235条の5）が，現金の受け払いが完了しなかったものは，たとえ法的な債権債務関係が成立していたとしても，実際に現金の受け払いが行われた年度の収入・支出として処理される。したがって，既に法的請求権が発生しているが出納整理期間までに収入されなかった税金は，収益とはみなされない。また，歳入歳出決算書は，当該年度に実際に行われた現金の収入額と支出額についての情報を明らかにするのみであり，帳簿記録から有機的に導出された貸借対照表や行政コスト計算書は示されない[78]。

　自治体において発生主義会計を導入する目的は，営利企業と同様の利益を計算するためではない。当年度に発生した収益・費用を明らかにすることは，当年度の収益が当年度のサービス提供のための費用をまかなうのに十分であったか否かを明らかにすることであり，これは，世代間の負担の衡平性の判断に資する情報を提供することにほかならない。さらに，適正なコスト情報の提供は，自治体に効率的な運営を促すものである。わが国自治体においても早急に抜本的な会計改革を行い，発生主義会計を導入すべきである。

（注）
（1）　単式簿記を採用している点については，記録の網羅性，完全性に欠けること，記録の正確性を独自に検証できないこと，ストックとフローに関して有機的な関連をもった一組の財務諸表を会計帳簿から誘導的に作成できないことが指摘されている。また，現金主義会計を採用している点については，経常収支と資本収支が区別されないことから，固定資産の建設・購入のための支出がすべて当該年度の経費とされること，公債の発行がすべて当該年度の収入として処理され，当該年度の収入支出の適正な期間対応を表示しないことが指摘されている。詳しくは，隅田一豊『住民自治とアカウンタビリティ』税務経理協会，1998年，19-39頁参照。
（2）　すでに発生主義会計を地方政府等に採用している米国，英国等の先進各国においては，現金フローの収入・支出に対応する経済資源フローとして収益（revenue）・費用という用語が一般的に用いられている。本章においてもこの用語を用いる。

（3） 退職一時金制度のみを扱うわが国自治体に企業会計の退職給付会計基準を適用することは，既に前章で明らかにしたとおり，①割引率等の基礎率の変動により見積額が大きい影響を受けること，②退職給付引当金見積額が確定給付債務である期末要支給額を下回るケースの出現可能性が企業に比べ高いこと，等の理由により適切ではないと考える。したがって，本章では退職給付引当金ではなく退職給与引当金という用語を用いる。
（4） 詳しくは，第1章参照。
（5） 非交換取引（non-exchange transaction）は，非相互移転（non-reciprocal transfer）と呼ばれることもあるが同義である。本章では，非交換取引という用語を用いる。
（6） 地方政府等の費用については，この他にキャピタル・チャージ，インフラ資産の減価償却について議論を行う余地があるが，これらは別稿に譲り，本章では取り扱わないこととする。
（7） Governmental Accounting Standards Board (GASB), *Statement No.33 : Accounting and Financial Reporting for Nonexchange Transaction,* 1998.
（8） G4＋1とは，オーストラリア（Australian Accounting Standards Board），カナダ（Canadian Accounting Standards Board），ニュージーランド（New Zealand Financial Reporting Standards Board），英国（United Kingdom Accounting Standards Board），米国（United States Financial Accounting Standards Board）の各国会計基準設定団体，および，国際会計基準審議会（International Accounting Standards Board）から成る組織で，財務報告の問題について共通の理解を得ると同時に，共通の解決策を模索し，より質の高い財務報告を提供することをその目的としている。G4＋1は，組織構成員である各会計基準設定団体がより良い会計基準を新たに開発することに役立つよう各種の研究報告を発行している。
（9） G4＋1 Report, M.Westwood and A.mackenzie, *Accounting by Recipients for Non-Reciprocal Transfers, Excluding Contributions by Owners : Their Definition, Recognition and Measurement,* 1999.
（10） International Federation of Accountants (IFAC), Public Sector Committee (PSC), *Invitation to Comment (ITC): Revenue from Non-Exchange Transactions (Including Taxes and Transfers),* 2004.
（11） GASB, *Statement No.33, op. cit.,* par.1.
（12） *Ibid.,* par.7–25.
（13） 交換取引発生前に資源を受け取る場合とは，前年度の所得額を計算の基礎として用いる予定納税等が考えられる。

(14) 固定資産税にかかる資産を収益認識前（課税期間前）に認識する事例として，次のようなケースが紹介されている。市の固定資産税の課税期間（20×1/5/1～20×2/4/30），法律により定められている市の固定資産税に対する強制的法的請求権の発生日（課税期間に先んじる20×1/1/1），固定資産税徴収開始時期（20×1/3/1）の場合には，市は強制的法的請求権が発生する20×1/1/1に受取債権を認識し（仕訳：受取債権／繰延収益）を認識し，課税期間（20×1/5/1～20×2/4/30）に収益を認識する（仕訳：繰延収益／収益）。*Iibid.,* Appendix D : Example 5.

(15) 政府強制非交換取引の例としては，①州が郡に対し環境設備の修理およびグレードアップを行うことを要求する環境改善プログラム，②連邦政府が州に対し麻薬・アルコール乱用防止についての学校教育を行うことを要求する乱用防止プログラム，の2つが紹介されている。*Ibid.,* Appendix D : Example 7, Example 9.

(16) 受取者が特定の行動を行った場合，あるいは，特定の事象が起こった場合にのみ資源の提供が行われる場合の条件をいう。具体的な例としては，市が新図書館建設のために他から百万ドルを集めることを条件に，ある個人が新図書館建設のために百万ドルを寄付するケースが紹介されている。*Ibid.,* Appendix D : Example 15.

(17) 公正価値とは，取引の知識のある自発的な当事者間で，独立第三者間取引条件により資産が交換される価額をいう。GASB, *Codification of Governmental Accounting and Financial Reporting Standards as of June 30, 2003,* 2003, p.26.

(18) GASB, *Statement No.33, op. cit.,* par.14.

(19) G4 + 1 Report, *op. cit.,* p.5.

(20) International Accounting Standards Committee（IASC）, *Framework for the Preparation and Presentation of Financial Statements*（*Framework*）, 1989. 邦訳：日本公認会計士協会国際委員会『国際会計基準書2001』同文舘出版，2001年，19-41頁。

(21) *Ibid.,* par.49（a）.

(22) *Ibid.,* par.83.

(23) G4 + 1 Report, *op. cit.,* p.23.

(24) *Ibid.,* pp.23-38.

(25) このように，目的拘束は，資産の実際の使用に関する条件の他に追加される条件がない場合をいい，条件に違反した場合に資源を返還することが義務づけられていたとしても，それは目的拘束である。これにたいし，付帯条件とは，資源受取者が移転資源に対する付帯条件のない権利を有するために，特定の将

来事象が定められているものをいう。
(26) *Ibid.*, pp.57-58.
(27) IFAC, PSC, *International Public Sector Accounting Standards* (IPSAS) 9 : *Revenue from Exchange Transactions,* 2001.
(28) *Ibid.*, par.4.
(29) 本草案のコメント募集の締め切りは2004年6月30日である。
(30) IFAC, PSC, ITC, *op. cit.,* p.11.
(31) *Ibid.,* p.5.
(32) 「所有者からの拠出」は,IPSAS第1号『財務諸表の表示』において以下のように定義されている。所有者からの拠出とは,外部関係者が実体に拠出した将来の経済的便益,または,用役潜在性のうち,実体の負債とならないものを意味し,純資産/持分における財務請求権を形成するものである。それらは,(a) 実体の存続期間において,所有者またはその代表者が将来の経済的便益,または,用役潜在性を分配する権利,および,実体が解散する際に負債を上回る資産を分配する権利をもたらし,かつ/または,(b) 売却,交換,譲渡または弁済することが可能なものである。IFAC, PSC, *IPSAS 1 : Presentation of Financial Statements,* 2000, par.6.
(33) 所得税,売上税の他に特定された課税可能事象とは,①付加価値税の場合は,課税期間中に納税者が課税可能活動を行うこと,②関税の場合は,関税可能な財・サービスが関税の境界を移動すること,③相続税の場合は,課税可能な財産の所有者の死亡,④固定資産税の場合は,課税される日の経過,または,期間に課税される場合は課税される期間の経過,の4つである。IFAC, PSC, ITC, *op. cit.,* pp.7-8.
(34) *Ibid.,* Chapter 3.
(35) *Ibid.,* p.11.
(36) *Ibid.,* pp.8-9, 11.
(37) The Council, New Zealand Society of Accountants, *Statement of Concepts for General Purpose Financial Reporting* (*Statement of Concepts*), 1993.
(38) *Ibid.,* pp.12-13.
(39) Financial Reporting Standards Board (FRSB), *Financial Reporting Standard* (*FRS*) *No.3 : Accounting for Property, Plant and Equipment,* 2001.
(40) The Council, New Zealand Society of Accountants, *Statement of Concepts, op. cit.,* par.7.25.
(41) Tony van Ziji, and Stephen Walker, *The New Zealand Convergence Handbook,* Institute of Chartered Accountants of New Zealand, 2001.

(42) International Accounting Standards Board (IASB), *International Accounting Standards (IAS) 20 : Accounting for Government Grants and Disclosure of Government Assistance,* 1994.
(43) Tony van Ziji, and Stephen Walker, *op. cit.,* pp.89-91.
(44) The Chartered Institute of Public Finance and Accountancy (CIPFA), *Code of Practice on Local Authority Accounting in the United Kingdom* (Code of Practice), 2002. この会計コードは，特定の産業またはセクターにたいし，私企業の会計基準（財務報告基準（Financial Reporting Standards, FRS），会計実務基準（Statement of Standard Accounting Practice, SSAP）等）を，より効果的に適用するために発行される勧告実務書（Statement of Recommended Practice, SORP）の形態をとっており，法的要求との不一致がないかぎり，私企業の会計基準を基礎としている。
(45) *Ibid.,* par.3.8.
(46) *Ibid.,* par.3.62-3.64.
(47) *Statement of Standard Accounting Practice* (SSAP) *4 : Accounting for government grants,* 1974 (amended 1992).
(48) *Ibid.,* par.41.
(49) GASB, *Statement No.33, op. cit.,* par.64-70.
(50) *Ibid.,* par.19.
(51) もし，「1年以内に使用しなければ資源を返還すること」という条件が付された場合には，これも condition であるという。G4 + 1 Report, *op. cit.,* par.4.19.
(52) *Ibid.,* par.4.29-4.32.
(53) *Ibid.,* par.3.05-3.11.
(54) IFAC, PSC, *ITC, op. cit.,* par.2.34.
(55) IASB, *IAS* 18 :Revenue, 1993.
(56) IASB, *IASB Activities : Liabilities and Revenue Recognition, Topic Summary,* 2003/03/01, 2003.
(57) Financial Accounting Standards Board (FASB), *Statements of Financial Accounting Concepts No.6 : Elements of Financial Statements,* 1985. 邦訳：平松一夫・広瀬義州『FASB財務会計の諸概念』中央経済社，2002年，267-408頁。
(58) FASB, *Statements of Financial Accounting Concepts No.5 : Recognition and Measurement in Financial Statements of Business Enterprises,* 1984. 邦訳：平松一夫・広瀬義州，前掲書，195-266頁。
(59) 計画としては，2004年後半に公開草案が公表され，2005年中には作業が完了する予定であるという。津守常弘「収益認識をめぐる問題点とその考え方」

『企業会計』第55巻第11号(2003年11月), 18-25頁。
(60) IASB, *IAS 41 : Agriculture,* 2001.
(61) IFAC, PSC, *ITC, op. cit.,* par.1.29.
(62) *Ibid.,* chapter 6.
(63) IASC, *Framework, op. cit.,* par.70.
(64) 企業会計審議会「企業会計原則と会計諸法令との調整に関する連続意見書第三」第一・二「有形固定資産の減価償却について」, 1960年。
(65) 醍醐聰『会計学講義』東京大学出版会, 2001年, 144頁。
(66) 若杉明『精説財務諸表論』中央経済社, 1996年, 136-137頁。
(67) 濱本道正「利益情報の役割と資産評価」『企業会計』第48巻第9号(1996年9月), 113-118頁。
(68) IFAC, PSC, *Study 11 : Government Financial Reporting : Accounting Issues and Practices,* 2000, par.281.
(69) *Ibid.,* par.282-288.
(70) *Ibid.,* par.258-260.
(71) *Ibid.,* par.263.
(72) *Ibid.,* par.265.
(73) 若杉明, 前掲書, 182-183頁。
(74) IFAC, PSC, *Study 11, op. cit.,* par.267.
(75) *Ibid.,* par.269-270.
(76) IFAC, PSC, *Study 14 : Transition to the Accrual Basis of Accounting,* 2002, par.1.22.
(77) 歳入についてはその性質により, 納期の末日に属する年度, 納入通知書等を発した日の属する年度, 現金を領収した年度等, 権利確定主義または現金主義を採用し, 歳出についてはその性質により, 支払期日の属する年度, 支出の原因である事実の存した期間の属する年度, 支出をした日の属する年度等, 権利確定主義, 発生主義, または現金主義を採用している。詳しくは, 隅田一豊, 前掲書, 30-32頁参照。
(78) 総務省(平成12年時は自治省)は, 平成12年3月および平成13年3月に『地方公共団体の総合的な財政分析に関する調査研究会報告書』を公表し, 主に決算統計に基づく貸借対照表および行政コスト計算書の作成手法を示した。しかしながら, この総務省方式に基づいて作成される財務諸表は, 年に1回作成される決算統計という統計資料から簡便的に導き出されるものにすぎず, 会計記録から有機的に作成される財務諸表とはいえない。総務省方式の貸借対照表は, その作成過程において集計可能な資産・負債を対比しただけで網羅性に欠け,

評価においても普通建設事業費の積み上げの推計値でしかなく，財政状態を総括的に表しているにすぎないとの批判を受けている（兼村高文「自治体財政と発生主義」『都市問題』第92巻第1号（2001年1月），41-51頁。また，正確性の問題だけでなく，決算統計を用いる財務諸表ではその作成は年に1回のみであり，日常的な行政活動を管理・統制することは極めて困難であるといえる（隅田一豊『自治体行財政改革のための公会計入門』ぎょうせい，2001年，136頁）。さらに，このような簡便な作成方法を用いても平成14年度の自治体の財務諸表の作成状況は，バランスシートの作成は市区町村3,155団体中の56.1％，行政コスト計算書の作成は30.3％にとどまり，特別会計を連結した自治体全体のバランスシートにいたっては，9.9％しか作成されておらず，極めて不十分であるといえる（総務省「地方公共団体のバランスシート等の作成状況：調査日平成16年3月31日」2004年）。

第5章 純資産会計

1 はじめに

　企業会計において資本という用語は，総資産に対する総資本，他人資本である負債に対する自己資本としての資本，株主の払込資本，商法上の法定資本としての資本金等，広狭さまざまな意味に用いられる。ここで議論の対象とする資本は，企業の資産総額から負債総額を控除することによって求められる純資産であるところの自己資本である。

　商法（商法施行規則）および証券取引法（財務諸表等規則）では，企業会計の資本を資本金，資本剰余金，利益剰余金，および，土地評価差額金，その他有価証券評価差額金，自己株式に分類している。資本金および資本剰余金は，株主から拠出された払込資本を示す[1]。これにたいし，利益剰余金は，企業が経済活動を通じて稼得した利益の内部留保額である留保利益を示す[2]。また，土地評価差額金およびその他有価証券評価差額金は，資産の時価評価に伴う評価差額であり，配当可能な実現利益ではないことを示すために区分掲記し，自己株式は資本の控除項目として資本の末尾に表示する。

　このように企業会計の資本は，企業の資産総額から負債総額を控除した差額部分である純資産の各構成要素（株主から拠出された払込資本，利益の留保額，あるいは，それらのどちらにも属さないもの等）のそれぞれの金額を明らかにする。つまり，純資産は，負債とともに資産の資金調達源泉を明らかにするとともに処分可能価額を計算する。

これにたいし，そもそも株主の払込資本が存在せず，かつ，利益獲得を目的としない自治体の場合，純資産はどのような意義を持つのであろうか。

本章の目的は，自治体会計における純資産の意義，および，あるべき開示を明らかにすることである。そこでまず，第2節で，米国，英国，ニュージーランドの地方政府等の純資産の意義と開示を検討する。第3節では，現在わが国の多くの自治体で採用されている総務省方式，および，東京都における純資産の考え方について検討し，第4節でわが国自治体における純資産の意義，および，あるべき開示を明らかにする。

2　諸外国の純資産

(1)　米　　国

米国の州および地方政府の会計基準設定団体である公会計基準審議会（GASB）の基準書第34号「州および地方政府の基礎的財務諸表および行政管理者の検討と分析」[3]は，純資産を，資本的資産への純投資（invested in capital assets, net of related debt）と拘束純資産（restricted net assets），および，非拘束純資産（unrestricted net assets）の3つに分類している[4]。

資本的資産への純投資とは，資本的資産の純額（資本的資産の取得価額から減価償却累計額を差し引いた額）から当該資産取得のために借り入れた債務の期末残高を差し引いたものであり，資本的資産に対する投資の純額を示す[5]。また，拘束純資産とは，債権者や補助金提供者，寄付者，または，法律，その他の規制により資源の使用に拘束が課されているものをいい，非拘束純資産とは，資本的資産の純投資，および，拘束純資産のいずれの定義も満たさないものをいう。

表1は，ロサンゼルス市の2003年6月30日の政府全体純資産報告書である。政府全体純資産報告書は，資産から負債を控除して純資産を導く形式の財務表であり，政府全体の財政状態を示す。ロサンゼルス市では，基礎政府の政府活動の非拘束純資産が663百万ドルのマイナス残高となっている。これについてロサンゼルス市は，純資産の増減は，市の財政状態が改善したか，悪化したか

表1 ロサンゼルス市政府全体純資産報告書

(2003年6月30日)

(単位:千ドル)

	基礎政府			構成単位
	政府活動	ビジネスタイプの活動	合 計	コミュニティ再開発機関
資　産				
現金等	3,143,804	1,123,900	4,267,704	150,001
その他の投資	65,468	43,107	108,575	10,424
受取(純)債権	946,727	1,980,469	2,927,196	49,254
構成単位への貸付金	76,050		76,050	
信託ファンドに対する債権	137		137	
棚卸資産	30,345	142,061	172,406	35,167
前払,および,その他の資産	51,685	159,198	210,883	16,050
拘束資産	12,358	2,412,004	2,424,362	78,031
合弁事業への投資		6,000	6,000	
年金純資産		177,750	177,750	
資本的資産				
減価償却をしないもの	983,157	4,532,543	5,515,700	72,080
減価償却をするもの	1,766,443	11,604,010	13,370,453	34,446
核燃料		13,431	13,431	
資産合計	7,076,174	22,194,473	29,270,647	445,453
負　債				
買掛金・未払費用	256,589	495,076	751,665	6,060
債　券	469,159	452,060	921,219	
満期債券・未払利息	1,742		1,742	
未払利息	39,930	94,590	134,520	12,542
内部取引	28,461	(28,461)	0	
信託ファンドに対する債務	111		111	
預り金・前受金	14,807	44,608	59,415	20,339
その他の負債	56,797	509,702	566,499	5,172
未払退職・年金費用		329,879	329,879	
信託ファンドからの前受金	12,621		12,621	
非流動負債				
1年以内	456,940	679,948	1,136,888	15,012
1年超	4,124,015	7,922,952	12,046,967	535,126
基礎政府への借入金				76,050
負債合計	5,461,172	10,500,354	15,961,526	670,301
純　資　産				
資本的資産への純投資	730,518	7,996,013	8,726,531	63,701
拘　束:				
資本プロジェクト	178,644	182,333	360,977	83,695
債務返済	155,079	1,107,830	1,262,909	50,129
特別目的	1,213,893	643,609	1,857,502	85,957
非　拘　束	(663,132)	1,764,334	1,101,202	(508,330)
純資産合計	1,615,002	11,694,119	13,309,121	(224,848)

出典:City of Los Angeles California, *Comprehensive Annual Financial Report for the Fiscal Year Ended June 30, 2003*, p.31.

についての有用な指標を提供すること,および,政府活動の非拘束純資産のマイナス残高は,市が賠償金や職員の年金債務等の特定の負債の資金調達を将来行わなければならないことを示していると説明している[6]。

地方政府等の純資産を拘束性の程度により,資本的資産への純投資,拘束純資産,非拘束純資産の3つに分類する理由は,米国財務会計基準審議会(FASB)の非営利組織体の純資産の考え方に由来する。FASBの財務会計の諸概念に関するステートメント(SFAC)第6号「財務諸表の構成要素」[7]では,非営利組織体[8]の純資産は,出資者請求権ではないとし,表2のように分類することを要求している[9]。

永久拘束純資産は,寄贈者が永続的に維持しなければならないと規定している資産であり,かつ,非営利組織体の活動の遂行によって使用し尽くされない資産をいう。例として,基金に加えられる現金,有価証券,および土地,芸術作品のような非償却資産の贈与等を挙げている。一時拘束純資産は,寄贈者が特定した将来の特定の時点以降に,または寄贈者が特定した目的に利用を限定している資産であり,前者の例として次年度の活動への利用の限定が,後者の例としては特別な建物・設備の取得の利用への限定が挙げられている。非拘束純資産は,純資産のうち寄贈者による拘束が課せられていない部分,すなわち純資産から永久拘束純資産および一時拘束純資産を差し引いたものである。そして,この非拘束純資産は,ある組織体が受益者に対して用役の提供を行うに際し,次期以降に完全に利用可能な純資産を示すものである[10]。

表2 非営利組織の純資産の分類

```
                   ┌── 永久拘束純資産 (permanently restricted net assets)
                   │
   純資産 ─────────┼── 一時拘束純資産 (temporarily restricted net assets)
                   │
                   └── 非拘束純資産 (unrestricted net assets)
```

出典:Financial Accounting Standards Board, *Statement of Financial Accounting Concepts No.6 : Elements of Financial Statements,* 1985, par.91.

第5章　純資産会計　*147*

　FASBは，非営利組織の純資産を拘束性の程度に分けて分類することの意義を以下のように述べている[11]。すなわち，非営利組織体の純資産は，継続して用役を提供する能力を示し，純資産が維持されない場合には，将来の資源提供者が不足を補うか，または，将来の受益者に対する用役の提供が減少するかのいずれかである。したがって，純資産が維持されているか否かの情報は重要であるが，なかでも，純資産の拘束の変動についての情報は，非営利組織体が提供できる用役の類型や水準に影響を及ぼすので，純資産の総額の変動情報よりも重要である。例えば，非拘束純資産の減少が永久拘束純資産の増加によってのみある一期間補填されたとすれば，それは，その組織体が次期において用役を提供するのに十分利用しうる純資産を維持していなかったという事実を示すという。

　FASBの上記説明を具体的な数値例を使って示したものが図1である。図1は，A組織という非営利組織の第×1期および第×2期の純資産の変動の例を

図1　純資産の変動事例

【仮定】	【ケース1】歳入不足を資産売却収入でおぎなう
①A組織の第×1期末B/S 資産100 ｜ 負債50 　　　　｜ 永久拘束10 　　　　｜ 一時拘束10 　　　　｜ 非拘束30 ②第×2期に支出（費用）をまかなうための歳入が10不足した。 ③第×2期に永久に保存することを条件に芸術品が10寄贈された。 ④第×2期の収益・費用は均衡。第×2期の純余剰（損失）は，0。	（仕訳）　　　　　　　　第×2期末B/S ①資産売却 　現金10　資産10　　資産100 ｜ 負債50 ②資産売却収入で費用を　　　　｜ 永久拘束20 　まかなう　　　　　　　　　　｜ 一時拘束10 　費用10　現金10　　　　　　　｜ 非拘束20 ③芸術品の寄贈を受ける 　資産10　収益10 【ケース2】歳入不足を借入金でおぎなう （仕訳）　　　　　　　　第×2期末B/S ①借入金借り入れ 　現金10　負債10　　資産110 ｜ 負債60 ②借入金収入で費用を　　　　　｜ 永久拘束20 　まかなう　　　　　　　　　　｜ 一時拘束10 　費用10　現金10　　　　　　　｜ 非拘束20 ③芸術品の寄贈を受ける 　資産10　収益10

示したものである。

図1で設定した仮定は，①A組織の第×1期末貸借対照表の内訳は，資産100，負債50，純資産50（内訳：永久拘束純資産10，一時拘束純資産10，非拘束純資産30）である，②第×2期に支出（費用）をまかなうための歳入が10不足した，③第×2期に永久に維持保存することを条件に芸術品が10寄贈された，④第×2期の収益と費用は均衡しており，×2期純余剰（損失）は0̊である，の4つである。第×2期の歳入不足を補うための方策として，【ケース1】資産を売却して収入を確保する，【ケース2】借入金を借り入れる，の2つの事例を検討した。

【ケース1】，【ケース2】のそれぞれにつき第×2期末の純資産がどのように変化したかを検討した結果，いずれの場合にも第×2期末の純資産は，第×1期末に比べ総額は50と変化しないが，内訳は永久拘束純資産が10増加し，非拘束純資産が10減少していることがわかる。これは，芸術品を10受け入れたことにより永久拘束純資産は10増加したが，歳入不足を補うために非拘束純資産が10減少したことを示すものである。これにより明らかとなるのは，【ケース1】，【ケース2】のいずれの場合も歳入不足を補うために用いられたのは非拘束純資産であることである。したがって，たとえ純資産総額に変化がなくても，非拘束純資産が減少した場合には，次期以降に利用可能な純資産が減少したことを示すのである。

つまり，非営利組織体の純資産は，営利企業とは異なり，どうやって資金を獲得したか（出資者の拠出額や留保利益等）という資金調達源泉を明らかにするのではなく，実体が将来も継続して用役を提供する能力があるか否かの判断に役立つために拘束の変動に焦点を置く情報を提供すべきであるということである。

このようなFASBの非営利組織体の純資産の考え方に，地方政府等の特質を考慮したものが米国地方政府等の純資産の分類である。すなわち，地方政府等は，社会資本整備を担うために資本的資産が多く，かつ，これらは自由に処分することが難しいという特質を考慮して，純資産の拘束の一分類として資本的

資産への純投資を加えたのである。

したがって，米国の地方政府等の純資産は，非営利組織の純資産と同様に，資金調達源泉を示すのではなく，純資産の拘束の程度を示すことにより実体が継続して用役を提供する能力の判断に役立つ情報を提供するのである。そして，このように純資産を分類することで，前述のロサンゼルス市の例が示すように，純資産総額はプラスであっても非拘束純資産がマイナスになる場合を明らかにすることができる。これは，特定の負債の資金調達を将来行わなければならないことを示すものであり，実体の財政状態の判断を行ううえでより有用な情報であるといえる。

(2) 英 国

英国地方政府の会計コード[12]は，連結貸借対照表の資産から負債を控除した純資産を固定資産再評価積立金（Fixed asset restatement reserve），資本資金調達積立金（Capital financing reserve），利用可能資本収入積立金（Usable capital receipt reserve），修繕積立金（Major repairs Reserve），ファンド残高および積立金（Fund balance and reserves）に分けて開示することを要求している[13]。

表3は，カムデン・ロンドン自治区の2003年3月31日の連結貸借対照表である。英国地方政府では，インフラ資産およびコミュニティ資産を除き，全ての固定資産はカレント価値による再評価を行うことが義務づけられている[14]。そのため，固定資産の再評価益は固定資産再評価積立金として純資産の部に計上される。資本資金調達積立金とは，固定資産を売却した場合に売却収入の一部を借入金返済のために積み立てることが法律[15]で定められている金額，および，新たな固定資産の資金調達のために固定資産の売却収入や収益等から積み立てている金額の合計である[16]。利用可能資本収入積立金とは，固定資産の売却収入から資本資金調達積立金への繰入額を控除した残額であり，新たな資本的資産の調達のために利用可能なものをいう[17]。また，カムデン市では残高がないが修繕積立金とは，固定資産の大規模な修繕に備えるための積立金である。そして，これら以外に特定目的のための積立金がある場合には，その

表3 カムデン・ロンドン自治区連結貸借対照表
（2003年3月31日）

(単位：1ポンド)

純　資　産		
固定資産		2,477,084
繰延費用		
長期貸付金		2,717
流動資産	190,725	
流動負債	(203,480)	
純流動資産／(流動負債)		(12,755)
資産―流動負債		2,467,046
長期借入金	(331,200)	
繰延資本的補助金	(24,533)	
繰延資本的収入	(737)	
引当金	(6,615)	
固定負債合計		(363,085)
資産―負債		2,103,961
資金調達源泉		
固定資産再評価積立金		1,395,807
資本資金調達積立金		546,019
利用可能資本収入積立金		4,699
修繕積立金		
資本的資産への寄付金未利用分		17,888
使途指定積立金		54,150
ファンド残高：		
徴収ファンド		1,269
公営住宅収入勘定		57,352
地方運営学校		6,805
一般残高		19,972
持分合計		2,103,961

出典：London Borough of Camden, *Statement of Accounts 2002-2003*, p.32.

積立金を明らかにする。さらに，英国地方政府はファンド会計を採用しているため，各ファンドの残高を明らかにする[18]。

このように，英国地方政府の連結貸借対照表の純資産は，固定資産の再評価によって生じる評価差額，特定目的の積立金，および，ファンド残高を明らか

にする。純資産に固定資産再評価積立金を区分掲記する意義は，固定資産の再評価益は固定資産の時価評価の結果であって財務業績ではないこと，つまり，当期純余剰の蓄積である累積剰余金とは性質が異なることを示すことである。また，特定目的の積立金は，特定目的以外に利用することができない資産を明らかにし，ファンド残高は，個々のファンドの繰越剰余金を明らかにするものである。したがって，英国においても，純資産は資産の資金調達源泉を示すというよりは，純資産の拘束の程度を明らかにすることで，実体の財政状態の判断に資する有用な情報を提供しているといえる。

(3) ニュージーランド

ニュージーランドの地方政府では，純資産をファンド累計残高・留保利益 (Accumulated funds and retained earnings)，再評価積立金 (Revaluation reserves)，および，拘束ファンド (Restricted funds) の3つに分類する。

表4は，ウェリントン市の2003年6月30日の財政状態報告書である。ファンド累計残高・留保利益は，各ファンド残高の合計額であり，当期純余剰を含む累積剰余金を示すものである。また，ニュージーランドでは，公正価値により有形固定資産の再評価を行うため，再評価益が再評価積立金として持分に計上される[19]。さらに，拘束ファンドとは，法律または議会により特定目的の利用にその使用が制限される積立金を示し，その中には，特定の借入金の返済のために積立が法律で義務づけられている減債基金も含まれる。

このように，純資産を3つのカテゴリーに分類するのは，純資産に関する特定の利用を明らかにするためであると述べている[20]。そして，この3分類は，英国地方政府の純資産の分類と基本的に同じである。つまり，ニュージーランド地方政府においても，固定資産の再評価積立金を区分掲記することで，これが財務業績の蓄積と無関係なものであることを示している。また，拘束ファンドは，特定の目的以外に利用可能でない資産を明かしているといえる。したがって，ニュージーランドにおいても純資産は，資金の調達源泉を示すというよりは，純資産の拘束の程度を明らかにすることにより，実体の財政状態の判

表4 ウェリントン市財政状態報告書
(2003年6月30日)

(単位：千NZドル)

資　産	
流動資産	
現金・預金	5,915
受取債権・棚卸資産	25,402
短期投資	3,056
売却予定固定資産	4,363
流動資産合計	38,736
非流動資産	
長期投資	59,385
投資財産	151,026
有形固定資産	4,582,328
非流動資産合計	4,792,739
資産合計	4,831,475
負　債	
流動負債	
支払債務	38,872
短期引当金	8,116
短期借入金	75,839
流動負債合計	122,827
非流動負債	
長期引当金	18,051
長期借入金	49,846
非流動負債合計	67,897
負債合計	190,724
純資産	4,640,751
持　分	
ファンド累計残高・留保利益	1,482,427
再評価積立金	3,134,823
拘束ファンド	23,501
持分合計	4,640,751

出典：*Wellington City Council Annual Report 2002/03,* p.197.

第5章 純資産会計 *153*

断に資する有用な情報を提供しているといえる。

3 自治体の現行の純資産

わが国自治体の普通会計は，いまだに官庁会計と呼ばれる単式簿記に基づく現金主義会計による歳出・歳入のみの単年度会計を行っている。したがって，複式簿記による会計記録から有機的に導出される貸借対照表は作成されない。しかしながら，平成12年3月および平成13年3月に総務省（平成12年時は自治省）が『地方公共団体の総合的な財政分析に関する調査研究会報告書』を公表し，主に決算統計という簡便な方法に基づく貸借対照表および行政コスト計算書の作成手法（総務省方式）を示したことから，現在，全体の半数以上の自治体がバランスシートの作成を行っている[21]。本節では，この総務省方式に基づくバランスシートの純資産，および，独自の方式でバランスシートを作成している東京都が示す純資産についてその妥当性を検討する。

(1) 総務省方式

総務省方式のバランスシートは，利用者が純資産を企業会計の資本・持分と誤解しないようにとの考えから正味資産という名称を用い，表5のような分類を行っている。

国庫支出金・都道府県支出金とは，すべての資産の形成の財源となった国庫支出金・都道府県支出金をいう。資産形成に資する国庫支出金・都道府県支出金は，行政コスト計算書の収益に計上せず，正味資産に直接計上して，普通建

表5 総務省方式による純資産の分類

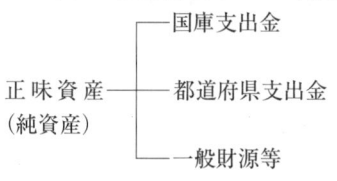

```
                    ┌── 国庫支出金
正 味 資 産 ────────┼── 都道府県支出金
   (純資産)         └── 一般財源等
```

出典：自治省『地方公共団体の総合的な財政分析に関する調査研究会報告書』平成12年3月，5頁。

設事業費の区分ごとに耐用年数に合わせて償却を行う。また，一般財源等とは，正味資産の合計額から国庫支出金および都道府県支出金を控除した差額として計算される。これらの分類は，資金の調達と使途を表すというバランスシートの考え方から行うこととしたと説明されている[22]。

　総務省方式の純資産の妥当性を，以下の3つの観点から検討する。一つは，第4章で取り上げた非交換取引から生ずる収益の認識についての観点であり，もう一つは，自治体の純資産が提供すべき情報は何かという観点である。そして，最後に会計処理の妥当性の観点から検討を加える。

　総務省方式は，国庫支出金を資本助成と考え，受取時に収益を認識せず純資産に直接計上し当該資産の耐用年数に合わせて償却を行うため，費用と収益を対応させるために収益を繰り延べる方法といえる。第4章では，自治体の非交換取引から生ずる収益は，費用に対応させて収益を認識する伝統的アプローチではなく，純資産が増加した時に収益を認識する資産・負債アプローチを採用すべきことを明らかにした。すなわち，自治体では，私企業のように収益を稼得するために犠牲となった費用を対応させて利益を計算するという収益・費用の対応関係が存在しないため収益・費用の対応原則を適用せず，資源インフローが資産の定義と認識規準を満たし，かつ，関連する負債が存在しない時（純資産が増加する時）に収益を認識すべきである。

　図2は，国庫支出金を総務省方式で認識する場合と補助金受取時（資産認識時）に収益を認識する場合の貸借対照表を比較したものである。設定した仮定は，①A自治体の第×1期末貸借対照表は，資産200，負債100，純資産100である，②第×2期末に国庫支出金100を受け取り，同額の固定資産を取得した，③固定資産の残存価額は0，耐用年数は10年で定額法による減価償却を行う，④他に収益・費用は発生しない，の4つである。まず，国庫支出金を受け取り，固定資産を取得した第×2期では，総務省方式は行政コスト計算書で収益を認識しないのにたいし，補助金受取時に収益を認識する方法は，国庫支出金全額を行政コスト計算書で収益として認識するため，両者の行政コスト計算書は大きく異なる。しかし，貸借対照表はどちらも資産と純資産が100ずつ増加

図2 非交換取引から生ずる収益の認識方法の違いによる比較

【仮定】		【総務省方式】	【補助金受取時に収益認識】
①A自治体の第×1期末B/S 資産 200 / 負債 100 　　　　　/ 純資産 100 ②第×2期末に国庫支出金（補助金）100を受け取り，同額の固定資産を取得した。 ③上記固定資産の残存価額は0，耐用年数は10年。定額法による減価償却を行う。 ④上記に関連するもの以外の収益・費用は発生しない。	第×2期末	（仕訳） 現　金 100　　純資産 100 固定資産 100　　現　金 100 B/S 資産 300 ／ 負債 100 　　　　　／ 純資産 200	（仕訳） 現　金 100　　収益 100 固定資産 100　　現金 100 B/S 資産 300 ／ 負債 100 　　　　　／ 純資産 200
	第×3期末	（仕訳） 減価償却費 10　　固定資産 10 純 資 産 10　　収　益 10 B/S 資産 290 ／ 負債 100 　　　　　／ 純資産 190	（仕訳） 減価償却費 10　　固定資産 10 B/S 資産 290 ／ 負債 100 　　　　　／ 純資産 190

するので同じである。次に，第×3期では，総務省方式は固定資産の減価償却を行うとともに純資産を耐用年数に合わせて償却し同額を収益として認識するため，純資産を償却して計上した収益と減価償却費は均衡し当期純余剰（損失）は発生しない。これにたいし補助金受取時に収益を認識する方法は，減価償却費のみが発生するので当期純余剰（損失）は10損失となり，両者の行政コスト計算書は異なる。しかし，貸借対照表はどちらも資産と純資産が10ずつ減少するので同じとなる。このように，国庫支出金を直接純資産に計上する総務省方式と資産の受取時に収益を認識する方法では，両者の行政コスト計算書の収益・費用の認識には大きな差異が生じるが，貸借対照表の純資産に差異は生じない。したがって，非交換取引から生ずる収益の認識が適切ではないとい

う理由から，総務省方式の純資産の妥当性を批判することはできないといえる。

それでは，自治体の純資産が提供すべき情報は何かという観点から，総務省方式の純資産は妥当であるといえるだろうか。総務省方式の純資産は，国あるいは県から受け入れた補助金で取得した固定資産がいくらあるか，つまり，資金の調達源泉を示すものである。しかし，自治体の純資産において資金の調達源泉を示すことがそれほど重要といえるだろうか。私企業の純資産は，株主の払込資本か留保利益か，つまり，資本か利益かを区別し資金調達源泉を明らかにするとともに処分可能価額を計算する。しかし，自治体の純資産を資金調達源泉で区別しても，私企業の資金調達源泉による区分が提供するのと同様の情報は提供しない。自治体の財政状態をよりよく明らかにするためには，純資産を資金調達源泉による区分ではなく，拘束性の程度により区分することの方が適切である。

また，総務省方式で資産形成に資する国庫支出金・都道府県支出金を行政コスト計算書の収益に計上せず，純資産に直接計上する会計処理は，資本助成を行ったことを意味するが，資本助成として認識しておきながら，対応する固定資産の減価償却にあわせて純資産を償却しており，会計処理として妥当とはいえないだろう。

(2) 東　京　都

東京都は，純資産を正味財産の部とし，表6のように示している。

東京都では，「自治体の会計において，資産と負債の差額は，過去の税や国庫補助金などの消費残高および都債発行による資金収支が累積された部分であると考えられると同時に，その時々の行政責任者および住民を代表した都議会の判断結果としての毎年のプラス・マイナス財産の累積額である」から，正味財産を住民・行政責任累積と呼び，「東京都の資産・負債を管理・活用するアカウンタビリティの集約的数値表現として表現している」という。さらに，正味財産は「経営責任の場にある人たちの『責任の蓄積』，すなわち『住民と行

表6　東京都の純資産の分類

正味財産の部 ─── 住民・行政責任累積
　　　　　　　　　　（うち当年度増減額）

出典：東京都『機能するバランスシート』
　　　2001年3月,54頁。

政の責任』を遂行してきた今までの蓄積であり，これからの責任の所在であるとする考え方のため，正味財産の内訳明細は作成しない」と説明している[23]。

　東京都が指摘するように，資産と負債の差額は過年度の行政運営の結果の累積であり，その意味で純資産を「住民・行政責任累積」と呼ぶことに異議はない。しかし，純資産は単なる差額であり資産・負債を管理する集約的数値であるとすることは，純資産それ自体が提供する情報に何ら積極的な意義を見いだしていないことを意味する。自治体の財政状態の判断に資する有用な情報を提供するためには，純資産総額のみではなく，拘束性の程度を明らかにする必要があるだろう。

4　自治体の純資産の意義

　純資産は，毎期の財務業績の結果を受けて変動するため，当期の活動費用を当期の収益でまかなえない次のような場合には減少する。それは，①現存の資産を消費する時，②資産の売却収入を当期の経費支出に充てる時，③借入金による収入を当期の経費支出に充てる時，および④外部に資金拠出を行っていない年金債務等の負債が発生（それにより費用が発生）する時である。つまり，これらの場合は当期の活動費用を当期の収益で資金調達できずに，純資産の減少により資金調達していることを意味する[24]。このように，当期の活動費用を純資産から資金調達することは，自治体が将来の負債を返済する能力に影響を与える[25]。

　また，純資産は，それがプラスの場合にはその純資源が将来の財・サービスの提供に利用されるだろうことを意味し，マイナスの場合には将来の税金，ま

たは，その他の収入が既に借入金，または，その他の負債返済のために拘束されていることを意味する[26]。

さらに，純資産情報は，自治体が資産と負債との相対関係で借入金の水準を監視し，マネジメントを行うことに役立ち，資金調達の意思決定においてより長期的な視点に焦点を置くことを促すという[27]。1990年から3年間，ニュージーランドの財務大臣を務めたH.Richardsonは，発生主義会計の導入により最も価値があったことは，政府の純資産について経年による改善の尺度（指標）を持つことができたことであったと指摘している[28]。

このように，自治体の純資産は，その増減，総額，経年比較等により，自治体の財政状態の判断のために様々な情報を提供する。純資産は財政状態を判断するための重要な指標である[29]。したがって，自治体の純資産の分類を検討するうえで重要なことは，財政状態の判断のためにより有用な情報を提供する分類はどのようなものであるかということである。

米国の地方政府等は，純資産を拘束性の程度により分類し，そのなかで資本的資産への純投資額を明らかにしている。資本的資産への純投資を区分掲記することで，前述のロサンゼルス市のように純資産総額はプラスであっても，非拘束純資産がマイナスになるような場合には，特定の負債の資金調達を将来行わなければならないことを明らかにすることができる。また，資本的資産への純投資は，長年の行政運営によって蓄積された社会資本を示しているといえる。

利益獲得を目的としない自治体の場合，拘束の程度で分類した純資産の各区分のうち，いずれかの区分が多ければ多いほど良いというものではない。自治体の規模や置かれている状況により，純資産の各区分の適切といえる水準は異なると考えられる。重要なことは，拘束の程度により純資産を分類表示することで，多様な情報を提供できることである。そして，それは，資金調達源泉による分類が示すものより，より有用な情報であるといえる。したがって，わが国自治体においても，財政状態を判断するために多様で有用な情報を提供するために，純資産を拘束性の程度により分類すべきである。

5 おわりに

　私企業と異なり，利益の獲得を目的とせず，また株主からの拠出も株主への資産の分配もない自治体における純資産の意義は，資産の資金調達源泉を示すことではない。自治体の純資産の意義は，財政状態の判断に資する多様で有用な情報を提供することである。そのためには，純資産を拘束の程度で分類し，資本的資産への純投資額，利用に制限のある積立金，および，利用に制限のない純資産の3つに分類掲記することが重要である。

　現在わが国の自治体の多くが採用している総務省方式のバランスシートの純資産の部は，資産の資金調達源泉を示すことに焦点が置かれている。しかしながら，自治体において資産の資金調達源泉を示すことは，財政状態を判断するうえでそれほど有用な情報を提供するとはいえないだろう。過去に国や県から得た補助金で取得した固定資産の現有簿価を示すことは，地方分権が今後ますます進展していくなかで自治体の経営の健全性を判断するために特に大きな意味をなさないと考えられる。むしろ，純資産を拘束の程度により分類することの方が，各拘束区分の経年比較を可能にするため有用である。そこから得られる情報は，各自治体の財務情報の内部利用者，および，外部利用者がそれぞれの自治体の純資産の各拘束区分の適正水準がどの程度なのか，今後どのような水準にしていくべきかという意思決定を可能にするものである。純資産を拘束の程度により分類表示することは，総額としての純資産が示す以上に有用な財政状態の指標を提供するといえるだろう。

（注）
（1）　資本準備金は，株主払込剰余金，株式交換差益，株式移転差益，会社分割差益，および，合併差益に細分され（商法第288条ノ2），その他資本剰余金には，資本金および資本準備金減少差益，自己株式処分差益等が計上される（商法施行規則第89条）。
（2）　利益準備金は，商法第288条の規定に基づき積立てを義務づけられる利益留保額であり，任意積立金は，株主総会の決議により積立てられる利益留保額で

ある。当期未処分利益は，具体的な処分目的が未決定のまま繰越された前期繰越利益および当期純利益から構成される。
（3） Governmental Accounting Standards Board（GASB）, *Statement No.34 : Basic Financial Statements and Management's Discussion and Analysis for State and Local Governments*, 1999.
（4） *Ibid.,* par.32-37.
（5） 例えば，固定資産100を借入金80と自己資金20で購入した場合，他に資産・負債が無い場合の貸借対照表の純資産額は20である。期末に当該固定資産の減価償却費10を計上した場合は純資産額は10となる。この純資産額10が資本的資産への純投資である。これは，固定資産の取得価額から減価償却累計額を差し引き，さらに借入債務の期末残高を差し引いたものである（100-10-80 = 10）。
（6） City of Los Angeles California, *Comprehensive Annual Financial Report for the Fiscal Year Ended June 30, 2003*, 2003, pp.6-7.
（7） Financial Accounting Standards Board（FASB）, *Statement of Financial Accounting Concepts No.6 : Elements of Financial Statements,* 1985.（邦訳）平松一夫，広瀬義州『FASB財務会計の諸概念』中央経済社，2002年，267-408頁。
（8） FASBは，非営利組織体の顕著な特徴として，営利企業と同様な意味での出資者請求権が欠如していること，活動目的が利益の獲得に中心をおいていないこと，多くの場合寄贈者によって課せられる拘束のあるものを含む相当額の寄付を受領すること，の3つを挙げている。*Ibid.,* par.90.
（9） *Ibid.,* par.90-94.
（10） *Ibid.,* par.133.
（11） *Ibid.,* par.103-133.
（12） The Chartered Institute of Public Finance and Accountancy（CIPFA）, *Code of Practice on Local Authority Accounting in the United Kingdom,* 2002.
（13） *Ibid.,* p.47.
（14） 英国のカレント価値による再評価の詳細は，第2章参照。
（15） The Local Government and Housing Act 1989.
（16） London Borough of Camden, *Statement of Accounts 2002-2003,* 2003, p.40.
（17） *Ibid.,* p.41.
（18） 連結貸借対照表におけるファンド残高の開示の方法は，各地方政府によりまちまちである。カムデン市では個々のファンド残高を示しているが，ニューハム市では，徴収（collection）ファンドのみを別記し，他のファンド残高を剰余金（Revenue Reserves）として一つにまとめて示している（London Borough

第5章 純資産会計 *161*

　　　of Newham, *Statement of Accounts for the Year ended 31st March 2003,* 2003, p.26.)。
(19)　ニュージーランドの公正価値による再評価の詳細は，第2章参照。
(20)　Wellington City Council,*Wellington City Council Annual Report 2002/03,* 2003, p.203.
(21)　平成14年度の自治体の財務諸表の作成状況は，バランスシートの作成は市区町村3,155団体中の56.1％，行政コスト計算書の作成は30.3％となっている（総務省，「地方公共団体のバランスシート等の作成状況：調査日平成16年3月31日」，2004年)。
(22)　総務省『地方公共団体の総合的な財政分析に関する調査研究会報告書』平成13年3月，22頁。
(23)　東京都『機能するバランスシート』平成13年3月，50-54頁。
(24)　International Federation of Accountants (IFAC), Public Sector Committee (PSC), *Study 11 : Government Financial Reporting : Accounting Issues and Practices,* 2000, par.273.
(25)　*Ibid.,* par.274.
(26)　IFAC, PSC, *Study 14 : Transition to the Accrual Basis of Accounting,* 2002, par.1.23.
(27)　IFAC, PSC, *Study11, op. cit.,* par.275-279.
(28)　IFAC, PSC, *Occasional Paper 3 : Perspective on Accrual Accounting,* 1996, p.8.
(29)　IFAC, PSC, *Study 11, op. cit.,* par.279.

第6章 情報開示制度

1 はじめに

　わが国自治体の財政情報の公表義務制度として地方自治法は，予算要領の公表（法第219条2項），決算要領の公表（法第233条第6項），および，財政状況の公表（法第243条の3, 1項）を定めている。したがって，自治体の長は，議会の議決があった予算の要領，および，議会の認定のあった決算の要領を住民に公表しなければならない。また，財政状況の公表として，条例の定めにより年二回以上，歳入歳出予算の執行状況，財産，地方債および一時借入金の現在高，その他財政に関する事項を住民に公表することとなっている。しかし，通常「財政のあらまし」として6月と12月に公表される財政状況の公表は，法定事項以外につき条例で何を定めるかが各自治体の裁量に任されているため，その公表内容は自治体により実に様々となっている。そこでは，①貸借対照表等の財務諸表の公表が不十分であること，②一部の大都市を除き，公有財産や物品は金額表示がなく，物量単位で表示されていること，③住民にとって最も関心のある行政活動の効率性や有効性に関する業績評価情報がほとんど開示されないこと，④監査報告書が添付されないこと，⑤決算情報の開示が会計年度終了後9ヶ月も後の12月であること等が指摘されている[1]。すなわち，現行制度の下では，公表される情報が本来具備すべき目的適合性や信頼性，理解可能性，適時性，さらに比較可能性を欠いており，住民が行政のアカウンタビリティを評価し，意思決定を行ううえで有用な情報が提供されていないといえる。

本章の目的は，このような状況をふまえ，発生主義会計を地方政府等に既に導入した米国，英国，ニュージーランドの財務報告制度，さらに，国際会計士連盟（IFAC）の公共部門委員会（PSC）の国際公会計基準（IPSAS）が規定した財務諸表を検討し，わが国自治体のあるべき情報開示制度を明らかにすることである。そこで，第2節以降では，米国，英国，ニュージーランドの各地方政府等の具体的な年次財務報告書を検討しながら，各国の財務報告制度を明らかにする。第5節ではIPSASの示す財務諸表を検討し，第6節ではこれらの財務報告制度の比較検討を行う。そして，第7節でわが国自治体のあるべき情報開示制度を考察する。

2 米国の財務報告制度

米国の州および地方政府（地方政府等）の会計基準設定団体である公会計基準審議会（GASB）は，包括的年次財務報告書を「序論区分」「財務区分」「統計区分」の3つに分け，その内容をそれぞれ次のように定めている[2]。

「序論区分」には，目次，市民あて伝達文書，その他行政管理者が適当と考える情報を記載する[3]。

「財務区分」には，①監査報告書，②行政管理者の検討と分析，③基礎財務諸表，④補足情報，⑤結合財務諸表・個別ファンド財務諸表，および附属明細表を記載する。②行政管理者の検討と分析は，基礎財務諸表の前に開示する導入部であり，政府の行政管理者がその専門性を発揮し，当年度の政府の財務業績を過年度比較等を用いてわかりやすく分析するもので，財政状態が長期的，短期的に改善したか，あるいは悪化したか等の分析を提供する[4]。③基礎財務諸表は，ファンド財務諸表と政府全体財務諸表から成る。④補足情報とは，基礎財務諸表の一部ではないが，財務報告に必要不可欠な開示すべきものである。予算と実績との比較表やインフラ資産について修正アプローチを採用している場合の情報，従業員の年金情報を開示することが求められている[5]。⑤結合財務諸表・個別ファンド財務諸表は，ファンド財務諸表の3つのファンドがさらに細かく分類される場合にその内訳を示す。

また,「統計区分」には,過去10年間の一般政府の機能別支出,過去10年間の一般政府の源泉別収入等,15種類の統計を記載する[6]。

図1は,「財務区分」の基礎財務諸表の構造を示したものである。図1で示すとおり,ファンド財務諸表と政府全体財務諸表の関係は主従ではなく並列であり,どちらも財務報告利用者にアカウンタビリティを果たすうえで重要であるという位置づけになっている。ファンド財務諸表とは,政府ファンド,事業ファンド,受託ファンドのそれぞれの貸借対照表(あるいは,純資産報告書),収入支出およびファンド残高変動報告書,キャッシュ・フロー計算書(事業ファンドのみ)である。これら各ファンドの測定の焦点と会計処理基準は異なる。政府ファンドと受託ファンドは,流動財務資源を測定の焦点とし,修正発生主義を採用している。一方,事業ファンドは,経済資源を測定の焦点とし,発生主義を採用している。

これにたいし,政府全体財務諸表は,測定の焦点を経済資源,会計処理基準を発生主義に統一し,上述の全てのファンドを連結したものである。これは,純資産報告書(Statement of net assets)と活動報告書(Statement of activities)の2つからなり,キャッシュ・フロー計算書は作成されない。政府全体のキャッ

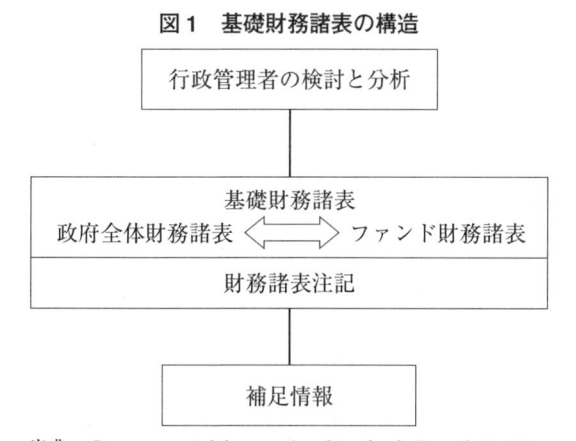

図1 基礎財務諸表の構造

```
        ┌─────────────────────┐
        │  行政管理者の検討と分析  │
        └─────────────────────┘

        ┌─────────────────────────────────┐
        │         基礎財務諸表              │
        │ 政府全体財務諸表 ⇔ ファンド財務諸表 │
        └─────────────────────────────────┘
        ┌─────────────────────┐
        │     財務諸表注記      │
        └─────────────────────┘

              ┌──────────┐
              │  補足情報  │
              └──────────┘
```

出典:Governmental Accounting Standards Board, *Codification of Govermental Accounting and Financial Reporting standards as of June 30, 2003,* 2003, p.137.

シュ・フロー計算書を作成しない理由についてGASBは、ファンド財務諸表において、キャッシュ・フロー情報が十分に開示されているためと説明している[7]。

(1) 政府全体純資産報告書

政府全体純資産報告書は、資産、負債、および純資産を明らかにして政府全体の財政状態を示すものである。この報告書は、資産から負債を控除し純資産を示す形式を用いることが奨励されているが、伝統的な貸借対照表形式（資産＝負債＋純資産）も認められている[8]。

表1-1は、ロサンゼルス市の2003年6月30日の政府全体純資産報告書である。ここでは、基礎政府と構成単位を分けて示し、基礎政府はさらに、政府活動とビジネスタイプの活動に区分したうえでその合計額を表示している。構成単位とは、基礎政府がその財務内容についての説明責任を負う法的に独立した組織であり、その性質および基礎政府との関係の重要性から、報告政府の財務諸表から排除すると誤解を招くおそれのあるものをいう[9]。資産および負債は、その流動性によって分類表示し、純資産は、資本的資産への純投資と拘束、非拘束の3つに分けて表示される[10]。資本的資産への純投資とは、資本的資産の純額（資本的資産の取得価額から減価償却累計額を差し引いた額）から資産取得のために借り入れた債務の期末残額を差し引いたもので、資本的資産に対する投資純額を示す。また、拘束純資産とは、債権者や補助金提供者、寄付者、または、法律、その他の規制により資源の使用に拘束が課されているものをいい、非拘束純資産とは、資本的資産の純投資、および、拘束純資産のいずれの定義も満たさないものをいう。

ロサンゼルス市では、基礎政府の政府活動の非拘束純資産が663百万ドルのマイナス残高になっている。市は、その行政管理者の検討と分析において、純資産の増減は、市の財政状態が改善したか、悪化したかについての有用な指標を提供すること、および、政府活動の非拘束純資産のマイナス残高は、市が賠償金や職員の年金債務等の特定の負債の資金調達を将来行わなければならない

表1-1 ロサンゼルス市政府全体純資産報告書

(2003年6月30日)

(単位：千ドル)

	基礎政府			構成単位
	政府活動	ビジネスタイプの活動	合計	コミュニティ再開発機関
資　産				
現金等	3,143,804	1,123,900	4,267,704	150,001
その他の投資	65,468	43,107	108,575	10,424
受取(純)債権	946,727	1,980,469	2,927,196	49,254
構成単位への貸付金	76,050		76,050	
信託ファンドに対する債権	137		137	
棚卸資産	30,345	142,061	172,406	35,167
前払，および，その他の資産	51,685	159,198	210,883	16,050
拘束資産	12,358	2,412,004	2,424,362	78,031
合弁事業への投資		6,000	6,000	
年金純資産		177,750	177,750	
資本的資産				
減価償却をしないもの	983,157	4,532,543	5,515,700	72,080
減価償却をするもの	1,766,443	11,604,010	13,370,453	34,446
核燃料		13,431	13,431	
資産合計	7,076,174	22,194,473	29,270,647	445,453
負　債				
買掛金・未払費用	256,589	495,076	751,665	6,060
債　券	469,159	452,060	921,219	
満期債券・未払利息	1,742		1,742	
未払利息	39,930	94,590	134,520	12,542
内部取引	28,461	(28,461)	0	
信託ファンドに対する債務	111		111	
預り金・前受金	14,807	44,608	59,415	20,339
その他の負債	56,797	509,702	566,499	5,172
未払退職・年金費用		329,879	329,879	
信託ファンドからの前受金	12,621		12,621	
非流動負債				
1年以内	456,940	679,948	1,136,888	15,012
1年超	4,124,015	7,922,952	12,046,967	535,126
基礎政府への借入金				76,050
負債合計	5,461,172	10,500,354	15,961,526	670,301
純資産				
資本的資産への純投資	730,518	7,996,013	8,726,531	63,701
拘束：				
資本プロジェクト	178,644	182,333	360,977	83,695
債務返済	155,079	1,107,830	1,262,909	50,129
特別目的	1,213,893	643,609	1,857,502	85,957
非拘束	(663,132)	1,764,334	1,101,202	(508,330)
純資産合計	1,615,002	11,694,119	13,309,121	(224,848)

出典：City of Los Angeles California, *Comprehensive Annual Financial Report for the Fiscal Year Ended June 30, 2003*, p.31.

ことを示していると説明している[11]。

(2) 政府全体活動報告書

　政府全体財務諸表のもう一方の政府全体活動報告書は，納税者にたいし政府の各機能の相対的な財務負担を報告するために，いいかえれば，政府の各機能が一般歳入からどの程度の資金を利用しているのか，あるいは，独立採算で運営されているか否かを示すために，各機能ごとに純費用（収益）を示す形式で報告することが要求される[12]。したがって，そこでは，警察や消防，教育，交通，福祉，水道，港湾といった政府の多様な機能ごとに費用を示し，そこから直接発生した収益を差し引くという形式で，各費用がどのような資金源泉（利用者料金，補助金，税金などの一般財源等）によってまかなわれ，その結果，全体として余剰（損失）がどれだけ発生したかを示す。

　表1-2は，ロサンゼルス市の2003年6月30日終了年度の政府全体活動報告書である。活動報告書も純資産報告書と同様に，基礎政府と構成単位に分け，基礎政府はさらに政府活動とビジネスタイプの活動を別建て表示したのち合計する。ここでは，一般政府や空港といった政府活動の機能ごとの費用を示し，次に，各機能から直接発生した収益（サービスの対価，運営補助金・寄付金，資本的補助金・寄付金）を費用から控除して，機能ごとの純費用（収益）を明らかにする。例えば，政府活動の安全・財産の保全という機能では，1,761百万ドルの費用が発生し，これをサービス対価263百万ドル，運営補助金・寄付金120百万ドル，資本的補助金・寄付金23百万ドルという収益で直接まかなった結果，純費用が1,354百万ドルとなっている。そして，これは，他の各機能の純費用とともに，一般収益である財産税や事業税，使用目的の拘束のない補助金等でまかなわれ，その結果，ロサンゼルス市全体の当期純余剰は510百万ドル，純資産は13,309百万ドルとなっている。

　表2は，GASB基準書に準拠して作成されたロサンゼルス市の2003年6月30日終了年度の包括的年次財務報告書（監査報告書2004年1月16日付）の概要を項目ごとに頁数で表したものである。この表からは，財務区分の行政管理者の

表1-2 ロサンゼルス市政府全体活動報告書

(2003年6月30日終了年度)

(単位：千ドル)

機能／プログラム	費用	プログラム収益 サービス対価	プログラム収益 運営補助金寄付金	プログラム収益 資本的補助金寄付金	純(費用)収益，および，純資産変動 基礎政府 政府活動	純(費用)収益，および，純資産変動 基礎政府 ビジネスタイプ活動	純(費用)収益，および，純資産変動 基礎政府 合計	構成単位 コミュニティ再開発機関
基礎政府								
政府活動								
一般政府	1,055,535	269,016	16,311	-	(770,208)	-	(770,208)	-
安全・財産の保全	1,761,748	263,394	120,489	23,401	(1,354,464)	-	(1,354,464)	-
公共工事	320,230	124,291	103,098	6,713	(86,128)	-	(86,128)	-
保健・衛生	293,573	190,243	26,814	-	(76,516)	-	(76,516)	-
交通	294,116	66,639	156,214	1,884	(69,379)	-	(69,379)	-
文化・余暇サービス	320,123	90,695	25,331	59,043	(145,054)	-	(145,054)	-
コミュニティ開発	336,611	46,257	296,562	-	6,208	-	6,208	-
長期借入金支払利息	142,946	-	-	-	(142,946)	-	(142,946)	-
合計	4,524,882	1,050,535	744,819	91,041	(2,638,487)	-	(2,638,487)	-
ビジネスタイプの活動								
空港	508,649	622,877	5,090	23,292	-	142,610	142,610	-
港湾	227,704	359,103	-	1,386	-	132,785	132,785	-
電力	2,059,768	2,295,357	-	25,818	-	261,407	261,407	-
上水道	550,514	569,623	-	14,044	-	33,153	33,153	-
下水道	473,517	425,951	20,422	23,116	-	(4,028)	(4,028)	-
その他	35,823	22,224	-	-	-	(13,599)	(13,599)	-
合計	3,855,975	4,295,135	25,512	87,656	-	552,328	552,328	-
基礎政府合計	8,380,857	5,345,670	770,331	178,697	(2,638,487)	552,328	(2,086,159)	-
構成単位								
コミュニティ再開発機関	117,383	5,963	-	19,328	-	-	-	(92,092)
一般収益								
財産税					787,048	-	787,048	77,960
利用税					521,148	-	521,148	-
事業税					356,937	-	356,937	-
その他税金					335,779	-	335,779	-
使用目的の拘束のない補助金・寄付金								
売上税					367,112	-	367,112	-
自動車税					219,694	-	219,694	-
その他					3,849	-	3,849	-
使用目的の拘束のない投資収益					49,173	-	49,173	6,203
資本的資産売却収益					-	2,270	2,270	-
その他					33,435	-	33,435	18,945
固定資産減損					-	(15,845)	(15,845)	-
投資損失					-	(19,000)	(19,000)	-
訴訟和解金					-	(44,747)	(44,747)	-
繰入繰出					211,936	(211,936)	0	-
合計					2,886,111	(289,258)	2,596,853	103,108
純資産変動					247,624	263,070	510,694	11,016
純資産期首残高					1,367,378	11,431,049	12,798,427	(235,864)
純資産期末残高					1,615,002	11,694,119	13,309,121	(224,848)

出典：City of Los Angels California, *Comprehensive Annual Financial Report for the Fiscal Year Ended June 30, 2003*, p.32

表2 ロサンゼルス市の2003年6月30日
終了年度の包括的年次財務報告書の概要

〈序論区分〉	
市民あて伝達文書	7頁
その他	5
序 論 区 分 合 計	12
〈財務区分〉	
監査報告書	2
行政管理者の検討と分析	27
基礎財務諸表	
政府全体財務諸表	2
ファンド財務諸表	22
財務諸表注記	100
結合・個別ファンド財務諸表	128
その他	2
財 務 区 分 合 計	283
統 計 区 分 合 計	17
そ の 他	21
総 合 計	333頁

出典：City of Los Angels California, *Comprehensive Annual Financial Report For the Year-Ended June 30, 2003*. より作成。

検討と分析が27頁にわたり詳細に説明されていること，および，基礎財務諸表のファンド財務諸表が政府全体財務諸表の差異分析と予算・実績の比較を行っているため22頁と分量が多くなっていることがわかる。さらに，政府全体財務諸表とファンド財務諸表は並列であるという位置づけから，ファンド財務諸表の基礎データである結合・個別ファンド財務諸表が128頁にわたって提供されており，その結果，包括的年次財務報告書が全体で333頁と相当の分量になっている。

3 英国の財務報告制度

英国の地方政府の会計基準である地方政府会計コードは，作成すべき決算報告書（The Statement Accounts）の内容として，説明序文，会計方針，決算報告書に対する責任報告書，内部財務管理システム報告書，会計報告書，および，注記を定めている[13]。

説明序文の目的は，決算報告書において報告される重要な事項について利害関係者が容易に理解するための指針を提供することである。そのため，説明序文には，財政状態の全体的説明や資金需要と資金調達源泉，さらに会計方針の重要な変更とその理由および影響など決算報告を理解するために重要であると考えられる事項が説明される[14]。会計方針では，決算報告を理解するために重要な会計方針，見積方法を開示することが要求される[15]。

決算報告書に対する責任報告書は，決算報告についての地方政府，および，主席財務官（the chief financial officer）の責任を明らかにする。地方政府が負う責任の例としては，財務業務を適切に管理すること，管理責任者を明確にすること，および，資源を経済的，効率的，有効に使用し，資産を安全に管理することが挙げられる。また，主席財務官が負う責任の例としては，会計コードに準拠し適切な会計報告書を作成すること，適切に会計記録を行うこと，および，不正の防止と発見のために合理的な対策を取ることが挙げられている[16]。

内部財務管理システム報告書は，内部監査体制を含む財務管理システムの運営のフレームワークとその主な構成単位を明らかにするとともに，明らかとなった重要な弱点とそれを克服するために取られた対策を報告する[17]。この報告書では，内部財務コントロールシステムの主要な特徴，当年度に行われた内部財務コントロールと有効性の評価のための調査の詳細等を記載し，主席財務官が署名することが求められる。

会計報告書は，①連結経常収支計算書（Consolidated Revenue Account），②連結貸借対照表，③キャッシュ・フロー計算書，④公営住宅収支勘定計算書（Housing Revenue Account），⑤徴収ファンド（Collection Fund），⑥剰余金変動

報告書 (Statement of Total Movement in Reserves), および⑦関連グループ計算書 (The Group Accounts) から構成され, さらに, 年金ファンドは分けて報告することが求められている(18)。

①連結経常収支計算書 (Consolidated Revenue Account), ②連結貸借対照表, および③キャッシュ・フロー計算書については, 後で詳細に検討を行う。

④公営住宅収支勘定計算書, および⑤徴収ファンドは, 法律で個別に開示することが要求されているファンドである。英国も米国と同様, ファンド会計システムが採用されているが, 他の個々のファンド財務諸表の開示は行われず, 連結情報が決算報告の中心となっている。④公営住宅収支勘定計算書は, 公営住宅の収支状況を説明し, ⑤徴収ファンドは, カウンシル税と非居住地方税についての徴収と分配にかかわる諸取引を説明する。⑥剰余金変動報告書は, 全ての剰余金の期首残高, 期中の変動状況, および期末残高を説明する。剰余金は, 資本剰余金 (固定資産再評価積立金, 資本資金調達積立金, 利用可能資本的収入等) と利益剰余金 (一般ファンド, 特定積立金, 公営住宅収支勘定等) に分けて示される(19)。⑦関連グループ計算書とは, 地方政府が出資している子会社, 関連会社, 合弁事業が有る場合に, 補足情報としてこれらを要約するものであり, グループ全体としての財務諸表を示す。

(1) 連結経常収支計算書

連結経常収支計算書は, 地方政府全体の広範な活動コスト, および, そのコストをどのように資金調達したかを明らかにするものである。

表3-1は, カムデン・ロンドン自治区の2003年3月31日終了年度の連結経常収支計算書である。そこではまず, 本部, 文化・環境・都市計画, 教育といった機能ごとに総費用と総収益を示し, サービス純コストを計算する。次に, 地方政府全体としての収益・費用である資産管理収支勘定の貸借差額や投資収益等を加減して, 純運営費用を算出する。そして, 資本資金調達積立金や公営住宅収支勘定への振替額等の全ての処分額を加減し, 政府補助金および地方税で充当されるべき金額を算出する。これに実際に充当された政府補助金, 地方

表 3-1 カムデン・ロンドン自治区連結経常収支計算書

(2003 年 3 月 31 日終了年度)

(単位:1 ポンド)

	総費用	総収益	純額
コミュニティ・サービス			
本　部	58,197	(32,938)	25,259
文化・環境・都市計画	75,256	(21,206)	54,050
教　育	161,739	(49,463)	112,276
高速道路・一般道路・交通	39,930	(29,582)	10,348
住　宅	395,858	(304,915)	90,943
社会福祉	114,314	(36,303)	78,011
サービス純コスト	845,294	(474,407)	370,887
商的活動の余剰			(83)
資産管理収支勘定純収入			(127,748)
利息・投資収入			(5,242)
他からの課税			3,760
純運営費用			241,574
処分額			
資本資金調達積立金への振替			20,221
使途指定積立金からの振替			(7,211)
学校ファンドへの振替			599
公営住宅収入勘定への振替			7,956
政府補助金・地方税で充当されるべき金額			263,139
徴収ファンド徴収命令			(71,968)
過年度の徴収ファンド剰余			(448)
収益支援補助金			(137,862)
非居住地方税の配分			(60,082)
補助金・税金収入合計			(270,360)
当期(余剰)損失			(7,221)
一般ファンド残高			
期首残高			(12,751)
当期(余剰)損失			(7,221)
期末残高			(19,972)

出典:London Borough of Camden, *Statment of Accounts 2002–2003*, p.18.

税等を控除し，当期余剰（損失）を計算する。政府全体の当期余剰（損失）は，一般ファンド残高の当期余剰（損失）に組み込まれる。

(2) 連結貸借対照表

連結貸借対照表は，年金・信託ファンド，および，第三者のために管理している類似のファンドを除いたすべての地方政府の活動に係る資産・負債を計上する。

表3-2は，カムデン・ロンドン自治区の2003年3月31日の連結貸借対照表である。資産は，非流動資産，流動資産の順に示される。そして，流動資産の次に流動負債を示し，流動資産から流動負債を控除した流動資産・負債の純額，および，資産から流動負債を控除した額を求める。この後に，長期借入金等の固定負債を示し，資産から負債を控除した純資産を示す。次に，純資産の内容を固定資産再評価積立金や使途が拘束されている積立金，各ファンドの残高等，資金調達源泉ごとに示す。英国では，インフラ資産およびコミュニティ資産を除き，全ての固定資産をカレント価値により再評価を行うことが義務づけられているため，固定資産の再評価益は固定資産再評価積立金として純資産の部に計上される。資本資金調達積立金とは，固定資産を売却した場合に売却収入の一部を借入金返済のために積み立てることが法律[20]で定められている金額，および，新たな固定資産の資金調達のために固定資産の売却収入や収益等から積み立てている金額の合計である[21]。利用可能資本収入積立金とは，固定資産の売却収入から資本資金調達積立金への繰入額を控除した残額であり，新たな資本的資産の調達のために利用可能なものをいう[22]。

(3) キャッシュ・フロー計算書

キャッシュ・フロー計算書は，地方政府の資金活動を収益的活動，資本的活動，合弁事業からの配当金，投資回収・財務サービス，合弁事業の取得・除却，流動資源管理，および資金調達の7つに区分し現金フローを明らかにする[23]。

第6章 情報開示制度

表3-2 カムデン・ロンドン自治区連結貸借対照表
(2003年3月31日)
(単位：1ポンド)

純資産		
固定資産		2,477,084
繰延費用		
長期貸付金		2,717
流動資産	190,725	
流動負債	(203,480)	
純流動資産／(流動負債)		(12,755)
資産－流動負債		2,467,046
長期借入金	(331,200)	
繰延資本的補助金	(24,533)	
繰延資本的収入	(737)	
引当金	(6,615)	
固定負債合計		(363,085)
資産－負債		2,103,961
資金調達源泉		
固定資産再評価積立金		1,395,807
資本資金調達積立金		546,019
利用可能資本収入積立金		4,699
修繕積立金		
資本的資産への寄付金未利用分		17,888
使途指定積立金		54,150
ファンド残高：		
徴収ファンド		1,269
公営住宅収入勘定		57,352
地方運営学校		6,805
一般残高		19,972
持分合計		2,103,961

出典：London Borough of Camden, *Statement of Accounts 2002-2003*, p.32.

　表3-3のカムデン・ロンドン自治区の2003年3月31日終了年度のキャッシュ・フロー計算書では，上記7区分のうち，合弁事業からの配当金と，取得・除却の該当がないため，これを除いた区分でキャッシュ・フローが示されている。流動資源管理とは，前年度末と当年度末の流動資産・負債残高の増減によるキャッシュ・フローである。

表3-3 カムデン・ロンドン自治区キャッシュ・フロー計算書　(2003年3月31日終了年度)

(単位:1ポンド)

収益的活動		
現金流出		
非居住地方税プール金への支払	219,918	
徴収命令支払	15,115	
職員への支払	263,064	
その他の運営の支払	245,915	
住宅手当支払	65,974	809,986
現金流入		
非居住地方税プール金からの受取	(60,082)	
非居住地方税受取	(219,731)	
カウンセル税受取	(73,747)	
コミュニティ料金受取	(4)	
収益支援補助金	(137,862)	
労働省からの補助金	(73,868)	
その他政府補助金	(177,645)	
家賃収入	(54,760)	
財・サービス売却収入	(87,676)	(885,375)
収益的活動からの純現金流入		(75,389)
財務サービス活動		
現金流出		
利息支払	30,682	
現金流入		
受取利息	(5,476)	25,206
財務サービス活動からの純現金流出		25,206
資本的活動		
現金流出		
固定資産購入	86,484	
その他の資本的現金支払	533	
繰延費用	2,796	89,813
現金流入		
固定資産売却	(57,996)	
資本的補助金受取	(14,764)	
その他の資本的現金受取	(8,644)	(81,404)
資本的活動からの純現金流出		8,409
資金調達前の純現金流入		(41,774)
流動資源管理		23,131
資金調達		
借入金借入	(310,495)	
借入金返済	314,489	3,994
資金調達・流動資源管理からの純現金流出		27,125
純現金増加額		(14,649)

出典:London Borough of Camden, *Statment of Accounts 2002-2003*, p.47.

第6章 情報開示制度 177

表4 カムデン・ロンドン自治区の2003年
3月31日終了年度決算報告書の概要

項目	頁数
責任報告書	1頁
監査報告書	2
年金ファンド監査報告書	2
序　　文	6
内部財務管理システム報告書	2
会計方針	2
連結経常収支計算書・注記	6
公営住宅経常収支計算書・注記	4
徴収ファンド収支計算書・注記	4
連結貸借対照表	1
剰余金変動報告書・注記	14
キャッシュ・フロー計算書・注記	3
年金ファンド計算書・注記	8
その他	5
総　合　計	60頁

出典：London Borough of Camden, *Statment of Accounts 2002-2003*. より作成。

　表4は，会計コードに準拠して作成されたカムデン・ロンドン自治区の2003年3月31日終了年度（監査報告書2003年11月17日付）の決算報告書の概要を項目ごとに頁数で表したものである。カムデン自治区の決算報告書は，米国のロサンゼルス市の包括的年次財務報告書と比べると，連結財務諸表を主としているため，個別ファンドの情報を詳細に開示していない。さらに，決算報告書における統計データの開示義務がないことから，全体で60頁とロサンゼルス市の約5分の1の量となっている。

4　ニュージーランドの財務報告制度

　ニュージーランドの会計基準である財務報告基準（FRS）は，私企業，中央政府，地方政府の全てをその適用対象としている。FRS第2号「財務報告の表示」は，実体が開示すべき財務報告の構造を図2のように定めている[24]。す

図2 財務報告の構造

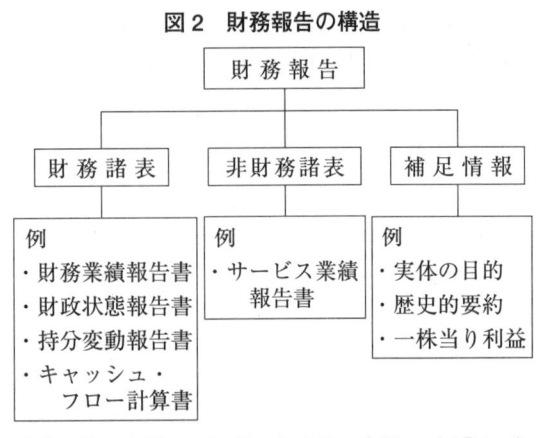

```
              財 務 報 告
        ┌────────┼────────┐
     財務諸表   非財務諸表   補足情報
       例        例          例
  ・財務業績報告書  ・サービス業績   ・実体の目的
  ・財政状態報告書    報告書      ・歴史的要約
  ・持分変動報告書              ・一株当り利益
  ・キャッシュ・
    フロー計算書
```

出典：Financial Reporting Standards Board, *Financial Reporting Standard No.2 : Presentation of Financial Reports,* 1994, par.5.6 Figure 1.

なわち，財務報告は，財務諸表と非財務諸表，および補足情報の3つから構成される。

ニュージーランドの大きな特徴は，財務報告に非財務諸表であるサービス業績報告書（Statement of service performance）を含むことである。実体が提供する財・サービス等のアウトプットとの直接の交換ではなく利害関係者から資金を調達する場合に，実体は資金の提供者に対しサービス業績を報告する義務を有する。例として，強制的な課税権を有する地方政府を挙げ，資金提供者（納税者）がアウトプット（公園の整備等）を資金提供の直接の対価として受け取るのではなく，第三者（一般市民等）にアウトプットが提供される場合には，アウトプットを提供する地方政府は，提供したアウトプットに関するサービス業績報告書を作成しなければならないと説明している[25]。そして，サービス業績報告書には，期首において実体が予め定めた目標のアウトプットと実際のアウトプットを対比させて開示しなければならない。また，財務報告の利用者にとり目的適合的で，かつ，適切である場合には，開示される各アウトプットについてその数量，質，時間，場所，コストを開示することとし，さらに，実

表 5-1 ウェリントン市財務業績報告書
(2003 年 6 月 30 日終了年度)
(単位:千 NZ ドル)

収 益	
税　金	136,585
活動からの収益	93,442
投資資産収益	17,397
投資からの利息	2,122
その他の収益	10,360
運営収益合計	259,906
費　用	
活動費用	198,784
減価償却費	51,618
資金調達コスト	8,783
運営費用合計	259,185
当期純余剰	721

出典:*Wellington City Council Annual Report 2002-2003*, p.195.

現可能である場合には,アウトプットが貢献することが意図されたアウトカムも開示すべきであるとした[26]。

財務諸表は,財務業績報告書(Statement of financial performance),財政状態報告書(Statement of financial position),持分変動報告書(Statement of movements in equity),キャッシュ・フロー計算書,および,会計方針・注記からなる。

表5-1は,ウェリントン市の2003年6月30日終了年度の財務業績報告書である。ウェリントン市では,活動費用198百万NZドルに関し,人件費や固定資産売却損などの費用の性質別詳細と文化・芸術,交通などの機能別詳細を注記で開示している[27]。さらに,費用を民主プロセス,文化・レクリエーションなどの機能別に分類し,サービス業績報告書でこれら機能ごとの費用を性質別に開示している[28]。

表5-2は,ウェリントン市の2003年6月30日の財政状態報告書である。ニ

表5-2 ウェリントン市財政状態報告書
(2003年6月30日)
(単位:千NZドル)

資　産	
流動資産	
現金・預金	5,915
受取債権・棚卸資産	25,402
短期投資	3,056
売却予定固定資産	4,363
流動資産合計	38,736
非流動資産	
長期投資	59,385
投資財産	151,026
有形固定資産	4,582,328
非流動資産合計	4,792,739
資産合計	4,831,475
負　債	
流動負債	
支払債務	38,872
短期引当金	8,116
短期借入金	75,839
流動負債合計	122,827
非流動負債	
長期引当金	18,051
長期借入金	49,846
非流動負債合計	67,897
負債合計	190,724
純資産	4,640,751
持　分	
ファンド累計残高・留保利益	1,482,427
再評価積立金	3,134,823
拘束ファンド	23,501
持分合計	4,640,751

出典:*Wellington City Council Annual Report 2002–2003*, p.197

表5-3 ウェリントン市キャッシュ・フロー計算書
(2003年6月30日終了年度)
(単位:千NZドル)

運営活動	
現金流入	
税　金	136,842
活動収益・その他収益	108,625
受取利息	2,115
受取配当金	2,480
	250,062
現金流出	
仕入先・従業員	(196,434)
支払利息	(7,508)
	(203,942)
運営活動の純キャッシュ・フロー	46,120
投資活動	
現金流入	
投資証券純減少	5,039
貸付金返済	3,695
投資資産売却	1,064
固定資産売却	3,022
	12,820
現金流出	
固定資産購入	(82,124)
子会社投資	(2,700)
	(84,824)
投資活動の純キャッシュ・フロー	(72,004)
財務活動	
現金流入	
借入金の増加	31,391
財務活動純キャッシュ・フロー	31,391
純現金増減額	5,507
期首現金残高	408
期末現金残高	5,915

出典:*Wellington City Council Annual Report 2002–2003*, p.198.

ュージーランド地方政府は，有形固定資産を公正価値で再評価することが義務づけられているため，固定資産の再評価益は固定資産再評価積立金として純資産の部に計上される。資産から負債を控除した純資産は，持分としてファンド累計残高・留保利益，再評価積立金，および拘束ファンドの3つに分類される。

表5-3は，ウェリントン市の2003年6月30日終了年度のキャッシュ・フロ

表6　ウェリントン市2003年6月30日
終了年度年次報告書の概要

〈要約〉	
市長報告書	1頁
その他	7
要約合計	8
〈概観〉	
財務	10
その他	9
概観合計	19
〈サービス業績報告書〉	148
〈政府組織図等〉	18
〈財務諸表〉	
責任・準拠報告書	1
財務業績報告書	1
持分変動報告書	1
財政状態報告書	1
キャッシュ・フロー計算書	1
会計方針	7
注記	39
監査報告書	2
財務諸表合計	53
〈その他〉	9
総合計	255頁

出典：*Wellington City Council Annual Report 2002-2003.* より作成。

ー計算書である。これは，政府のキャッシュ・フローを運営活動，投資活動，財務活動の3つに区分して説明する。

また，持分変動報告書は，純資産に持分として計上された上記ファンド累計残高・留保利益，再評価積立金，および拘束ファンドの3つについて，期中のそれぞれの変動額を明らかにするものである。

表6は，ウェリントン市の2003年6月30日終了年度の年次報告書（監査報告書2003年8月29日付）の概要を項目ごとの頁数で示したものである。ニュージーランドの財務報告の大きな特徴であるサービス業績報告書は，148頁にわたる。ここでは，市の主要なサービスを文化・芸術，経済，交通等の9分野に分け，それぞれについて，要約，アウトカム，業績測定尺度，アウトプット，コスト，市民満足度調査結果，今後の方針等を示している。

5 IPSASの財務諸表

IFACのIPSAS第1号「財務諸表の表示」[29]は，パブリック・セクターが財務報告において開示すべき財務諸表として，財政状態報告書（Statement of financial position），財務業績報告書（Statement of financial performance），純資産／持分変動報告書（Statement of changes in net assets/equity），キャッシュ・フロー計算書，会計方針，および，財務諸表注記を挙げている[30]。また，IPSAS第2号「キャッシュ・フロー計算書」[31]で，パブリック・セクターが報告すべきキャッシュ・フロー計算書の詳細を規定している。

IPSASは，国際会計基準（IAS）を基礎に作成されているものであるため，IPSASが規定したこれらの財務諸表，および，その様式は，IAS第1号「財務諸表の表示」[32]，および，IAS第7号「キャッシュ・フロー計算書」[33]が示すものと大きく異なるところはない。IPSAS第1号，および，IPSAS第2号巻末の「IASとの比較」で示されている相違は，用語および名称の違いのみである。すなわち，IASでは貸借対照表，損益計算書という名称を用いるのにたいし，IPSASではこれらを財政状態報告書，財務業績報告書と呼ぶ。また，IASで収益をincomeと呼ぶのにたいし，IPSASではこれをrevenueと呼ぶことなど

表7-1 IPSAS財政状態報告書

資　　産
流動資産
　　現金・現金同等物　　　　　×××
　　受取債権　　　　　　　　　×××
　　棚卸資産　　　　　　　　　×××
　　前 払 金　　　　　　　　　×××
　　投　 資　　　　　　　　　×××
　　　　　　　　　　　　　　　　　　×××
非流動資産
　　受取債権　　　　　　　　　×××
　　投　 資　　　　　　　　　×××
　　その他の金融資産　　　　　×××
　　インフラ資産・有形固定資産　×××
　　土地・建物　　　　　　　　×××
　　無形固定資産　　　　　　　×××
　　その他の非金融資産　　　　×××
　　　　　　　　　　　　　　　　　　×××
資産合計　　　　　　　　　　　　　×××

負　　債
流動負債
　　支払債務　　　　　　　　　×××
　　短期借入金　　　　　　　　×××
　　借入金1年以内返済分　　　　×××
　　引 当 金　　　　　　　　　×××
　　従業員手当　　　　　　　　×××
　　退職年金　　　　　　　　　×××
　　　　　　　　　　　　　　　　　　×××
非流動負債
　　支払債務　　　　　　　　　×××
　　借 入 金　　　　　　　　　×××
　　引 当 金　　　　　　　　　×××
　　従業員手当　　　　　　　　×××
　　退職年金　　　　　　　　　×××
　　　　　　　　　　　　　　　　　　×××
負債合計　　　　　　　　　　　　　×××

純 資 産　　　　　　　　　　　　　×××

純資産／持分
他の政府実体からの拠出資本　　×××
積 立 金　　　　　　　　　　 ×××
累積余剰／(損失)　　　　　　 ×××
　　　　　　　　　　　　　　　　　　×××
少数株主持分　　　　　　　　　　　×××
純資産／持分合計　　　　　　　　　×××

出典：International Federation of Accountants (IFAC), Public Sector Committee (PSC), *International Public Sector Accounting Standards* (IPSAS) *No.1: Presentation of Financial Stantements*, 2000, Appendix 1.

表7-2　IPSAS財務業績報告書

(例：機能による費用分類)　　　　　　　　(例：性質による費用分類)

運営収益
　税　　金　　　　　　　　　　×××
　料金・罰金・特許　　　　　　×××
　交換取引から生ずる収益　　　×××
　他の政府実体からの移転　　　×××
　その他の運営収益　　　　　　×××
運営収益合計　　　　　　　　　×××

運営費用		運営費用	
一般公共サービス	×××	従業員給与・手当	×××
防　　衛	×××	補助金・その他の移転支払	×××
公共秩序・安全	×××	必需品・消耗品	×××
教　　育	×××	減価償却費・償却費	×××
健　　康	×××	その他の運営費用	×××
社会保障	×××	運営費用合計	×××
住宅・コミュニティ設備	×××		
レクリエーション・文化・宗教	×××		
経　　済	×××		
環境保護	×××		

運営費用合計　　　　　　　　　×××

運営活動からの余剰／(損失)　　×××

　資金調達コスト　　　　　　(×××)
　有形固定資産売却益　　　　　×××
非運営活動収益(費用)合計　　　×××

経常的活動からの余剰／(損失)　×××
　少数株主持分　　　　　　　　×××
異常項目前の純余剰／(損失)　　×××
　異常項目　　　　　　　　　　×××
当期純余剰／(損失)　　　　　　×××

出典：IFAC, PSC, *IPSAS No.1 : Presentation of Financial Statements, 2000,* Appendix 1.

表7-3　IPSAS キャッシュ・フロー計算書

(直接法)
運営活動によるキャッシュ・フロー
受　取
　　　税　　金
　　　財・サービス販売　　　　　　　×××
　　　補　助　金　　　　　　　　　　×××
　　　受取利息　　　　　　　　　　　×××
　　　その他の受取　　　　　　　　　×××
支　払　　　　　　　　　　　　　　　×××
　　　従業員コスト
　　　退職年金　　　　　　　　　　(×××)
　　　仕　入　先　　　　　　　　　(×××)
　　　支払利息　　　　　　　　　　(×××)
　　　その他の支払　　　　　　　　(×××)
運営活動による純キャッシュ・フロー　(×××)
　　　　　　　　　　　　　　　　　　×××

投資活動によるキャッシュ・フロー
　　　有形固定資産購入　　　　　　(×××)
　　　有形固定資産売却収入　　　　　×××
　　　投資売却収入　　　　　　　　　×××
　　　外国通貨証券の購入　　　　　(×××)
投資活動による純キャッシュ・フロー　(×××)

財務活動によるキャッシュ・フロー
　　　借入による収入　　　　　　　　×××
　　　借入金返済　　　　　　　　　(×××)
　　　政府への分配／配当　　　　　(×××)
財務活動による純キャッシュ・フロー　×××

現金・現金同等物の純増減　　　　　　×××
現金・現金同等物期首残高　　　　　　×××
現金・現金同等物期末残高　　　　　　×××

出典：IFAC, PSC, IPSAS *No.2 : Cash Flow Statement, 2000*, Appendix 1.

である(34)。

IPSAS第1号では，中央政府を報告実体とし公営企業を連結の範囲に含めた財務諸表の例を示している（表7-1：財政状態報告書，表7-2：財務業績報告書）(35)。

表7-1の財政状態報告書は，資産，負債を流動・非流動の分類で表示し，差額である純資産／持分を他の政府実体からの拠出資本，積立金，累積余剰（損失），少数株主持分に分類する。しかしながら，中央政府を報告実体として例示しているこの財政状態報告書の純資産／持分に拠出資本があるのは，本来考えられないだろう。拠出資本（所有者からの拠出）は，実体の存続中に実体から経済的便益または用役潜在性の分配を得る権利，および，実体が解散する際に負債を上回る資産について分配を得る権利であり，売却・交換・譲渡することが可能なものであると定義されている(36)。したがって，わが国において，拠出資本が存在するのは，報告実体が公営企業や第3セクターなどの場合に限られ，政府実体の場合はあり得ないといえる。少数株主持分は，報告実体が一部私有化された公営企業を連結する場合に発生するものである。

表7-2の財務業績報告書は，運営収益を税金，交換取引から生ずる収益等，その性質ごとに分類するとともに，運営費用については，一般公共サービス，防衛といった機能別分類，および，従業員給与・手当，減価償却費等の性質別分類の2つを例示している。運営費用を機能別分類か性質別分類のどちらで表示するかは選択適用だが，機能別分類で表示する場合には性質別の費用について追加情報を開示することが要求される(37)。

表7-3は，IPSAS第2号が例示した直接法のキャッシュ・フロー計算書である(38)。キャッシュ・フロー計算書は，運営活動，投資活動，財務活動に区分し期中のキャッシュ・フローを報告する。運営活動によるキャッシュ・フローは，直接法のほか間接法による報告も認められている。

6 比 較 検 討

(1) 財 務 諸 表

　財務報告において開示すべき財務諸表は，米国，英国，ニュージーランド，および，IPSASにおいてそれぞれ名称が異なるものの，ほぼ同一であるといえる。それらは，貸借対照表，行政コスト計算書，キャッシュ・フロー計算書である。

　貸借対照表は，米国では政府全体純資産報告書，英国では連結貸借対照表，ニュージーランドおよびIPSASでは財政状態報告書とそれぞれ異なる名称が付されているが，資産・負債を流動・非流動の基準で分類し，地方政府等の財政状態を明らかにするという点で同じである。また，資産から負債を控除した純資産についても，拘束性のある積立金と非拘束のものを分けて表示するという点で同じであるといえる。

　行政コスト計算書は，米国では政府全体活動報告書，英国では連結経常収支計算書，ニュージーランドおよびIPSASでは財務業績報告書とそれぞれ異なる名称が付されている。米国および英国では，政府活動の機能ごとの総費用と，そこから直接生じた総収益を控除し，機能ごとの純費用（収益）を明らかにしたうえで，当期余剰（損失）を算出する。これにたいし，ニュージーランドおよびIPSASでは，いずれも運営収益から運営費用を控除する形式で当期余剰（損失）を算出する。運営費用については機能別分類，性質別分類のどちらでも表示することができるが，政府活動の機能ごとに直接生じた収益は示さないため，機能ごとの純費用（収益）は明らかにされない。ニュージーランド・ウェリントン市の2003年6月30日終了年度の年次報告書は，サービス業績報告書において機能ごとの総費用（収益）と純費用（収益）を明示しているが，米国および英国のように財務諸表において機能ごとの純費用（収益）を明らかにする方が，各機能の財務負担額が明確になり意思決定により有用であると考える。

　キャッシュ・フロー計算書は，期中のキャッシュ・フローを運営活動，投資

活動，財務活動等に分類して報告するという点で英国，ニュージーランド，および，IPSASは同じである。また，米国においては，政府全体についてのキャッシュ・フロー計算書は作成されないが，ファンド財務諸表において，キャッシュ・フロー情報が提供されている。政府ファンドと受託ファンドは，流動財務資源を測定の焦点とし，修正発生主義を採用しているため，収入支出およびファンド残高変動報告書それ自体がキャッシュ・フロー情報を提供する。一方，事業ファンドは，経済資源を測定の焦点とし，発生主義を採用しているため，英国，ニュージーランド，IPSASと同様のキャッシュ・フロー計算書を作成・公表している。

さらに，米国，英国，ニュージーランドの3ヶ国において共通しているのは，独立監査人による財務諸表監査が行われていることである。米国・ロサンゼルス市の2003年6月30日終了年度の包括的年次財務報告書の監査報告書の日付は2004年1月16日と会計年度終了後約6ヶ月半とやや遅いが，ニューヨーク市の同一終了年度の包括的年次財務報告書の監査報告書の日付は2003年10月27日と会計年度終了後約4ヶ月で監査が終了している。英国・カムデン・ロンドン自治区の2003年3月31日終了年度決算報告書では，監査報告書の日付は，会計年度終了後約7ヶ月半の2003年11月17日となっている。ニュージーランド・ウェリントン市の2003年6月30日終了年度の年次報告書の監査報告書は，会計年度終了後約2ヶ月後の2003年8月29日付となっている。

会計年度終了後，財務諸表監査が終了するまでの期間には若干の長短がみられるが，財務諸表の信頼性を高めるために独立監査人による財務諸表監査の意義は大きい。

(2) 理解可能性を高める工夫

米国，英国，ニュージーランドの財務報告は，いずれも理解可能性を高めるための工夫として，政府の財務活動を説明するための区分を財務諸表とは別に設けている。

米国・ロサンゼルス市の2003年6月30日終了年度の包括的年次財務報告書

の「行政管理者の検討と分析」は，表2に示すとおり27頁あり，財務区分全体(283頁)の約1割を占めている。英国・カムデン・ロンドン自治区の2003年3月31日終了年度の決算報告書の「序文」は，6頁と決算報告書全体(60頁)の1割を占め，ニュージーランド・ウェリントン市の2003年6月30日終了年度の年次報告書の「概要」の財務についての項目は，10頁にわたり，「概要」全体(18頁)の半分以上が財務に関する説明に費やされている。

上述の3つの財務報告の中で，最も多くの説明を行っているのは，その分量からいってロサンゼルス市である。しかし，これはロサンゼルス市に限って多いわけではなく米国全体の傾向であるといえる。ちなみに，ニューヨーク市の2003年6月30日終了年度の包括的年次財務報告書の「行政管理者の検討と分析」は21頁あり，財務区分全体(217頁)の約1割を占めている[39]。このように，米国の「行政管理者の検討と分析」が他に比べて分量が多い理由は，1999年6月に発行されたGASB基準書第34号「州及び地方政府の基本財務諸表および行政管理者の検討と分析」において新設されたものであり，最低限記載すべき事項が詳細に規定されるとともに，理解可能性を高めるためにチャートやグラフ，表を用いることが奨励されていることにある[40]。

財務報告の提供する情報が有用であるためには，その情報が利用者にとり理解可能であることが必要不可欠である。企業会計の場合，潜在的株主や債権者等の財務報告利用者は，当該企業の活動に関わるか否かを自発的に判断することが可能であり，退出の自由を保障されている。そのため，IASの「財務諸表の作成及び表示に関するフレームワーク」において，財務報告利用者は，事業，経済活動，および，会計に関して合理的な知識を有し，また，合理的に勤勉な態度をもって情報を研究する意志を有すると仮定されている[41]。つまり，企業会計の財務報告利用者は，自発的に当該企業と関わりを持つのであるから，ある程度の会計的知識を有していることが前提となり，利用者は自らの努力により会計の基礎知識を習得する必要があるというのである。

これにたいし，地方政府等の場合，資源提供者であり，かつ，財務報告利用者である納税者は，税金の支払について自発的に判断を行うことは不可能であ

り，かつ，退出の自由も住居の移転を伴う等実質的に困難である。個々人の好むと好まざるとに関わらず税金は払わなければならないのであって，そこに自由意志は存在しない。そして，そのような納税者を含む一般市民の多くが，必ずしもある程度の会計知識を有しているとは限らない。また，一定の会計知識を有する者を利用者として限定して作成する財務報告では，公的アカウンタビリティを果たすことができないといえる。そのため，GASBの概念報告書第1号「財務報告の目的」[42]は，地方政府等が会計原則の詳細な知識を有していない者でも理解することのできる財務報告を公表すること，および，財務報告には財務報告利用者の理解を助けるための説明や解説を含めることを要求している[43]。したがって，地方政府等においては，財務報告利用者に一般市民が含まれることから，企業会計で許容される理解可能性以上にわかりやすい情報を提供することが必要であるといえる。

(3) 業績評価のための非財務情報

すでに明らかにしたように，ニュージーランドの地方政府は，当該年度に提供したアウトプットについて，計画値と実績値の比較，質，量，コスト，さらに関連するアウトカム等の非財務情報をサービス業績報告書という非財務諸表として財務報告の中に位置づけて報告することが義務づけられている。これにたいし，米国および英国では，このような業績評価のための非財務情報の報告を財務報告制度の中に組み込んでいない。しかしながら，両国においても，業績評価のための非財務情報は，アカウンタビリティの評価のために必要不可欠なものとして，財務報告とは別の形による公表が広く行われている。

GASBの概念報告書第1号「財務報告の目的」は，地方政府等の財務報告の最も重要で最上位の目的はアカウンタビリティであると述べ，財務報告は利用者がアカウンタビリティを評価し，経済的，社会的，政治的意思決定をなすにあたって有用な情報を提供すべきであるとした[44]。そして，この目的を果たすために財務報告は，政府のサービス提供努力，コストおよび成果を評価するために有用な情報を利用者に提供しなければならないと指摘した[45]。また，

GASB概念報告書第2号「サービス提供努力と成果（SEA）報告」[46]は，SEA報告の目的は利用者が提供されたサービスの経済性，効率性，有効性を評価するのに役立つように，財務諸表で明らかにされない政府の業績についての情報を提供することであると述べ，SEA情報は地方政府等の業績測定の重要な要素であり，アカウンタビリティの評価と適切な意思決定のために必要であると結論づけた[47]。これを受け，GASBが地方政府等にたいしSEA報告の公表を強く奨励した結果，現在，米国の多くの地方政府等がSEA測定，およびSEA報告の作成・公表を行っている[48]。

英国においては，1982年に地方財政法改正によりVFM監査が導入され，それまでの合規性監査に加え，経済性・効率性・有効性の観点から業務についての監査が行われている[49]。1991年には，地方政府に対し，公的サービスの達成すべきサービス水準，達成されない場合の事後措置と是正手段を住民にわかりやすく提示することを要求する「市民憲章」（Citizen's Charter）が導入された[50]。1992年には，監査委員会が全国共通の業績指標を設定し，それにもとづく業績測定と結果の公表を各地方政府に義務づけている。さらに，2000年からは，さらなるサービスの質の向上とコスト削減のための戦略計画の策定を地方政府に義務づけるベスト・バリュー制度が導入されている。

地方政府等の業績評価のための非財務情報の必要性については，IFACのIPSASも同様の指摘を行っている。IPSAS第1号「財務諸表の表示」は，パブリック・セクターの財務報告の目的は，意思決定に有用な情報の提供だけでなく，委託された資源にたいするアカウンタビリティを果たすために有用な情報を提供することであるとし，この目的を果たすためには，サービス・コスト，効率性，遂行の観点で業績を評価するために有用な情報も提供しなければならないとした[51]。そして，利益獲得を主要な目的としない実体においては，サービス提供の実行について説明することが必要であり，活動についてより包括的な情報を提供するためには，財務諸表を示すだけでは足りず，非財務諸表を含む補足情報が財務諸表とともに報告されるとした[52]。さらに，IPSAS第1号は，実体の業績を評価するために有用な追加情報を提供することを奨励し，そ

の追加情報には実体のアウトプットやアウトカムについての詳細情報を含むとした。また，これらの情報は，業績指標やサービス業績報告書，プログラム・レビュー，その他の報告書等の形態をとるだろうことを指摘している[53]。

7 自治体のあるべき情報開示制度

米国，英国，ニュージーランドの地方政府等の財務報告制度における共通点は，まず第一に，財務諸表として最低限，連結貸借対照表，行政コスト計算書，キャッシュ・フロー計算書が公表されていることである。そして，第二に，独立の監査人による監査報告書が会計年度終了後4ヶ月から7ヶ月半の間に作成されていること，第三に財務諸表をわかりやすく説明する工夫がなされていることが挙げられる。また，財務報告の中に位置づけるか否かの差はあるが，業績評価のために有用な非財務情報が公表されている。さらに，公表すべき情報が詳細に規定されている結果，各地方政府が提供する情報の質と量に大きな差が生じる可能性は低いといえる。

自治体の財務報告の目的は，住民が行政のアカウンタビリティを評価し，意思決定を行ううえで有用な情報を提供することであると考えるとき，住民が必要とする情報は，資金をどのように調達し，使用したかという資金収支情報だけでは足りない。自治体が現在のサービスを継続的に提供する能力があるか否かを判断するためには自治体全体の財政状態が明らかにされなければならない。また，自治体のサービスが経済的，効率的，効果的に提供されたか否かを判断するため，および，当年度の収益がサービスコストをまかなうのに十分であったか否かを判断するためには，各サービスの提供コスト，および政府全体の収益と費用が明らかにされなければならない。

わが国自治体において提供する財務情報が，目的適合性，信頼性，理解可能性，適時性，さらに自治体間の比較可能性を具備するためには，現行会計制度の抜本的改革が必要である。まず，単式簿記による現金主義会計を改め，複式簿記による経済資源を測定の焦点とした発生主義会計を導入し，会計記録から有機的に貸借対照表，行政コスト計算書，キャッシュ・フロー計算書等の財務

諸表を作成するとともに，会計監査人による財務諸表監査を導入すべきである。また，自治体の全体像を把握するためには，一般会計と特別会計をあわせた財務諸表を提供すべきだろう。さらに，業績を適切に評価するための非財務情報を財務情報とあわせて公表すべきである。くわえて，各自治体により公表される情報の量と質に著しい差が生じないように，また，一般の住民にわかりやすくするためにも公表すべき最低限の内容は詳細に規定されるべきだろう。

(注)
(1) 隅田一豊『住民自治とアカウンタビリティ』税務経理協会，1998年，102-105頁。総務省（平成12年時は自治省）は，平成12年3月および平成13年3月に『地方公共団体の総合的な財政分析に関する調査研究会報告書』を公表し，主に決算統計に基づく貸借対照表および行政コスト計算書の作成手法を示した。しかしながら，この総務省方式に基づいて作成される財務諸表は，年に1回作成される決算統計という統計資料から簡便的に導き出されるものにすぎず，会計記録から有機的に作成される財務諸表とはいえない。総務省方式の貸借対照表は，その作成過程において集計可能な資産・負債を対比しただけで網羅性に欠け，評価においても普通建設事業費の積み上げの推計値でしかなく，財政状態を総括的に表しているにすぎないとの批判を受けている（兼村高文「自治体財政と発生主義」『都市問題』第92巻第1号（2001年1月）41-51頁）。また，正確性の問題だけでなく，決算統計を用いる財務諸表ではその作成は年に1回のみであり，日常的な行政活動を管理・統制することは極めて困難であるといえる（隅田一豊『自治体行財政改革のための公会計入門』ぎょうせい，2001年，136頁）。さらに，このような簡便な作成方法を用いても平成14年度の自治体の財務諸表の作成状況は，バランスシートの作成は市区町村3,155団体中の56.1％，行政コスト計算書の作成は30.3％にとどまり，特別会計を連結した自治体全体のバランスシートにいたっては，9.9％しか作成されておらず，極めて不十分であるといえる（総務省，「地方公共団体のバランスシート等の作成状況：調査日平成16年3月31日」，2004年）。
(2) Governmental Accounting Standards Board (GASB), *Codification of Governmental Accounting and Financial Reporting Standards as of June 30, 2003 (2003-2004 Codification)*, 2003, pp.138-141.
(3) 市民あて伝達文書とは，行政管理者が財務活動および行政活動一般について，市民に対しアカウンタビリティを果たすための説明文書をいうが，GASB基

準書はその具体的な内容を定めてはいない。
(4) 行政管理者の検討と分析に最低限含むべきものは、詳細に定められている。これらには、①連結財務諸表とファンド財務諸表との著しい相違についての説明、②政府全体財務諸表の主要項目（総資産、総負債、総収益、総費用等）の過年度比較分析、③政府全体財務諸表において財政状態が改善あるいは悪化したかの原因分析、④当初予算と最終予算との比較分析、⑤後発事象、等が挙げられている。GASB, *Statement No.34 : Basic Financial Statements and Management's Discussion and Analysis for State and Local Governments,* 1999, par.8. -11.
(5) GASB, *2003-2004 Codification, op. cit.,* pp.160-162.
(6) この他には、①過去10年間の財産税の課税額と徴収額、②過去10年間の財産税の税率、③人口統計、④主要な納税者、等が挙げられている。*Ibid.,* p.381.
(7) GASB, Statement No.34, *op.cit.,* par.379.しかし、今後、ファンド財務諸表のキャッシュ・フロー情報だけでは、情報利用者のニーズを満たさないことが明らかになった場合には、再度、政府全体のキャッシュ・フロー情報の開示の必要性について検討すると述べている。
(8) *Ibid.,* par.30.
(9) GASB, *2003-2004 Codification, op. cit.,* pp.98-99.
(10) GASB, *Statement No.34, op.cit.,* par.31-37.
(11) City of Los Angeles California, *Comprehensive Annual Financial Report for the Fiscal Year Ended June 30, 2003,* 2003, pp.6-7.
(12) GASB, *Statement No.34, op.cit.,* par.38.
(13) The Chartered Institute of Public Finance and Accountancy (CIPFA), *Code of Practice on Local Authority Accounting in the United Kingdom,* 2002, par.4.2.
(14) *Ibid.,* par.4.10-4.11.
(15) *Ibid.,* par.4.12-4.16.
(16) *Ibid.* appendix C.
(17) *Ibid.,* par.6.1-6.4.
(18) *Ibid.,* Chapter4. ここで明らかにした会計報告書はEnglandのものである。Scotlandでは、徴収ファンドに代えて地方税収入ファンド（Council Tax and Non-Domestic Rate Income Accounts）を示すとともに、DSO（直営サービス組織）の要約経常収支・処分計算書が加わる。
(19) *Ibid.,* par.4.36-4.38.
(20) The Local Government and Housing Act 1989.
(21) London Borough of Camden, *Statement of Accounts 2002-2003,* 2003, p.40.

第6章　情報開示制度　*195*

(22)　*Ibid.,* p.41.
(23)　CIPFA, *op.cit.,* par.4.39.
(24)　Financial Reporting Standard Board (FRSB), *Financial Reporting Standard* (FRS) *No.2 : Presentation of Financial Reports,* 1994, par.5.2-5.6.
(25)　*Ibid.,* par.10.2-10.7.ここでは，サービス業績の構成要素となるインプット，アウトプット，アウトカムを次のように定義している。アウトプットとは，報告実体によって生産された財・サービスをいい，インプットとは，アウトプットの生産のために用いられた資源をいう。アウトカムとは，報告実体の存在，および，運営の結果もたらされたコミュニティに対する影響，または結果をいう。
(26)　*Ibid.,* par.11.1-11.9.
(27)　Wellington City Council, *Wellington City Council Annual Report 2002-03,* 2003, p.209, p.224.
(28)　Porirua City Council, *Porirua City Council Annual Report 2002-03,* 2003.
(29)　International Federation of Accountants (IFAC), Public Sector Committee (PSC), *International Public Sector Accounting Standards (IPSAS) 1 : Presentation of Financial Statements,* 2000.
(30)　*Ibid.,* par.19.
(31)　IFAC, PSC, *IPSAS 2 : Cash Flow Statement,* 2000.
(32)　International Accounting Standards Board (IASB),「国際会計基準書IAS第1号：財務諸表の表示」，邦訳：日本公認会計士協会国際委員会『国際会計基準書2001』同文舘出版，2001年。
(33)　IASB,「国際会計基準書IAS第7号：キャッシュ・フロー計算書」同上書。
(34)　IFAC, PSC, *IPSAS 1, op.cit.,* Comparison with IAS 1. および IFAC, PSC, *IPSAS 2, op. cit.,* Comparison with IAS 7.
(35)　IFAC, PSC, *IPSAS 1, Ibid.,* Appendix 1.
(36)　*Ibid.,* par.6.
(37)　*Ibid.,* par.111.
(38)　IFAC, PSC, *IPSAS 2, op. cit.,* Appendix 1.
(39)　The City of New York, *Comprehensive Annual Financial Report of the Comptroller for the Fiscal Year Ended June 30, 2003,* 2003.
(40)　GASB, *Statement No.34, op.cit.,* par.9.
(41)　IASB,「国際会計基準書IAS財務諸表の作成及び表示に関するフレームワーク」邦訳：日本公認会計士協会国際委員会，前掲書，par.25.
(42)　GASB, *Concepts Statement No.1 : Objectives of Financial Reporting,* 1987.

(43) *Ibid.,* par.63.
(44) *Ibid.,* par.76.
(45) *Ibid.,* par.77.c.
(46) GASB, *Concepts Statement No.2 : Service Efforts and Accomplishments Reporting,* 1994.
(47) *Ibid.,* par.54-55. SEA報告の目的を果たすための情報は，主にサービス成果（アウトプット，アウトカム）とサービス努力と成果の関連（効率性とコスト-アウトカム）の業績尺度に焦点を置くべきであるとしている（*Ibid., par.56.*)。
(48) 1996年にGASBが行った地方政府等のSEA測定・報告についての全米実態調査では，回答数（900件）の半数近くがSEA測定を既に実施しており，将来SEA測定を行いたい（または，続ける）との回答は8割近くにのぼっている。GASB and National Academy of Public Administration, *Report on Survey of State and Local Government Use and Reporting of Performance Measures-First Questionnaire Result,* 1997.
(49) 隅田一豊『住民自治とアカウンタビリティ』，前掲書，208-210頁に詳しい。
(50) 「市民憲章」については，(財) 自治体国際化協会「シティズン・チャーター」CLAIR REPORT No.69, 1993年に詳しい。また，2001年2月現在，教育・裁判・医療等に関する国レベルのナショナル・チャーターは118個，地方政府等におけるサービス毎のチャーターは1万個以上設定されているという。(財) 自治体国際化協会「英国における行政評価制度」CLAIR REPORT No.217, 2001年，2頁。
(51) IFAC, PSC, *IPSAS 1, op. cit.,* par.13.
(52) *Ibid.,* par.16.
(53) *Ibid.,* par.23.

第7章 行政評価制度

1 はじめに

　平成13年1月の中央省庁等の改革に伴い，わが国に政策評価制度が導入された[1]。本制度は，平成9年12月に行政改革会議の最終報告において導入が提言されたものである。この行政改革会議最終報告では，政策評価導入の背景として①バブル経済が崩壊し，それまでの右肩上がりの経済成長が終焉したこと，②財政赤字が拡大していること，③社会が成熟化し，国民の価値観が多様化していること，④戦後型行政システムの制度疲労等を挙げ，旧来型の行政では，限られた資源を有効に活用し，多様な国民のニーズに応えられないと指摘した。つまり，旧来型行政は，縦割りの弊害や官僚組織の自己増殖・肥大化のなかで深刻な機能障害をきたしており，そこには，個別事業の利害や制約に拘束された政策企画部門の硬直性，利用者の利便を軽視した非効率な実施部門，不透明で閉鎖的な政策決定過程，政策評価やフィードバック機能の不在，各省庁の縦割りと自らの所管領域には他省庁の口出しを許さぬという専権的・領土不可侵的所掌システムによる全体調整機能の不全，といった数多くの問題が存在するというのである。そして，これらの問題点を打開するためには，効率的で透明な政府を実現させることが必要であるとし，政策評価制度の導入が提言されたのである[2]。したがって，本制度の目的は，①国民に対する行政の説明責任を徹底し，②国民本位の効率的で質の高い行政を実現することによって，③国民的視点に立った成果重視の行政への転換を図ることである[3]。

そして，これらの目的は，そのまま自治体の行政評価制度にもあてはまる[4]。自治体の行政評価制度は，中央省庁のそれと異なり法律等で制度が一律に導入されるものではなく，各自治体が独自の判断で導入の可否を決めるものである。平成14年度に行政評価制度を導入済みの自治体は，都道府県で43団体（92％），政令指定都市で8団体（67％），市区町村では254団体（8％）となっている[5]。

　中央省庁に導入された政策評価制度，および，自治体の行政評価制度を構築するにあたっては，ニュー・パブリック・マネジメントの理論[6]を用い，既に積極的に行財政改革を行っている欧米先進国の多くの例[7]が参考とされてきた。しかしながら，こうした海外のある制度を導入する場合には，その表面的な制度の移植のみでは，似て非なるものを作り，期待された効果をあげることが出来ない場合がある。真に有効に機能する制度を構築するためには，制度の理念を理解すると同時に，制度の実効性を担保するための諸制度の整備が欠かせないであろう。

　本章ではこのような認識のもと，英国の政策評価制度である公的サービス協定（Public Service Agreement, PSA），PSAの有効性を担保する諸制度，および，わが国自治体の行政評価制度導入の先駆けである三重県の行政評価制度を検証する。そして，行政評価制度がより良く機能するための課題，および，課題克服のシナリオを考察する。そこで，まず第2節では，PSAおよびPSAを直接支える制度であるサービス提供協定（Service Delivery Agreement, SDA）の概要を具体的な事例を検討しながら明らかにする。第3節では，英国の行財政改革の経緯を概観したのち，予算・歳出管理制度，資源会計・予算，および省庁投資戦略の諸制度がそれぞれどのようにPSAの有効性を担保しているかを考察する。第4節では，予算・歳出管理制度とPSAとの関係を明らかにしたうえで，PSAを含む予算・歳出管理制度全体のフレームワーク，および意義を考察し制度全体の評価を行う。第5節では，三重県の行政評価制度を概観し，第6節で三重県制度と英国制度の比較，および，三重県制度の評価を行う。そして，第7節で，わが国自治体の行政評価制度の課題，および課題克服のための改革の

シナリオを考察する。

2 公的サービス協定（PSA）および
サービス提供協定（SDA）の概要

　PSAは，ブレア政権が掲げる政府の近代化（Modernizing Government）政策の一貫として成果志向の行政を目指す行政改革の手法として，1998年の包括的歳出見直し（Comprehensive Spending Review, CSR）[8]において導入された。このCSRは，より良い公的サービスを提供するためには，限られた資源を成果に結びつけていかに効果的に利用するかが重要であるとの認識から，省庁毎の3年間の歳出予算を示すと同時に，その資源を用いて国民に対しどのようなサービスを具体的に提供するかを明らかにした。

　この各省庁毎に，具体的なサービスの成果（アウトカム）目標を明らかにするものがPSAである。各省庁はPSAにおいて，省庁の①設置目的（Aim），②目標（Objective），③各目標に対する具体的なターゲット，④VFM[9]ターゲット，および⑤ターゲット達成についての責任の所在を明らかにすることが求められる。そして，その内容は，政府が表明する重要基本方針[10]に焦点を置いた原案が各省庁により作成された後，大蔵省，閣僚委員会，首相との議論によって定められる。

　PSAは，後述する予算・歳出管理制度である歳出見直し（Spending Review, SR）の核となる構成要素に位置づけられ，SRというタイトルの下で3年間を対象とする内容を2年ごとに発行する。98年7月に発行されたCSRは，99年度から2001年度の3年間を対象とし，2000年7月に発行されたSR（SR2000）は，2001年度から2003年度を対象としている[11]。したがって，2001年度は，CSRの最終年度であると同時にSR2000の開始年度となっている。このように各SRは最初と最後の1年間が重複するよう設計されているが，特段の要因がない限り，重複している年度の予算およびPSAについて次のSRで大きな変更は加えられないこととなっている。

　さらに，PSAを具体的に支える制度であるSDAは，PSAで示された具体的

なターゲットをどのように達成するかを明らかにする。各省庁のPSAのターゲットの達成状況および進捗状況は大蔵省によって4半期毎に確認が行われるとともに、年次の各省庁報告書で報告と公表が行われる。

(1) 教育雇用省の公的サービス協定（PSA）

SR2000で発表されたPSA[12]では、18の省庁と5の省庁横断的課題についてそれぞれPSAが作成され、全体で約160のターゲットが明らかにされている。

表1は、その中の教育雇用省（Department for Education and Employment）のPSAである。そこでは、「教育、訓練、仕事を通し全ての人々にチャンスを与える」という教育雇用省の設置目的が明らかにされ、さらに「①16才までの子どもの教育水準の向上」、「②全ての人々に対する生涯学習の機会の提供」、および「③失業者支援」という3つの目標が示されている。そして、全体ではVFMターゲットを含めた13のターゲットが設定され、各目標を実現するために達成すべき具体的な数値等が明らかにされている。

これらのターゲットは、例えばターゲット1「11才で到達すべき読み書き、算数の能力レベルに達する割合を2002年までにそれぞれ80％、75％まで増加させる」や、ターゲット8「読み書き、計算に問題のある成人数を2004年までに75万人までに減らす」、さらにVFMターゲット「2002年12月までに全ての学校を対象とするベンチマークを完成させる」というように、国民に対し非常にわかりやすい形で、サービスの具体的な成果を示すものとなっている。

(2) サービス提供協定（SDA）

SDAは、SR2000で新たに導入された制度で、各省庁がPSAで明らかにした各ターゲットを組織として具体的にどのような方策で達成するのか、さらに、より良いVFMを達成するために組織運営をどのように改善するのかを明らかにするものである。

表2は、各省庁が明らかにすべきSDAの構成内容である。

SDAの導入に際し発表された白書「SDAガイド」では、各省庁が作成すべ

表1　教育雇用省の PSA

設置目的：潜在能力をフルに発揮することによって適正な社会と競争力のある経済を作るために，教育，訓練，仕事を通して全ての人々にチャンスを与えること。

目標1：16才までの全ての子どもに，急速に変化している社会において生涯学習や仕事，市民性の確固たる基礎を与えるであろう技術，態度，個人的資質を身に付けさせる。

ターゲット1：11才の子どもについて，その年齢で期待される読み書きと算数の能力のレベルに達する割合を増加させる。
　　　　　　2002年までにその割合を英語で80%，算数で75%まで増加させる。
ターゲット2：14才の子どもについて，その年齢で期待される読み書き，算数，科学，情報技術の能力のレベルに達する割合を増加させる。
　　　　　　・2007年までに英語，算数，情報技術を85%，科学を80%に増加。
　　　　　　・2004年までに算数を80%，英語と情報技術を75%，科学を70%に増加。
ターゲット3：GCSE（全国試験）においてAからC，あるいは5以上の評価を得る生徒数の割合を増加させる。
　　　　　　・2002～2004年までに増加率を4%とする。
ターゲット4：英語と算数を含むGCSEにおいてAからG，あるいは5以上の評価を得る生徒数の割合を増加させる。2004年までには16才の92%がこのレベルに到達すること。
ターゲット5：生徒の在籍
　　　　　　・ズル休みの全体数を2002年の数から10%減らす。
　　　　　　・退学した全ての生徒に適切なフル・タイムの教育を受けさせる。

目標2：生活の質を高め，変化する労働市場において労働能力を向上させ，経済と労働者が求める技術を創造するために，全ての人々に対する生涯学習の機会を開発し，提供する。

ターゲット6：2004年までに2002年比で，19才の国内職業資格レベル2の到達比率を3%上げる。
ターゲット7：高等教育において
　　　　　　・今後10年間で18～30才の参加を50%まで高める
　　　　　　・公正なアクセスを高める
　　　　　　・卒業できない者の率を下げる
ターゲット8：読み書きまたは計算に問題がある成人数を2004年までに75万人までに減らす。

目標3：失業者の就職を支援する。

ターゲット9：雇用者を増加させる。
ターゲット10：2004年までに18才～21才の失業者を減らす。
ターゲット11：2004年までに3年以上働き手が1人もいない世帯の子どもの数を減らす。
ターゲット12：2004年までに，不利な立場にいる人や不利な地域の雇用率を上げる。
　　　　　　　障害者，1人親，少数民族，50才以上，30の特に貧困な地域の人々に対する雇用率と全国平均との差を縮小する。

VFM

ターゲット13：2002年12月までに全ての学校を対象とするベンチマークを完成させる。
　　　　　　　これにより，学校間のコスト比較を可能にし，VFMの改善に役立つようにする。

出典：HM Treasury, *Spending Review 2000 : Public Service Agreements 2001-2004*, Cm4808, 2000. Chapter 2.

表2 SDAの構成内容

1. 責任の所在
   当該SDAに対し責任のある大臣を明らかにする
2. 重要な成果の提供
   PSAの各ターゲットをどのように達成するかを明らかにする
3. 業績向上
   業績向上のために内部組織の改革をどのように行うかを示す
4. 顧客の視点
   組織がどのように顧客の視点に立ち，顧客のニーズに焦点を置くようにしているかを明らかにする
5. 人事運営
   組織がどのように人事運営方法の改善に取り組んでいるかを示す
6. 電子政府
   主要なサービスをいつまでに電子化して提供できるかを示す
7. 戦略・方針
   より良い戦略・方針策定のために組織が採用しているリサーチおよび分析手法を明らかにする

出典：HM Treasury, *Spending Review 2000 : Service Delivery Agreements 2001-2004 : A Guide to the Service Delivery Agreements,* 2000.

きSDAの内容を以下のように説明している[13]。まず，「責任の所在」では，当該SDAに対し責任ある大臣を明らかにする。次に「重要な成果の提供」においては，PSAで明らかにされた各ターゲットをどのように達成するかをより具体的に明らかにする。さらに，各ターゲットに対する進捗状況をどのように確認するかを示す。「業績向上」では，業績を向上させるために組織として内部組織改革をどのように行い，またインセンティブを付与する制度や他部門との比較を可能にするベンチマークを導入しているか等を明らかにする。「顧客の視点」では，組織がどのように顧客の視点に立ち，顧客のニーズに焦点を置くようにしているかにつき，顧客満足度調査等の具体的な計画を明らかにする。「人事運営」では，より良い公的サービスの提供は，熟練し動機づけられた労働力に依存することから，各組織が新たな報償・評価システム等どのような方策をもって人事運営方法の改善に取り組んでいるかを明らかにする。「電子政府」では，政府が2005年までに全てのサービスを電子化し提供すること

を公約しており，これについて各組織の主要なサービスがいつまでに電子化で提供することが出来るかを明らかにする。「戦略・方針」では，より良い戦略や方針の決定とリサーチ・分析が政府の近代化において重要なテーマであるとし，各組織が戦略・方針の策定のためにどのようなリサーチ・分析手法を取り入れているかを明らかにする。

　教育雇用省では，この「SDAガイド」に従ったSDA[14]を作成している。具体的には，「重要な成果の提供」では，「11才の読み書きと算数のレベルの向上」というターゲット1は，「全国読み書き・算数戦略の実行によって達成する」とし，「この戦略は，小学校の教師に対し高品質で専門的な支援ツールを開発し提供すると同時に，必要とする学校に対し徹底的なサポートを行う」と説明している。また，「読み書き・計算に問題がある成人数を減少させる」というターゲット8は，「カリキュラムやテスト，教師のトレーニング等の開発を行い，失業者への支援を改善する成人基礎知識戦略を実施する」とサービスの提供方法を明らかにしている。そして，各ターゲットの進捗状況は，全国の公式統計データを用い監視するとし，内部監査人が収集したデータの信頼性のチェックを行うとしている。「業績向上」では，業績向上のための組織改革として，各部局がそれぞれ年次改善計画を策定すること，および5年間で全てのサービス活動についてランニング・コストや人員配置の適切性を検証するレビュー・プログラムを実施することを挙げている。また，2002年12月までに全ての学校のコストを比較可能とするベンチマークを作成すること，および，各学校が業績について自校との比較が可能となるような全国生徒の成績データを毎年提供すること等を明らかにしている。「顧客の視点」では，2002年度から顧客の意見がどのように方針に活かされているかについての年次報告を行うこと，および，大学における教育水準の質のレビューにおいて，生徒に対する面接調査を含むこと等が挙げられている。さらに，失業者支援では，2000年度に求職センターのサービスに対する顧客満足度調査を行うこと，顧客アクセス増大のために失業者への電話による求人情報の提供時間を1日あたり3時間拡大すること，および，インターネットによる情報提供の開始を挙げている。

「人事運営」では，業績向上へのインセンティブを付与するために業績達成の最上位者と最下位者を特定し報酬へ反映させる新しい業績マネジメント・報酬制度を導入すること，および，マネジメント能力，リーダーシップ能力の向上のための訓練プログラムの開発を行うこと等が挙げられている。「戦略・方針」では，方針の決定は確たる証拠に基づくアプローチによって行うとし，主要な方針決定事項について代替案やリスクの検討のために専門の調査センターを設置すること，および，適切な評価を行い次期の方針策定に間に合うよう適時に結果を報告するシステムを策定すること等が明らかにされている。

3　PSAの有効性を担保する諸制度等の意義と役割

PSAをより良く理解するためには，英国の行財政改革の経緯を無視することはできない。また，予算・歳出管理制度，資源会計・予算および省庁投資戦略は，PSAを有効に機能させるために欠くことのできない制度である。以下では，これらを検証する。

(1)　行財政改革の経緯

英国の行財政改革は1979年に誕生した保守党のサッチャー政権から始まったと言える。サッチャー政権では，それまでのいわゆる「英国病」と呼ばれていた累積財政赤字，行政の肥大化等を一掃するために，中央および地方政府の双方において市場競争原理の導入による徹底的なコスト削減と，民間で出来ることは民間に任せる「大きな政府から小さな政府」への移行を目指す改革を数多く実施した[15]。その主なものとしては，中央政府では1983年の会計検査法によるVFM監査の導入，および1988年のネクスト・ステップによるエージェンシーの創設が挙げられる。会計検査院によるVFM監査の導入により，それまでの合規性監査に加え，経済性・効率性・有効性の観点から中央政府の業務について監査が行われるようになった。さらに，政府の政策実施部門を政策立案部門から分離し，大幅な裁量権を与えるエージェンシー化では，その前提条件として，全ての政策実施業務を①廃止できるか，②民営化できるか，③民間

委託が可能か,という3つのふるいにかけ,必要かつ民営化できず,民間委託できないもののみエージェンシーの設置を認めた。また,地方政府では,1980年から始まった強制競争入札制度および1982年の地方財政法改正による監査委員会の創設とVFM監査の導入等が挙げられる。強制競争入札制度は,当初,建物や道路の維持管理という地方政府の現業部門の一部に民間との競争入札を義務づけていたが,次第にその対象を拡大し,ゴミ収集や給食,ケアサービスといったサービス提供分野にまで民間との競争を義務づけた。

1991年にサッチャー政権を引き継いだメージャー政権では,中央および地方政府に対し,公的サービスの達成すべきサービス水準,達成されない場合の事後措置と是正手段を住民にわかりやすく提示することを要求する「市民憲章」(Citizen's Charter)を導入した[16]。これにより,公的サービスはコスト削減だけでなく,質を向上させることが命題となった。地方政府では,この市民憲章を受け,1992年に,監査委員会が全国共通の業績指標を設定し,それにもとづく業績測定と結果の公表を各地方政府に義務づけた。これにより,地方政府のサービスのコストおよび質が全国で比較可能となった[17]。また,1993年には,地方政府のコストの比較可能性をより高めるために,発生主義会計が導入されている。中央政府においても,1992年に,社会資本整備において民間資金を活用し,政府が固定資産を購入するのではなく,最終的に生み出されたサービスを購入するPFI (Private Finance Initiative) が始まる等,有限の資源を効率的に最大限活用する工夫と努力が引き続き行われた。

1997年に保守党から政権を交替した労働党のブレア政権も,これら行財政改革の流れを引き継いでいる。1998年に導入された後述する歳出見直し (SR) やPSAも一連の行財政改革の延長線上に位置づけられるものである。また,地方政府においても,さらなるサービスの質の向上とコスト削減のための戦略計画の策定を義務づけるベスト・バリュー制度が2000年から導入されている。

(2) 予算・歳出管理制度

英国の予算・歳出管理制度は,SRである。SRは,前述のとおり,政府の3

年間の活動計画を歳出予算および提供するサービスの両面から定めるものであり，98年のCSRで導入された。SRの策定にあたっては，政府は財政安定化規律として定める2つの財政ルール，すなわち①ゴールデン・ルール（当期の経常的経費をまかなうための借入は認めず，投資についてのみ借入を行うこと），および，②持続可能な投資ルール（公的債務残高の純額を対国内総生産（GDP）比で安定的かつ慎重なレベルに保つこと）を遵守しなければならないこととなっている。そのため，SRでは，これら2つの財政ルールを守りつつ，政府の重点政策・優先順位に焦点を置く予算および提供するサービスの内容をそれぞれ「歳出計画」と「PSA」で策定する。

この「歳出計画」で明らかにされる各省庁の歳出予算は，各省庁歳出上限（Departmental Expenditure Limits, DEL）と年次管理歳出（Annually Managed Expenditure, AME）に分けられる。そして，これらは，後述する資源会計・予算による発生主義会計の導入により，さらにそれぞれ資本的予算と経常的予算に分けられる。

DELとは，各省庁の向こう3年間の各年の歳出上限を定めて3年間の歳出の確実性を保証し，その利用に関するある程度の裁量の幅を認めるかわりに，行政活動の成果を的確に生み出すことを各省庁に求めるものである。ある年度のDELの予算額を使い残した場合には，次年度に繰り越すことが認められている。これにたいし，AMEは，各省庁が単独で見積もることや管理することが困難なために，単年度で管理される歳出事項であり，これには，社会保障関係費等が含められる。

表3は，SR2000の「歳出計画」[18]で明らかにされた教育雇用省の歳出予算である。この「歳出計画」は，2001年度から2003年度を対象とし，前年比較のために4年分のDELおよび対象年度のPSAの要約が各省庁ごとに示されている。また，AMEは全省庁分を合計した形で明らかにされている。

このSRが今までの政府の歳出計画と異なる特徴および利点について，英国大蔵省は以下の3点を指摘している[19]。①それまでの単年度予算をやめ，各省庁に対し大幅な裁量権を認める3年間の歳出計画を2年毎に実施することに

表3　教育雇用省の歳出予算

	2000-01	2001-02	2002-03	2003-04
教育雇用省－教育（DEL）	17,455	19,600	21,753	23,928
うち経常的予算	15,223	17,088	18,741	20,116
うち資本的予算	2,232	2,512	3,012	3,812

£ million

出典： HM Treasury, *Prudent for a Purpose : Building Opportunity and Security For All, Spending Review 2000, New Public Spending Plans 2001-2004, Cm4807, 2000, Chapter 7.*

改めた。これにより，歳出予算の未消費額を次年度に繰り越すことが可能となり，無駄な駆け込み消費を止めさせ，計画をより良く支援することができるようになった。②歳出を資本的予算と経常的予算に分け，それぞれを別々に管理することにより，短期の歳出削減圧力から重要な資本的投資が無理に圧縮されることを防ぐと同時に，資産の適切な管理を行うことが可能となった。③PSAおよびSDAによって，配分された資源（予算）を用いて提供すべきアウトカムとアウトプットを明らかにすることで，より良いサービスの提供を確実に行うことができるようになった。

つまり，SRは，PSAで策定した提供すべきサービスの成果を達成させるために，必要な予算を3年間確保すると同時に，その見返りとして，各省庁に目標の達成につき明確な責任を負わせるものである。各省庁は，3年間という比較的長い期間で目標達成のための実施計画を策定することができる。そして，それは，成果の進捗状況を自ら監視・分析することでその分析結果を次年度の計画にフィード・バックさせることを可能にする。このように，達成すべきサービス成果とリンクした複数年度予算制度は，各省庁に目標達成に向け，創意工夫を発揮する余地を与えるものであり，インセンティブを付与するものであるといえるだろう。

(3) 資源会計・予算（Resource Accounting and Budgeting, RAB）

英国政府は，1995年に発生主義に基づく決算書を1999年度から作成すること，および発生主義に基づく予算書を2001年度から作成することを決定した。発生主義を決算・予算に導入することにより，歳出は現金を実際に支払った時ではなく，経済資源が消費された時に認識することとなり，固定資産の貸借対照表価額は原則時価で計上され，固定資産の減価償却費や固定資産を保有する場合の資本コスト（キャピタル・チャージ）が認識されることとなった。RABの決算書では，通常の財務諸表の他に，各省庁の設置目的と目標毎のコストを明らかにする決算書を別に作成することが定められており[20]，行政活動のコストと成果の対応関係がより明らかとなるよう制度設計がなされている。

RABが政府会計に導入された理由としては，①アカウンタビリティを確かなものにすること，および，②より良い意思決定に資するために情報の質を向上させることが挙げられている。つまり，発生主義に基づいて決算書および予算書を作成することは，行政活動のコストを明確にし，これによりコストと成果の対応関係が明らかになることから，納税者がVFMを得ているか否かを自ら評価できるというのである[21]。

さらに，初めて資源予算を導入して作成されたSR2000について，英国大蔵省は，マクロ・レベルとミクロ・レベルの2つに分けて資源予算導入による便益を次のように説明している[22]。まず，マクロ・レベルでは，①提供する個々のサービスについて資産保有コストを含む真のコストを明らかにできること，②より正しい減価償却コストを明らかにすること，③資本的予算と経常的予算をより明確に区分することで投資額が明らかになること，および，④政府資産の合計価値のより良い尺度となることを便益として挙げている。さらに，ミクロ・レベルでは，①キャピタル・チャージを認識することにより，不必要な資産の除却や適切な資産の管理，および投資計画により良いインセンティブを付与すること，②債権・債務等の運転資本管理により良いインセンティブを付与すること，および，③借入金と補助金をより明確に区別することができることを便益として挙げている。

つまり，RABは，経済資源を測定の焦点とする発生主義会計を決算および予算に導入することによって，経常的支出・予算と資本的支出・予算とを明確に区分し，さらに固定資産の減価償却費およびキャピタル・チャージを認識することでPSAの目標達成のために必要な予算・コストを適正に算定することを可能にするのである。適切なコスト計算は，サービス間のコスト比較を可能とし，より良い資源配分の意思決定に役立つことにつながる。その意味で，RABは，PSAの目標達成につき，適切な予算額の決定を支援するという役割を担うものであるといえる。さらに，適切なコスト計算は，各省庁に対しコスト削減のインセンティブを付与するものでもある。各省庁のPSAには，VFMターゲットがそれぞれ設定されており，適切なコスト計算はその達成を支援するものである。

(4) 省庁投資戦略 (Departmental Investment Strategy, DIS)

DISとは，「公的サービスにおいて，政府が提案した改善を実行するために必要とされる資本的ストックの規模と質を策定する各省庁の投資戦略計画」[23]である。このDISは，98年のCSRで導入されたが，その際には各省庁の設置目的や目標，さらには予算とのリンクが不完全であった。しかしながら，SR2000においてDISは，SRのプロセスに完全に組み込まれることにより，これらとの統合が図られ，各省庁のDISには「歳出計画」で明らかにされるDELの資本的予算の決定額が反映されることとなった[24]。

今までの予算編成の問題点としては，短期の経費削減圧力が適正なインフラ資産の長期的便益を無視してきたことが指摘されている。すなわち，投資において，短期的には低コストでも耐久性の無いその場しのぎの修繕が繰り返されることにより，長期的には高コストがもたらされていたという。そのために，①新規投資から最大の便益 (best value) を得るため，および，②現存の資産から最大の便益を得るために各省庁は資本的資産の投資とそのマネジメントについて明確な長期計画を策定することが必要となったのである[25]。つまり，DISは，各省庁がPSAで明らかにした目標を達成するために，次期3年間の資本的資

表4 DISの構成内容

1. 戦　略　方　針
2. 現存資産の計画
3. 新規投資計画
4. システムと手続

出典：HM Treasury, *Spending Review 2000 : Investing in the Future, Departmental Investment Strategies : A Summary,* Cm4916, 2000.

源のより良い配分を行うために策定する投資戦略計画である。

　表4は，各省庁が策定すべきDISの構成内容である。まず，「戦略方針」では，各省庁の目標達成のために投資の果たす役割を明らかにしたうえで，長期戦略と「歳出計画」のDELの資本的予算額を明らかにする。「現存資産の計画」では，現存の資産ストックの範囲と利用状態等についての分析を行い，資産の利用を促進・改善するための計画および除却の計画を明らかにする。「新規投資計画」では，これから行おうとする新規投資計画を明らかにし，「システムと手続」では，現存の資産の利用を最大化し，かつ，新規投資においてVFMを提供することを確固たるものにするために各省庁が採用するシステムおよび手続を明らかにすることが求められている。

　教育雇用省のDIS[26]では，省の投資戦略をPSAで明らかにした3つの目標および高等教育，管理的資産の5つに分け，それぞれについて表4の内容を明らかにしている。

　「16才までの子どもの教育水準を向上させる」という目標に対する投資戦略では，学校への設備投資は教師のモチベーションに強い影響を与え，より良い学校環境は生徒および教師の双方にプラスの影響を与えるという調査結果，ならびに，コンピューター等の情報技術環境の整備されている学校の生徒の方が，整備されていない学校の生徒に比べ，英語，算数，情報技術，科学の各教科の成績が優れているという調査結果を示し，PSAの目標を達成するために

は，学校の建物および情報技術設備により多くの新規投資を行うことが重要であることを「戦略方針」において強調している。そして，この方針に基づき，学校設備の維持管理・除却・新規投資の計画を具体的に策定している。

このように，DISは，PSAの目標の達成を投資の側面から支援するものであり，計画的かつ適切な投資戦略を欠けばPSAの達成が危ぶまれるものである。

4 予算・歳出管理制度全体のフレームワークおよび意義・評価

(1) 予算・歳出管理制度全体のフレームワークおよび意義

PSAは，既に検証してきたようにPSA単独で機能する制度ではない。PSAは，高品質でコスト効果的な公的サービスを提供するための予算・歳出管理制度における重要な構成要素として位置づけられるべきものである。この予算・歳出管理制度全体のフレームワークをまとめたものが図1である。

SRは，政府の重点政策・優先順位をゴールデン・ルールおよび持続可能な投資ルールという2つの財政ルールに合致させながら，3年間で各省庁が提供すべきサービスの成果（PSA）およびその実現に必要な予算額（歳出計画）を明らかにする。そして，歳出計画では，各省庁に権限を委譲するかわりにサービスの提供に責任を持たせるDELと各省庁が単独で管理することが困難なAMEを区別する。さらに，DELとAMEは，RABにより，それぞれ経常的予算と資本的予算が明確に区分され，減価償却費やキャピタル・チャージを含む適切なコスト計算が行われる。

SDAは，PSAで明らかにしたサービス成果を達成するために各省庁が具体的にどのような方策で実施するかを明らかにすると同時に，組織全体としてその達成を確実に行うためインセンティブの付与や顧客満足度向上の方策，人事考課制度の改革等，組織改革の戦略を明らかにする。また，DISは，PSAとSDAで明らかにしたサービスの提供を支えるために必要な資産の取得・維持・除却を策定する投資戦略計画である。そこでは，借入による投資がゴールデン・ルールによって認められる一方，際限のない借入残高の増加を防ぐために，持続可能な投資ルールにより，政府全体の借入総量の上限が設定される。

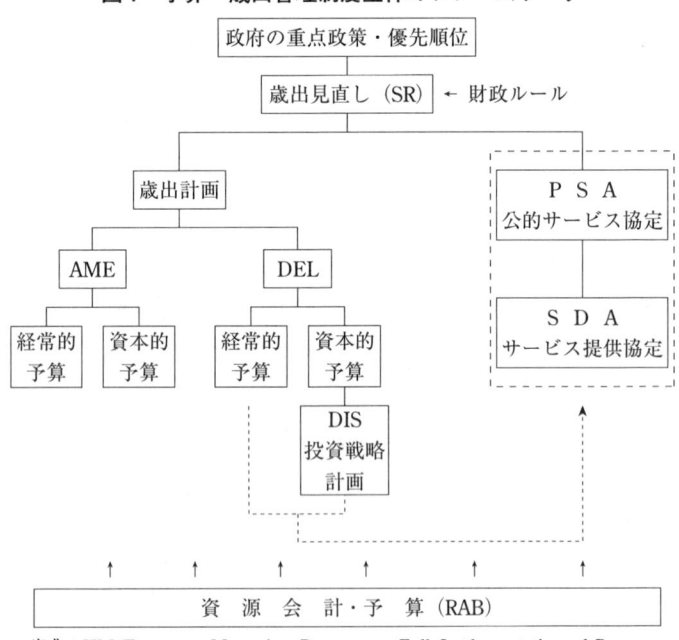

図1　予算・歳出管理制度全体のフレームワーク

```
          政府の重点政策・優先順位
                  │
          歳出見直し（SR） ← 財政ルール
         ┌────────┴────────┐
      歳出計画           ┌──────────┐
     ┌───┴───┐          │   PSA    │
   AME      DEL          │ 公的サービス協定 │
  ┌─┴─┐   ┌─┴─┐         └──────────┘
 経常的 資本的 経常的 資本的      ┌──────────┐
 予算  予算  予算  予算       │   SDA    │
                │          │ サービス提供協定 │
               DIS         └──────────┘
             投資戦略
              計画
   ↑   ↑   ↑   ↑   ↑   ↑
  ┌─────────────────────────┐
  │   資　源　会　計・予　算（RAB）   │
  └─────────────────────────┘
```

出典：HM Treasury, *Managing Resources : Full Implementation of Resource Accounting and Budgeting, 2001.* p.5を参考に作成

　さらに，RABのキャピタル・チャージにより，各省庁では，目標の達成に不必要な資産を積極的に整理するというインセンティブが働くようになっている。つまり，RABが予算・歳出管理制度全体を支えるという構図である。

　このフレームワークが持つ意義は，①3年間という長期的視点に焦点を置くことにより，公的資金マネジメントの長期的な首尾一貫性を確保し，さらに未消化予算の次年度への繰越を認めることで各省庁への裁量権を拡大していること，②PSAの導入により，資源と成果を直接結びつけ，投入管理から成果管理への移行を図っていること，③PSAで具体的に明らかにされたサービス提供の成果を確実かつ効率的に実施するために各省庁にSDAとDISを策定させ，さらに組織としてVFMへの取り組みを促していること，および，④RABの導入により，適正なコスト計算を図り，経済性・効率性の追求を可能にすると同

時に，より良い資産マネジメントへのインセンティブを付与していることであると言えよう。そして，このフレームワーク全体を予算策定段階および実施後の報告段階で支えるRABはまさに，政府の優先順位を各省庁の戦略と予算に落としこむと同時に，議会に対し，提供したサービスの効率性と有効性を報告するものである[27]。

(2) 予算・歳出管理制度全体の評価

(1)で明らかにした予算・歳出管理制度全体のフレームワークは，1998年にCSRでPSAが導入された当初から形成されたものではない。PSAの導入時には，SDAは存在せず，PSAを支えるものとして各ターゲットの成果の測定とモニタリングを行うための指標を示したアウトプット・業績分析（Output and Performance Analyses, OPAs）[28]が存在するのみであった。しかし，PSAで明らかにした各ターゲットの達成をより確実に行い，かつ説明責任を果たすためにはOPAsでは不充分であるとし，PSAのターゲットを各省庁が組織として具体的にどのような戦略で達成するのかを明らかにするSDAが開発された。また，DISも1998年の導入当初は，各省庁の設置目的や目標，予算とのリンクが不完全であったが，SR2000でこれらとの統合が完全に図られた。さらに，RABについても発生主義にもとづく決算書の導入は1999年度からであり，1998年のCSRでは未だ準備段階で，SR2000で初めて資源予算が導入されたのであった。このように，英国の予算・歳出管理制度全体のフレームワークは実際に制度を稼働していく中で，不具合部分を逐次発見し，改良と改革を行い続けているものであり，現在進行形で発展を続けている制度であると言えよう。その意味で現行のフレームワークが完成されたものとして維持され続けると断定することは出来ない。

さらに，本制度は，質的にも確実に進歩を遂げている。CSRで約280あったPSAの設定ターゲット数は，より焦点のはっきりした具体的なものへとターゲット設定数の絞り込みが行なわれた結果，SR2000では，約160と4割以上が削減された。また，アウトカムに焦点を置くことにより複数の省庁が協働して共

通のターゲットの達成を目指す省庁横断的課題についてのPSAはCSRでは，3分野（麻薬撲滅，犯罪司法システム，児童育成）であったが，縦割り行政の弊害を排除し省庁間の協調を促すのに非常に効果があったということで，SR2000では，上記3分野に加え，2分野（地方政府との協働，労働福祉）が追加された。さらに10分野について，各省庁のPSAにおいて，協働する省庁と共通のターゲットが明確に定義され，省庁間の協働を促している[29]。

また，提供すべきサービスを定量的に明らかにするPSAによる成果も著しい。教育の分野では11才で到達すべき読み書きの目標レベルに達した割合が，96年の57％から99年では70％までに，算数では96年の54％から99年では69％まで上昇した[30]。また，犯罪司法システムの分野では，青少年の審理日数が平均142日から96日と1ヶ月半以上短縮されたという[31]。

さらに，PSAをより充実させるための環境整備も進んでいる。2001年3月には，「業績情報の枠組み」[32]と題する報告書が大蔵省，内閣府，会計検査院，監査委員会，政府統計局の5つの機関の共同で作成された。この報告書では，「業績情報は政府の近代化の基礎であり，政府活動のアカウンタビリティ，業績マネジメント，リスク・マネジメント，経営計画の改善を支えるために必要なツールである」[33]とし，業績情報の役割，インプット・アウトプット・アウトカムの定義，業績情報システムが満たすべき基準，業績尺度が満たすべき基準，業績測定の実務的課題が詳細に示されている。そして，この報告書に基づき，各機関の業績情報システムが適切であるか否かの自己診断を行うための簡便なチェック・リストが開発され[34]，各省庁の適切なターゲットの設定や業績情報システムの構築を支援している。

このように，PSAを含む予算・歳出管理制度は，限られた資源を効率的，効果的に投入し，国民により良い公的サービスを提供すると同時に政府の透明性とアカウンタビリティを高めるために，常にさらなる改善・改革を指向している制度であるといえる。

5　三重県の行政評価制度

　三重県は，事務事業評価システムを最も早く導入した先進的自治体として有名である[35]。1995年に北川知事は，生活者起点の行政運営を目指した「さわやか運動」と呼ぶ新たな行政改革運動をスタートさせた[36]。この運動は，生活者の視点に立った行政サービスの向上のために，行政を事業の量ではなく質の問題としてとらえることを職員に求め，その中核的ツールとして事務事業評価システムを1996年に導入した[37]。この事務事業評価システムは，継続的な見直しと改良が行われ，現在では「みえ政策評価システム」として，図2に示す「みえ行政経営体系」のPlan-Do-Seeというマネジメント・サイクルのSee（評価）を担う仕組みとして位置づけられている。

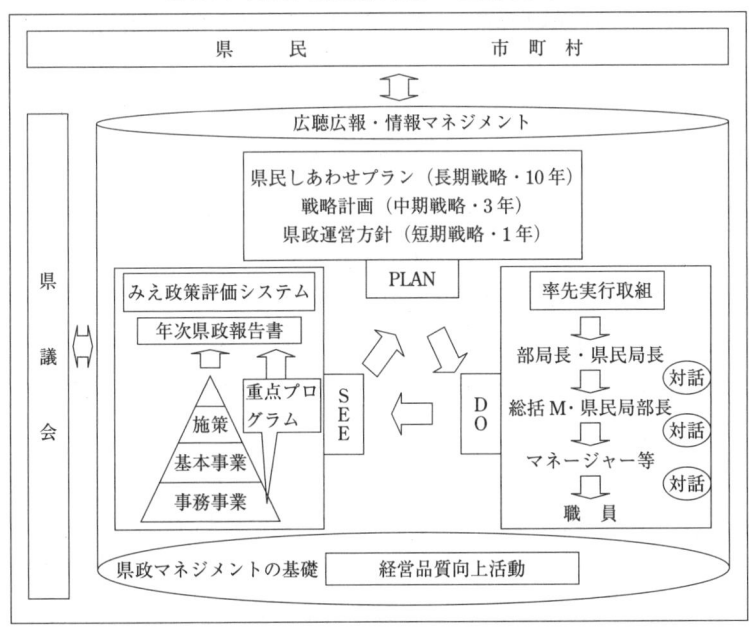

図2　「みえ行政経営体系」の主要な仕組み

出典：三重県『「みえ行政経営体系」による県政運営（トータルマネジメントシステムの検討結果）』2004年3月，12頁。

「みえ行政経営体系」は，県政運営がより体系的，効果的に機能することを目指し，2004年に導入された。これは，職員アンケートやインタビュー等による徹底した現状分析と課題整理を行って，今まで行政改革として展開してきた様々な既存のマネジメント・システムを「全体最適」の考え方に基づき再構築したものであると説明されている[38]。

　以下，この「みえ行政経営体系」のPlan-Do-Seeというマネジメント・サイクルを構成する主要な仕組みを検討する。

(1) 計画 (PLAN)

　図2に示すとおり，PLANを構成するのは，10年間を対象とする長期戦略である「県民しあわせプラン」と3年間を対象とする中期戦略の「戦略計画」，および，1年間を対象とする短期戦略の「県政運営方針」の3つである。これら3つの計画と政策・事業体系との関係を示したものが図3である。

　①長期戦略「県民しあわせプラン」

　「県民しあわせプラン」は，今後10年間の三重県の総合計画である。2004年4月に策定された「県民しあわせプラン」は，政策展開の基本方向として，①一人ひとりの思いを支える社会環境の創造と人づくり，②安心を支える雇用・就業環境づくりと元気な産業づくり，③安全なくらしの確保と安心できる生活環境の創造，④持続可能な循環型社会の創造，および，⑤人と地域の絆づくりと魅力あふれるふるさと創造，という5つの柱を掲げ，さらにその下に19の政策を掲げている[39]。

　②中期戦略「戦略計画」

　「戦略計画」は，「県民しあわせプラン」を的確に進行管理するための3年間の中期実施計画である。2004年4月に策定された「戦略計画」（対象：2004年～2006年）は，始めに計画期間中の財政の見通しを説明し，次に「県民しあわせプラン」で掲げた19の政策の実現手段として63の施策と229の基本事業，これらの施策・基本事業を推進するための行政運営の取組に関する5の施策と

第7章　行政評価制度　*217*

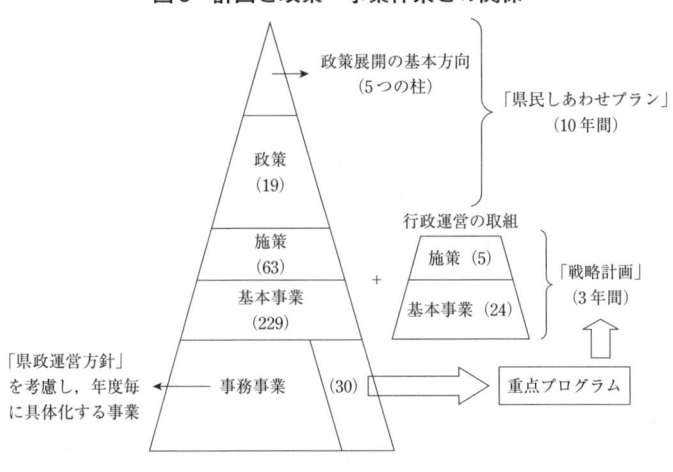

図3　計画と政策・事業体系との関係

```
           政策展開の基本方向
              (5つの柱)          ┐
                                 │「県民しあわせプラン」
           政策                   │  (10年間)
           (19)                  ┘
                         行政運営の取組
        施策(63)                       ┐
                    +   施策(5)       │「戦略計画」
      基本事業                         │  (3年間)
       (229)         基本事業(24)    ┘
                              ↑
「県政運営方針」                        
を考慮し、年度毎 ← 事務事業 (30) ⇒ 重点プログラム
に具体化する事業
```

出典：三重県「県民しあわせプラン概要版」2004年，10頁を参考に作成。

24の基本事業，および，重点プログラムとして策定した戦略的な30の事務事業について，それぞれ具体的な数値目標と目標達成のために何を行うかを明らかにしている[40]。図4は，2004年の「戦略計画」において明らかにされた施策と基本事業の具体例である。

図4の施策「学校教育の充実」[41]では，その目的を「児童生徒が，学校教育により個性に応じて自己の能力を伸ばしている」という状態にすることであるとし，達成すべき目標として「学校生活が充実していると感じている児童生徒の割合を2003年度の73％から2006年度に76％にする」ことを掲げている。そして，〈現状と課題〉では，施策に取り組むにあたって踏まえなければならない現在の状況や解決しなければならない課題を明らかにし，〈政策の取組方向〉では，施策の目的を実現するために取り組む事業の方向を示す。さらに，〈施策展開するために取り組む基本事業〉において，「児童生徒の基礎学力の向上」の他7つのこの施策の下に位置づけられる基本事業を明らかにしている[42]。

施策の下に位置づけられる基本事業においても，施策と同様にその目的と達成すべき目標を掲げている。上述の「学校教育の充実」という施策を具体化す

図4 「戦略計画」の施策・基本事業の具体例

施策・学校教育の充実

目的	対象	児童生徒が
	意図	学校教育により個性に応じて自己の能力を伸ばしている

施策 目標項目	学校生活が充実していると感じている児童生徒の割合	目標値 2006年度	76%
		現状値 2003年度	73%

〈現状と課題〉　　　　　　省略
〈施策の取組方向〉　　　　省略
〈施策展開するために取り組む基本事業〉・児童生徒の基礎学力の向上　他

基本事業:児童生徒の基礎学力の向上

目的	対象	児童生徒が
	意図	基礎・基本の学力を確実に身につけている

基本事業の 目標項目	児童生徒の授業の理解度	目標値 2006年度	85%
		現状値 2003年度	80%

〈主な取組内容〉　　　　　省略

出典:三重県「戦略計画」2004年,第1編第2章より抜粋。

る基本事業「児童生徒の基礎学力の向上」では,その目的を「児童生徒が,基礎・基本の学力を確実に身につけている」という状態にすることであるとし,「児童生徒の授業の理解度を2003年度の80%から2006年度に85%にする」という数値目標を設定し,これを達成するための〈主な取組内容〉を示している。

図5は,2004年の「戦略計画」において明らかにされた重点プログラムの具体例である。「戦略計画」における重点プログラムと施策・基本事業のとの大きな違いは,重点プログラムが目標および事業内容について3ヶ年の具体的な数値目標を掲げていること,および,3ヶ年の事業費の概算額とその内訳(県費および国費)を示している点である。

第7章　行政評価制度　219

図5　「戦略計画」の重点プログラムの具体例

重点プログラム：基礎・基本の学力定着プログラム	具体的な取組内容

●30人学級等少人数教育推進事業
　児童生徒が基礎・基本の学力を確実に身につけ，その能力や個性を最大限に伸ばし，自ら学び，判断するなどの「生きる力」を育成します。このため，児童生徒一人ひとりに応じた，きめ細かくいきとどいた30人学級等の少人数教育を推進します。
(1) 小学校において30人を基準とした学級編成（下限25人）等少人数教育を推進します。
(2) わかりやすい授業を行うために，児童生徒の学習状況を調査し，その結果を分析することにより，指導方法の工夫改善に取り組む市町村を支援します。

年度			(現状)2003	2004	2005	2006
事業目標	児童生徒の授業の理解度		80%	82%	83%	85%
事業内容（項目）	(1) 30人学級の推進		小1	小1, 2	→	
	少人数教育を支援する非常勤講師の配置（人数）		177人	220人	→	
	(2) 学力調査等を活用した「わかりやすい授業」への工夫改善の取組への支援（市町村数）		8市町村	12市町村	16市町村	20市町村
事業費(千円)	3ケ年(2004〜6)の概算 2,859,000		793,145	931,117	971,000	957,000
内訳	県費		2,235,000	708,320	729,643	756,000	749,000
	国費		624,000	84,825	201,474	215,000	208,000

出典：三重県「戦略計画」2004年，第3編より抜粋。

③短期戦略「県政運営方針」

「県政運営方針」は，県民しあわせプランの実現に向けた知事の思い，メッセージを部局長・県民局長をはじめ職員一人ひとりへ伝える役割を担うとともに，戦略計画と各部局の戦略展開の橋渡し役を担う単年度の方針であり，職員一人ひとりが，1年間の業務を行うための拠り所とするものであると説明されている[43]。これは，戦略計画の目標を達成するために当年度，特にどのような点に留意すべきかという知事の指針を示すものであって，個々の具体的な目的や目標をどのような方法で達成すべきかを示すものではない[44]。

上述の「戦略計画」では，①戦略計画で明らかにした施策は，毎年度のPlan-Do-Seeの進行管理を行う中で，各年度，その成果を検証し，必要な事

務事業の見直しを検討して翌年度の「県政運営方針」に反映する，②「県政運営方針」に従って予算を調整し，県議会での予算審議および議決を経て事務事業を実施する，と「県政運営方針」に関する説明がなされている[45]。

(2) 実行 (DO)

図2に示すように，DOを担うものが「率先実行取組」である。「率先実行取組」は，一般に公表されていないが，統一された様式を有し，そこでは，各部局においてミッション（自分たちの組織の役割）を明確化したうえで，①事務事業をどのように進めるか，②プロセスをどのように改善するか，③ヒト・モノ・カネという資源をどのように使うか，および④顧客満足度をどのように高めるか，を明らかにするものであるという[46]。これは，部局長・県民局長から示されるミッションに基づき，総括マネージャー・県民部局部長，マネージャーおよび担当の職員がそれぞれ作成するものであり，「対話」をとおして当該年度の業務や業務のやり方の改善，その手法や目標を共有することにより，組織の運営や業務の進捗管理を行うものである。「率先実行取組」は，年度末に「みえ政策評価システム」を用いて成果の確認と検証を「対話」により行い，業務手法の良否や成果と課題を明確にし，翌年度の「率先実行取組」に反映させていくこととなっている[47]。

(3) 評価 (SEE)

前述したように，「みえ政策評価システム」は，現在SEEを担う仕組みとして位置づけられている。三重県は，「みえ政策評価システム」の目的を，政策や行政活動の質を向上させ，かつ，行政のアカウンタビリティを果たすものであるとし，具体的には，評価の結果を次の意思決定に反映すること，マネジメントツールとして活用すること，意識改革・政策形成能力の向上につなげることにより政策や行政活動の質を向上させることであるとしている[48]。「みえ政策評価システム」による評価は，施策，基本事業，事務事業の三段階でそれぞれ目的評価表を作成することにより行われ，これらは，最終的には「年次県政

表5 三重県・平成15年度目的評価表（実績）

2003（平成15）年度実績　継続事務事業目的評価表					
事務事業名		学力フォローアップ推進事業費			
評価者	所　属	教育委員会事務局小中学校教育室			
	室　長	職名・氏名		作成者	職名・氏名
	電話番号			メール	
評価年月日		2004年4月15日			
政策・事業体系上の位置づけ	政　策		豊かな個性を育む人づくりの推進		
	施　策		学校教育の充実		
	基本事業		児童生徒の基礎学力の向上		
	基本事業の数値目標		児童生徒の授業の理解度		
事務事業の目的	【誰が，何が（対象）】児童生徒，教員				
	【抱えている課題やニーズ】 学校週5日制の実施に伴い，小中学校では教育内容や授業時数の削減などにより，児童生徒の学力低下が懸念されている。 という状態です。				
	【どのような状態になることを狙っているのか（意図）】 各学校において児童生徒の学力の定着状況を把握・分析（検証）し，その結果を公表するとともに，これをもとにして指導方法の工夫改善を行い，学力の定着や向上を図る。 という状態にします。				
	【その結果，どのような成果を実現したいのか（結果＝基本事業の目的）】 児童生徒が基礎・基本の学力を確実に身につけている				
公共関与の根拠	外部（不）経済				
県の関与の根拠	複数市町村にまたがる広域事業				
税金投入の妥当性	児童生徒に，基礎・基本の学力を身につけさせるため，客観的な学力分析を行い，それを基に指導方法の工夫改善を図る必要があり，県教育委員会がその費用の一部を負担することは妥当である。				

〈事務事業目標指標及びコスト〉

[目標指標] 児童生徒の授業の理解度（％）	年　度	2002	2003	2004	2005	2006
	目　標		80	82	83	85
	実　績	74.5	81.2			
必要概算コスト　　　（千円）			9,598	14,847		
予算額等　　　　　　（千円）			7,111	12,732		
概算人件費　　　　　（千円）			2,487	2,115		
所要時間　　　　　　（時間）			588	500		
人件費単価　　　（千円／時間）		4.30	4.23	4.23	4.21	
必要概算コスト対前年度比（千円）			9,598	5,249		

〈事務事業の評価〉

目的達成（対象が抱える問題解決）のために行った具体的な取組内容（手段）と結果	①児童生徒の学力の定着状況を把握するために客観的な学力調査を実施しました。 ④児童生徒の学力の定着状況や学校の取組を，児童生徒や保護者に説明を行いました。 ⑤学力の定着状況の分析結果（検証）から，児童生徒の学力のフォローアップを図るとともに，指導方法や教材等について見直し，工夫改善を図りました。
総合的見地からの評価コメント（成果の有無，成果の内容と判断根拠・理由）	●各学校において，個に応じた指導の取組が充実したことにより，学校満足度調査の結果があがりました。 ●より客観的なデータを基にして，保護者に児童生徒の学力の定着状況や学校の取組等の説明を行うことができました。 ●全国的なデータと比較することにより，指導方法の工夫改善が行われ，個に応じた指導が充実してきたと考えます。
残された課題と要因	個に応じた指導方法の工夫改善を図る必要があります

〈事務事業の展開〉

2004年度基本事業での事務事業取組方向	注力	室長の方針・指針	見直方向
	↑	児童生徒の基礎・基本の学力の定着を図る	改善する
評価結果を踏まえた今後の取組や改善点（事務事業のあるべき中長期的な姿も含めて）			
学力調査を実施する市町村を支援し，増やしていく必要がある。			

出典：三重県，平成15年度目的評価表より抜粋。

報告書」としてまとめられる。平成15年度実績として作成・公表された目的評価表は、政策展開の基本方向の下の施策62、基本事業224、継続事務事業1,489、および、行政運営の取組の施策5、基本事業24、継続事務事業87となっている[49]。

表5は、「学力フォローアップ推進事業費」という継続事務事業の平成15年度の目的評価表である。目的評価表の様式は、まず、事務事業名、評価者の所属、室長、作成者、連絡先、評価年月日、および、当該事務事業の政策・事業体系上の位置づけを示す。次に、事務事業の目的として、何が対象なのか、その対象が現在抱えている課題やニーズは何なのか、それをどのような状態になることを意図しているのか、および、その結果として実現したい当該事務事業の上位に位置する基本事業の目的を明らかにする。そして、公共関与の根拠、県の関与の根拠、および、税金投入の妥当性を明らかにする。三重県は、公共関与の根拠として公共財、外部（不）経済、ナショナル・ミニマムの確保等の6つを挙げ、また、県の関与の根拠として複数市町村にまたがる広域事業等の5つを挙げて、当該事務事業がそれぞれどの根拠に該当するかを示させ、最終的に税金投入の妥当性を判断させている[50]。

〈事務事業目標指標及びコスト〉では、2002年度から2006年度までの各年度において達成すべき数値目標および実績値、必要概算コスト、予算額等、概算人件費、所要時間、人件費単価、必要概算コスト対前年度比を明らかにする。図6は、ここで示される必要概算コストの算出方法を示したものである。

〈事務事業の評価〉では、目的達成のために具体的に何を行ったのか、それ

図6　必要概算コストの算出方法

必要概算コスト　＝　概算人件費＋事業の予算額
概算人件費　＝　人件費平均時間単価（全庁）×所要時間
人件費平均時間単価＝(平均給与＋退職給与引当金繰入額も含めた退職手当総額＋共済費・福利厚生費などの雇用主負担)÷年間労働時間

出典：三重県「平成15年度目的評価表（実績）をご覧になる際の参考資料」1．評価表の見方、および、中嶋年規「行政を変え、地域を変える可能性を秘めた評価システム～三重県事務事業評価システムの現状と課題～」『JICPAジャーナル』第538号（2000年5月）、19頁。

にたいし成果が上がったのかどうか，残された課題と要因は何かについて担当者が自己評価を行う。〈事務事業の展開〉では，当該事務事業の上位の基本事業を担当する室長が当該事務事業に対する注力や改革方向，方針・指示を示す。表5の「注力」の「↑」は，「相対的に力を入れて取り組んでいく」ことを示している。そして，「評価結果を踏まえた今後の取組や改善点」では，室長からの方針・指示を受けたうえで，残った課題やその要因分析を踏まえ，2004年度にこの事務事業をどのように展開していくのか，狙う成果が何であるかを中心に記述することとなっている。

(4) 「経営品質向上活動」

図2の「みえ行政経営体系」において「経営品質向上活動」は，Plan-Do-Seeのマネジメント・サイクル全てを支える県政マネジメントの基礎として位置づけられている。三重県は，「経営品質向上活動」を，県民に対してより良い行政サービスをより効率的に提供できるよう，行政運営の仕組みを継続的に改善しながら卓越した行政組織を目指すものであり，行政を経営という視点で捉え，県民を顧客と位置づけることにより，職員の意識改革を促すとともに，行政運営の変革につなげようとするものであると説明している[51]。

この「経営品質向上活動」は，平成11年度に行政システム改革バージョンアップの一貫として取り組みが始まった。これは，具体的には「日本経営品質賞」[52]の「アセスメント基準」を経営革新のためのツールとして用い，職員の日常の行政活動の改善を促すものである。「日本経営品質賞」は，顧客の組織に対する最終評価に影響を与えるすべての要素をクオリティと呼び，高いクオリティを生み出すために必要な組織活動とそれを可能にする経営体制を「経営品質」と定義して，これを「アセスメント基準」という共通の尺度によって測定する[53]。そして，この共通の尺度である「アセスメント基準」は，組織が顧客の視点に立ったクオリティを効率よく達成しているか否かに主眼を置き，その達成手段としての仕組みやプロセスが効果的に機能し，かつ，人材育成が十分に行われているか否かを診断するためのツールであるといわれてい

る(54)。「日本経営品質賞」は，賞の審査だけでなく，「アセスメント基準」に基づく組織内の自己診断（セルフ・アセスメント）を奨励しており，審査を行う人をアセッサーと呼ぶ(55)。「日本経営品質賞」の審査，および，セルフ・アセスメントは，書類審査と現地審査の2段階があり，審査終了時に総合評価とともにアセスメント基準のカテゴリーごとの「強み」と「改善に向けての提言」が評価レポートとして提出される(56)。このような「日本経営品質賞」の考え方を導入するメリットには，①競争力のある強い経営体質を創る，②経営レベルの改善領域が明確になる，③経営幹部の思いが組織全体にどれだけ伝わっているかが検証できる，④アセスメント基準によるセルフ・アセスメントの実施により継続的な改善の仕組みができる，⑤事業部門ごとの導入にも大きな成果がある，および⑥現在の改善活動をやめて新たに始めるものではない，という6点があると指摘されている(57)。

　三重県では，このような「日本経営品質賞」の「アセスメント基準」を用いた「経営品質向上活動」の推進体制として，各部局のアセスメント担当総括マネージャーと副局長で構成する行政経営品質推進責任者会議を設置し，副知事を議長として全庁的な推進についての協議を行うとともに，行政経営品質アセッサー会議を毎月1回開催し，各部局・県民局の取組事例や成功事例についての情報交換・共有に基づく改善にむけての議論を行っている。さらに，各部局の取組として，前述の「率先実行取組」を展開するなかで職員相互の対話の促進を図り，職員自身の内発的な取組を促すとともに，セルフ・アセスメントである部局間の相互アセスメントを外部アセッサーを招聘して毎年度実施している(58)。また，2004年策定の「戦略計画」において，「2003年度にB＋であった日本経営品質賞評点総括レベルを2006年度にA－まで引き上げる」ことを目標とする基本事業「行政経営品質向上活動の推進」を策定し，具体的な取組として，専門研修を受講したアセッサーを継続的に養成すること，部局長・総括室長・室長・一般職員への各種研修を行うこと，行政経営品質向上活動の日常実践を「率先実行取組」として進めること，および，部局間の相互アセスメントを実施すること等を掲げている(59)。

6 三重県行政評価制度の評価

(1) 英国政策評価制度と三重県行政評価制度の比較

英国の政策評価制度と三重県の行政評価制度を比較すると，いくつかの共通点および相違点が見受けられる。まず，共通点としては，①目標とリンクした予算，および，裁量権の拡大，②戦略的かつ適切な目標値および指標の設定，③目標達成に向けてのインセンティブ，の3点が挙げられ，相違点としては，④発生主義会計情報の利用が挙げられる。

【共通点】

①目標とリンクした予算，および，裁量権の拡大

英国のPSAは，既に検証したように，PSA単独で機能する制度ではなく，予算・歳出管理制度に組み込まれた制度である。SRは，3年間で各省庁が提供すべきサービスの成果（PSA）とその実現に必要な予算額（歳出計画）を明らかにする。これにより，各省庁は，サービス成果の提供に責任を負うかわりに，向こう3年間の歳出の確実性の保証と未消化予算の次年度への繰越など予算利用に関するある程度の裁量を得るのであり，目標と予算は完全にリンクしているといえる。

一方，三重県では，2002年度当初予算から3つの基本的な考え方（ビジョン・戦略に基づく予算編成，権限委譲・分権化に基づく予算編成，および，成果志向・結果重視の予算編成）に立った新しい予算編成の仕組みを導入し，目標と予算をリンクさせている。これは，施策単位でヒト（職員定数）およびカネ（予算）を事業担当部局に包括的に配分するもので，各部局はビジョン・戦略に基づき独自の判断で各事務事業に予算を配分できるようになっている。また，事務事業目的評価表をもとに目標達成の観点から前年度の成果の確認と検証を行い，その結果を翌年度予算に反映させることとなっている[60]。つまり，施策ごとに予算を包括的に配分することで，施策・基本事業・事務事業の目的・目標をどのような方法で達成するかにつき各部局の裁量権を拡大しているといえる[61]。

② 戦略的かつ適切な目標値および指標の設定

英国の1998年のPSAでは,「1学級の人数が30人を越えている47万7千人の5～7才の小学生の数を2001年9月までにゼロにする」[62]と非常に具体的で戦略的なターゲットが掲げられている。これは,予め目標を設定し,その達成状況を測定する政策評価において最も重要なことは,適切な目標値を設定することであり,適切な目標値は,特定でき(Specific),測定可能(Measurable),かつ実現可能(Achievable)であり,目的適合(Relevant),および適時(Timed)でなければならないとされているためである[63]。そのため,前述の報告書「業績情報の枠組み」においても,適切な目標値は成果の改革や改善に組織を奮い立たせるような挑戦的なものでなければならないと明記され,目標設定を含む業績情報システムの構築を支援する内容となっている[64]。

三重県においても,既に検討した「戦略計画」で明らかにしたように,各施策・基本事業で設置されている目標値は,非常に具体的で戦略的であるといえる。これは,平成14年度から本格的に運用を開始した政策推進システムにおいて,従来の目標値では県民に成果を示せないとして数値目標の見直しを図り,それまで多かったアウトプット指標をやめ,原則としてアウトカム指標を採用することにした結果である[65]。

また,「経営品質向上活動」も戦略的な目標値設定に大きく貢献していると考えられる。「経営品質向上活動」のベースである「日本経営品質賞」の「アセスメント基準」は,組織の経営品質を8つのカテゴリーに分けて測定評価を行うが,カテゴリー1から7の各アセスメント項目全てで目標の設定と達成状況の把握を記述することが求められている。そこでは,アセスメント項目で要求される経営の実行状況や達成度をどのような尺度あるいは指標を使って把握しているか等,目標設定の方法と根拠の妥当性が試されることとなっている。さらに,目標設定には競合比較やベンチマーキングの手法を用い,競合組織やベストの活動を実施し高い成果をあげている組織の成果に着目してそれを上回る目標を設定することが奨励されている[66]。したがって,セルフ・アセスメントを実施する都度,各部局は,アセッサーから目標設定の妥当性を評価され

るとともに改善点を指摘されるため，戦略的かつ適切な目標値，および指標の設定が動機づけられているといえる。

さらに，行政評価制度の運営の蓄積による精緻化も適切な目標値の設定に大きく寄与していると考えられる。三重県の行政評価制度は1996年度に導入され，2004年度で9年目を迎えている。既に述べたように「みえ政策評価システム」の目的の一つは，職員の意識を改革し政策形成能力を向上させて政策や行政活動の質を向上させることであるため，毎年の目標値の設定と達成状況の把握という作業を続けることにより，設定した目標が目的の達成を測る指標として適切であるか否かが明らかとなり，測定尺度および目標値の設定が精緻化されてきたと考えられる。また，目的評価表の公表を行うことで，県民によって絶えず監視され批判を受けることから，県職員は県民の目を常に意識して事務や事業の妥当性を考えるようになり，目的が希薄な単なる部課運営費的なものが自然となくなっていったと分析されている[67]。

③　目標達成に向けてのインセンティブ

英国では，大蔵省が4半期ごとにPSAの目標達成状況をチェックしている。さらにSDAでは，業績を反映させる人事考課制度の導入や組織改善計画の策定等，PSAの目標の達成を確実に行うための組織的な取り組みを明らかにすることが求められており，目標達成に向けて強いインセンティブが付与されていると考えられる。

三重県での目標達成へのインセンティブには，「経営品質向上活動」，Plan-Do-Seeのマネジメント・サイクル，能力・成績を反映した人事・給与システム，および，目的評価表の公表が挙げられる。「アセスメント基準」は，上述のようにカテゴリー1から7の各アセスメント項目で目標の設定と達成状況の把握を評価したのち，把握した達成状況をどのように評価・分析して改善や改革を行っているかを検証する。同様に三重県のPlan-Do-Seeのマネジメント・サイクルにおいても目的評価表を用いて成果の確認と検証を行った結果を次年度の活動の計画と予算に反映させるため，目標達成へのインセンティブは

大きいと考えられる。また，2000年度から管理職員にたいし業績の評価を勤勉手当に反映させる新たな人事・給与システムを導入し，個々人に対する目標達成へのインセンティブを付与している[68]。さらに，目的評価表の公表も，適切な目標値の設定に寄与するのと同じ理由から，目標の達成へのインセンティブになっていると考えられる。

【相違点】

④ 発生主義会計情報の利用

英国では，RABの導入により，発生主義会計情報を多様な段階で利用している。まず，発生主義会計情報は各省庁の財政状態と行政活動のコスト，および，コストと成果の対応関係を明らかにするため，予算策定段階において歳出計画策定の意思決定情報として利用される。さらに，歳出予算は資本的予算と経常的予算に分けられ，資本的資産についてのキャピタル・チャージや減価償却費を認識することにより，DISにおいて資本的資産の長期的で適切なマネジメントが動機づけられる。また，行政活動の真のコストが明らかとなることから，PSAにおいてVFMターゲットの設定が求められ，常に不必要かつ非効率なコストを削減するインセンティブが働くようになっている。

これにたいし，三重県では，行政評価制度において発生主義会計情報を適切に利用しているとは言い難い。三重県は，1998年に現行の単式簿記による現金主義会計制度の下で，わが国の都道府県としてはじめて発生主義に基づく貸借対照表と収支計算書を議会の了承を得て公表するなど，発生主義会計に基づく財務諸表の作成に早くから取り組んできた先行自治体である。発生主義会計の導入は，平成10年度行政システム改革において，「簡素・効率」（最少の費用で最大の効果をあげる）を推進するために実施する11の具体的方策の一つに位置づけられ，その意図は「従来の官庁会計は，現金の流れだけに着目しているので県行政がどれだけの黒字（または赤字）であるのかが的確に表現できません。このため官庁会計が資産・財産等を把握し，民間企業のようなコスト意識を持つため，従来の会計方式にあわせて，発生主義会計によって財務内容を公表していきます」と説明されている[69]。しかしながら，発生主義会計に基づ

いて作成した財務情報を県政運営の改善のために具体的にどのように利用するかについては，明確に定められていない。

　三重県は，将来も持続的に県行政サービスを提供できるよう財政を健全化するために，また，「県民しあわせプラン」を実現するために，庁内に財政問題検討会を設置し財政健全化の方策等の検討を行い，ここでの報告提言を基に「戦略計画」の策定を行った。しかしながら，この財政問題検討会が作成した報告書では，発生主義会計に基づく財務諸表からの分析検討は全く行われていない[70]。また，「みえ政策評価システム」の目的評価表に記載される必要概算コストも図6に示したように，単に概算人件費（人件費平均時間単価に所要時間を乗じて算出）に事業の予算額を加えたものであるため，そこでは，資本的資産の減価償却費や事業ごとの正確な人件費は考慮されておらず，正確なコスト情報を示してコスト削減に結びつけるものとはなっていない。つまり，三重県では，英国制度とは異なり，発生主義会計による適正なコスト計算を用いた行政コストの経済性・効率性の追求，および，減価償却費や退職給与引当金等を考慮にいれた長期的なより良い資産・負債マネジメントを行っていないといえる[71]。

(2)　三重県行政評価制度の評価

　三重県の行政評価制度において大きく評価すべき点は，この制度が常に改善・改革を指向し制度の見直しを図っていること，および，Plan-Do-Seeのマネジメント・サイクルが実際に機能しその効果が着実に上がってきていることである。このことは，施策-基本事業-事務事業体系をみると明らかである。平成10年度の「施策：学校教育の充実」の「基本事業：学校教育総合推進事業」の事務事業は，25あり，その名称は，「委員会総務費」，「学校管理費」，「指導主事活動費」，「指導行政事務費」など，その名称だけでは住民が具体的に何を行う事業なのか理解できないものが多数を占めていた[72]。これにたいし，平成15年度では，同じ「施策：学校教育の充実」であっても，その基本事業名は「教育改革の推進」「児童生徒の基礎学力の向上」「特色ある教育の推

進」等に変わり、その下の事務事業名も「学力フォローアップ推進事業」「時代の変化に対応する教育改革推進事業」「自ら創る学校支援事業」等、住民にとって事業内容がよりわかりやすく、かつ、総合計画の体系と完全に一致したものとなっている。また個々の内容についても、平成10年度の「指導主事活動費」の事務事業目的評価表では、その事務事業の目的と成果を「各学校、各教育研究団体に対し、教育効果をあげるため指導主事による指導を実施し教育行政の円滑な推進を図り、学校教育の充実を行うこと」であると述べ、成果指標として「年間の学校等への訪問回数」というアウトプット指標を挙げていた[73]。これにたいし、平成15年度「学力フォローアップ推進事業」の目的評価表の成果指標は、すでに表5で明らかにしたように、「児童生徒の授業の理解度」という住民に非常にわかりやすいアウトカム指標となっている。さらに、平成15年度の目標値は、「平成14年度実績で74.5％だった理解度を平成15年度に80％に引き上げる」というものであり、必ずしも容易に達成可能とはいえない目標値となっている。したがって、これは、挑戦的な目標を掲げて実効をあげるために努力するという行政評価制度の本来の目的にかなうものであり、行政評価制度が着実に進歩していることを示すものといえる。

　このような実効性をあげている背景には、常に制度の見直しと改善を図っていること、および、職員の意識改革が大きいと考えられる。平成15年度の目的評価表の様式は、多少変わっているとはいえ、基本的に平成10年度の目的評価表と大きな違いはない。変わったのは、書き込む内容そのものであり、書き込み、行政活動を行うヒトであるといえる。

　三重県においてこのように常に制度を改善に向けて見直すなど職員の意識改革が大きく進んだ要因には、「経営品質向上活動」とPlan-Do-Seeのマネジメント・サイクルの蓄積にあると考えられる。「経営品質向上活動」は、職員に常に「自分たちの顧客は誰か」「自分たちの使命・存在意義は何か」「顧客は何を価値あるものと認めているのか」等の組織のミッションを組織間で共有し、「改善すべき領域」を常に明らかにしていくものである[74]。そして、Plan-Do-Seeのマネジメント・サイクルの構築は、担当職員が行う自己評価を上司が点

検し外部に定期的に情報を開示することで，自治体職員の業務の執行が常に住民のモニタリングの対象になり，職員が絶えず住民へのアカウンタビリティを意識しながら業務を遂行することをもたらすのである[75]。

しかしながら，既に指摘したように三重県の行政評価制度には，発生主義会計情報を利用するという視点がみられない。三重県の行政評価制度を推進する立場にある職員も認めているように，行政評価制度におけるコストの認識方法は極めて未熟であり，発生主義会計に基づく事業のフルコストを把握する必要がある[76]。また，適切な財政計画を立案し，資産と負債の適切なマネジメントを行うためにも，行政評価制度において発生主義会計情報を利用する仕組みを構築することが必要である。

7　わが国行政評価制度の課題および克服のシナリオ

(1)　わが国行政評価制度の課題

平成14年度に総務省は，行政評価制度を積極的に導入している自治体の実態調査を行い，その分析を基に課題の提言を行っている[77]。そこでは，まず行政評価制度の導入にあたっての課題として，①適切な評価指標を設定すること，②評価作業の負担の軽減と職員の理解を得ること，③評価制度と総合計画・予算体系との連携を図ること，④外部からの視点を反映させること，の4点を挙げ，さらに，今後の行政評価制度の展開のためのこの他の重要なポイントとして⑤評価結果を予算編成や組織・定員・人事管理へ反映することを挙げている[78]。すなわち，行政評価制度の導入にあたっては，①今まで種々の行政活動にたいし明確な目標の設定を行っていなかったために，何を目標値とするか，それを測る指標・尺度として何を選択するかが難しいということであり，かつ，②新たな制度の導入による事務量の増加にたいし，職員が「無駄なことをやらされている」という負担感だけを持つことのないように，評価作業の負担を軽減する工夫を行うと同時に職員に行政評価制度の必要性を十分に理解させることが重要であるということである。また，行政評価制度をPlan-Do-Seeのマネジメント・サイクルの中でよりよく機能させるためには，③行政評

価の対象である政策・施策・事務事業と総合計画，予算体系との関連を明確にし，⑤行政評価制度を総合計画の進捗管理に役立たせるとともに，評価結果を予算編成や組織・定員・人事管理に反映させることが必要である。さらに，④制度を精緻化させるためには，行政外部の視点・意見を反映させることが重要であり，評価結果を住民にわかりやすく公表するとともに，住民や有識者の意見を行政評価制度に反映させる仕組みを作ることが必要であるということである。

日本公認会計士協会近畿会も平成14年度に近畿圏の自治体にたいしアンケート調査を行い，その分析を基に行政評価制度の問題点を指摘している[79]。そこでは，①評価結果が十分に活用されていない，②コストの正確な把握がなされていない，③適切な成果指標の選択が困難である，④総合計画と事務事業の関係が整理されていない，⑤首長・幹部・職員の理解が不足している，⑥発生主義会計と行政評価制度が結びついていない，等を問題点として挙げている。これは，先の総務省の掲げる課題と重なる部分が多いが，特筆すべきなのは，②コストの正確な把握がなされていない，および，⑥発生主義会計と行政評価制度がむすびついていない，という指摘である。つまり，現行の単式簿記・現金主義会計の下では，固定資産の減価償却費や退職給与引当額などを含む正確な行政コストを行政評価の対象である各事業ごとに把握することができないということである。また，たとえ総務省方式に基づいて決算統計により発生主義会計に準拠した財務諸表を作成するとしても，それはあくまでも年に1回の作成にとどまるため，正確な会計帳簿に基づいてコストを把握し，これを日常的な行財政活動の管理・統制に資することは困難といえる[80]。そのため，行政評価制度において発生主義会計を活用していると回答した自治体は皆無であったという。

しかしながら，本来，行政評価制度において，成果と正確な行政コストを対応させることは，事務事業の経済性や効率性の判断を行うために必要不可欠である。したがって，わが国自治体の行政評価制度の課題には，総務省の指摘する5つの課題に加え，発生主義会計に基づく正確なコストを把握し活用するこ

と，が挙げられるだろう。

(2) 課題克服のシナリオ

　行政評価制度の課題として先に挙げた①適切な評価指標を設定すること，②評価作業の負担の軽減と職員の理解を得ること，③評価制度と総合計画・予算体系との連携を図ること，④外部からの視点を反映させること，⑤評価結果を予算編成や組織・定員・人事管理へ反映すること，および⑥発生主義会計に基づく正確なコストを把握し活用すること，のうち，最後の⑥発生主義会計に基づく正確なコストを把握し活用すること，を除いた5つの課題については，三重県の取組が課題克服のための一つのモデルを示しているといえるだろう。

　既に明らかにしたように，三重県では，戦略的かつ適切な目標値および指標の設定が行われている。また，評価制度の対象である施策・基本事業・事務事業はすべて総合計画と完全に一致し，毎年行政評価制度に基づく成果の確認と検証を通じて，施策ごとに予算と人員が各部局に包括的に配分されるとともに，評価結果を反映する人事評価制度も導入されている。その結果，行政評価制度は単に「やらされている無駄な仕事」から，事務事業を実施するための予算・人員確保のため，目標の進捗管理のため，および人事評価のために「なくてはならない必要不可欠なもの」として変容してきているといえる。さらに，行政評価制度について外部からの視点を取り入れ，反映させていく取り組みも積極的に行われている。三重県では，総合計画，戦略計画，県政運営方針を公表するとともに評価結果である目的評価表と年次県政報告書を作成・公表し，県議会，県民，市町村の意見を広く募り，それを積極的に反映している[81]。また，経営品質向上活動において，外部アセッサーを招聘して行うセルフ・アセスメントも，Plan-Do-Seeのマネジメント・サイクルがより良く機能しているか否かを外部からの視点で検証し，改善点を見いだす取り組みであるといえる。

　さらに，三重県では平成14年度から監査委員の行政監査方法についても改善を図り，施策・基本事業，事務事業について自己評価が適正に行われている

か，事業の成果や行政活動の状況が妥当なものとなっているかなどについて，事業妥当性，目標達成度，有効性など7つの項目を設け5段階に評価する方式を取り入れた行政監査を実施し，その結果を公表している[82]。

しかしながら，⑥発生主義会計に基づく正確なコストを把握し活用するという課題は，三重県でも克服されていない。これは，行政評価制度を運用していくなかで努力や工夫によって改善されるものではなく，公会計制度の問題であるといえる。すなわち，現行の単式簿記・現金主義会計の下では，行政活動の正確なコストを把握することは不可能なのである。したがって，これを克服するためには，わが国の自治体会計に複式簿記・発生主義会計を導入し，事務事業ごとの正確なコスト情報を日常の管理に利用可能とするようなシステムを作ることが必要である。

8 おわりに

英国のブレア首相は，1998年のCSRで「ここで述べているPSAは，このCSRによって提供する資源の見返りとして，どのようなサービスを我々が提供するかを明らかにするものである」[83]と述べている。英国のPSAは単なる「目標」にとどまらず，「これだけのサービスを実施します」と首相が国民に約束するものである。そして，そこで明らかにされるPSAのターゲットは「2001年9月までに5～7才までの小学生の1クラスの人数を30人以下にする」[84]，「11才の子どもの読み書き・算数のレベルを2002年までにそれぞれ80％，75％まで引き上げる」[85]などむしろ「公約」に近い。

同様のことは，三重県の行政評価制度においてもあてはまる。三重県の戦略計画の重点プログラムは，「児童生徒の授業の理解度を2006年度までに現在の80％から85％に引き上げる」「30人学級を現在の小学1年生から2年生までに対象を拡大する」という目標を設置しており，まさに県民にサービスの実施を約束するものであるといえる。

このように，政策評価制度および行政評価制度の本来の目的は，単に終わってしまったことを評価するだけのものではなく，むしろ，これから何をやるの

かを明らかにして，設定した目標を達成するための努力を促すものである。そして，そのためには，Plan-Do-Seeというマネジメント・サイクルをよりよく機能させることが必要となる。

　わが国自治体の多くが抱えている「適切な評価指標の設定が困難であること」，いいかえれば「挑戦的な目標の設置が困難であること」を克服するためには，常に改善するという視点を持って行政評価制度を継続していくこと，および，自治体職員の意識改革を行うことが必要不可欠である。住民にとって最良のサービスとは何か，アウトカムは何か，ミッションは何かを常に意識し，住民にわかりやすいアウトカム指標の設置を徹底すれば，三重県の教育行政の目標値が安易なアウトプット指標から容易に達成することが困難なアウトカム指標に変化したように，挑戦的，かつ，適切な指標の開発は可能だろう。また，職員の意識改革を促すためには，「経営品質向上活動」など組織として意識改革を進めることはもちろん，行政評価の結果を責任の所在とともに公表し，住民の意見・批判や外部の視点を取り入れる努力を行うことが重要である。

　また，英国政策評価制度と三重県行政評価制度を比較した結果，英国政策評価制度には発生主義会計・予算制度が組み込まれ，限られた資源を効率的に活用するインセンティブが働くよう制度設計されているのにたいし，三重県を含むわが国自治体の行政評価制度には，それがないことを明らかにした。つまり，わが国の自治体の行政評価制度は，正確なコストの把握についてシステム内部で満足のできる計算体系を有しておらず，経済性や効率性の評価を下すことはできないのである[86]。したがって，日常の管理に資する正確なコストを事務事業ごとに把握しコスト削減のインセンティブを働かせるためには，いいかえれば，行政評価制度と発生主義会計をリンクさせるためには，総務省方式のように年に一度，決算統計を用いて発生主義会計に準拠した財務諸表を作成するのではなく，現行の単式簿記・現金主義会計に代えて，複式簿記・発生主義会計を導入するなど公会計制度の抜本的な改革が必要である。

(注)
（1） 平成12年12月に総務庁行政監察局の政策評価の手法等に関する研究会が「政策評価制度の在り方に関する最終報告」をとりまとめた。そして，この報告を反映した「政策評価に関する標準的ガイドライン」が平成13年1月に各府省間で了承決定され政策評価が行われることとなった。また，本制度の確実性を担保するため「行政機関が行う政策の評価に関する法律」が平成13年6月に成立している。
（2） 行政改革会議（会長：橋本総理大臣）「最終報告」平成9年12月，I参照。
（3） 政策評価の手法等に関する研究会「政策評価制度の在り方に関する最終報告」平成12年12月，2-3頁。
（4） 「政策評価」という用語に対し，「行政評価」「業績評価」「執行評価」「業績測定」等の類似用語が存在する。しかしながら，これらの用語の定義は未だに確定しておらず，論者によってまちまちなのが現状である。しかしながら，わが国自治体では「行政評価」という用語が，中央省庁では「政策評価」という用語が最もよく使われている。本章においても，これにならい自治体の場合は「行政評価」を，中央政府の場合は「政策評価」という用語を用いることとした。しかしながら，どちらも行政運営を改善するために，予め政策目標を設定し，その活動を評価するという意味で大きな違いはない。
（5） 総務省自治行政局行政体制整備室「地方公共団体における行政評価の導入の実態と今後の展開について」2003年3月。
（6） ニュー・パブリック・マネジメントとは，公的部門に民間企業の経営理念・手法を可能な限り導入しようという新しい公共経営理論である。具体的には，従来の資源の投入による管理に代えて，経営資源の使用に関する裁量を広げるかわりに，業績／成果による統制を行い市場メカニズムを可能な限り活用するものである。大住荘四郎『ニュー・パブリック・マネジメント―理論・ビジョン・戦略―』日本評論社，1999年，1-40頁参照。
（7） 政策評価の手法等に関する研究会では，米国，英国，ニュージーランド，オーストラリア等の政策評価制度が取りあげられている（第1回～第15回議事録参照）。また，三重県も，平成8年にニュージーランドの行財政改革を調査するための調査団をニュージーランドに派遣している。
（8） HM Treasury, *Public Service for the Future : Modernisation, Reform, Accountability Comprehensive Spending Review : Public Service Agreements 1999-2002*（*CSR1999-2002*）, Cm4181, 1998.
（9） Value for Moneyの略。支出に見合う価値。つまり，税の対価として価値あるサービスの提供であるか否か，資源が経済的，効率的，有効的に利用されて

いるか否かに重点を置くものであり，費用対効果を最大にすることを目的としている。
(10) 2001年から2004年までを対象とする歳出予算である「Spending Review 2000」では，政府全体の重要目標として①全ての国民に対し教育と雇用の機会を増加させること，②信頼でき安全な社会を作ること，③生産性を上げ持続可能な成長を遂げること，および，④国際社会において英国が重要な役割を果たすこと，の4つを挙げている。
(11) 英国の会計年度は，日本同様，4月1日から3月末までを一会計年度としている。1998年のCSRは，予算額と提供するサービスを一つにまとめて公表したが，SR2000では，それらをそれぞれ「歳出計画」と「PSA」に分けて公表している。
(12) HM Treasury, *Spending Review 2000 : Public Service Agreements 2001-2004 (PSA 2001-2004)*, Cm4808, 2000.
(13) HM Treasury, *Spending Review 2000 : Service Delivery Agreements 2001-2004 : A Guide to the Service Delivery Agreements* (A Guide to SDA), Cm4915, 2000.
(14) Department for Education and Employment, *Service Delivery Agreement for the Department for Education and Employment 2001-02 to 2003-04*, 2000.
(15) これらについては，大住荘四郎「New Public Management の展望と課題」『神戸大学経済学研究年報』第44巻，1997年や，岸道雄「海外4ヶ国の公的セクター改革と日本への視点」『FRI（富士通総研）Review』第2巻第1号，1998年，(財) 自治体国際化協会「英国の公共サービスと強制競争入札」CLAIR REPORT No.60，1993年等に詳しい。
(16) 「市民憲章」については，(財) 自治体国際化協会「シティズン・チャーター」CLAIR REPORT No.69，1993年に詳しい。また，2001年2月現在，教育・裁判・医療等に関する国レベルのナショナル・チャーターは118個，地方政府等におけるサービスごとのチャーターは1万個以上設定されているという。自治体国際化協会「英国における行政評価制度」CLAIR REPORT No.217，2001年，2頁。
(17) 隅田一豊『住民自治とアカウンタビリティ』税務経理協会，1998年に詳しい。
(18) HM Treasury, *Prudent for a Purpose : Building Opportunity and Security For All, Spending Review 2000,New Public Spending Plans 2001-2004* (Spending Review 2000 : Spending Plans), Cm4807, 2000.
(19) HM Treasury, *Managing Resources : Full Implementation of Resource Accounting and Budgeting* (Full Implementation of RAB), 2001, pp.6-7.
(20) HM Treasury, *Resource Accounting Manual*, 1999, Chapter 13.

(21) HM Treasury, *Managing Resources : Analysing resource accounts : user's guide,* 2001, p2.
(22) HM Treasury, *Resource Budgeting and the 2000 Spending Review,* 2000.
(23) HM Treasury, *Spending Review 2000 : Investing in the Future, Departmental Investment Strategies : A Summary*（*DIS Summary*）, Cm4916, 2000. p.1.
(24) HM Treasury, *Aspect of the 2000 Spending Review,* 2000.
(25) HM Treasury, *DIS Summary, op. cit.,* Foreword.
(26) Department for Education and Employment, *Departmental Investment Strategy 2001-04,* 2000.
(27) HM Treasury, *Full Implementation of RAB, op.cit.,* p.3.
(28) HM Treasury, *The Government's Measures of Success, Output and Performance Analyses,* 1999.
(29) HM Treasury, *PSA 2001-2004, op. cit.,* Chapter 25.
(30) HM Treasury, *Spending Review 2000 : Spending Plans, op. cit.,* Chapter 7.
(31) HM Treasury, *PSA 2001-2004, op. cit.,* Foreword.
(32) HM Treasury, Cabinet Office, National Audit Office,Audit Commission, Office For National Statistics（HM Treasury et）, *Choosing the right FABRIC, A Framework for Performance Information*（*FABRIC*）, 2001.
(33) *Ibid.,* p.1.
(34) HM Treasury et, *Checklist for Performance Information Systems,* 2001.
(35) 三重県は，わが国における行政評価制度の先駆けとして紹介されることが多い。島田晴雄・三菱総合研究所『行政評価』東洋経済新報社，1999年，116頁。
(36) 「さわやか運動」とは，さ＝サービス（行政の価値を見つめること），わ＝わかりやすさ（生活者を起点に行政を見つめること），や＝やる気（一人ひとりが目標を立て挑戦すること），か＝改革（既成概念を捨て白紙で考えること）をキーワードとして1995年度から3年計画でスタートした行政改革推進運動である。詳しくは，石原俊彦『地方自治体の事業評価と発生主義会計』中央経済社，1999年，31-62頁参照。
(37) 1996年の導入から1999年までの3年間の三重県事務事業評価システムについては，詳しくは，島田晴雄・三菱総合研究所，前掲書，および，石原俊彦，同上書参照。
(38) 三重県『「みえ行政経営体系」による県政運営（トータルマネジメントシステムの検討結果）』，2004年3月。
(39) 三重県，三重県総合計画「県民しあわせプラン」，2004年。

(40) 行政運営の取組とは，施策・基本事業を推進するために行う効果的な行政運営と行政委員会（教育委員会，公安委員会を除く）の取組を目的と手段の関係で整理したものであり，施策として「効率的で効果的な組織・体制つくり」や「人材育成の推進」等が策定されている。また，重点プログラムとは，「県民の皆さんが感じている不安や不満の解消を主なねらいとした，戦略的な新しい取組である」と説明されている。三重県「県民しあわせプラン・概要版」2004年，10-13頁。
(41) この施策の政策展開の基本方向は「一人ひとりの思いを支える社会環境の創造と人づくり」であり，政策は「豊かな個性を育む人づくりの推進」である。
(42) 施策「学校教育の充実」を実現するための他の基本事業とは，「教育改革の推進」「特色ある教育の推進」「障害児支援教育の推進」「健やかな心身を育む教育の推進」「私学教育の振興」「教職員の資質の向上」「学校施設等教育環境の整備」である。
(43) 三重県「平成16年度県政運営方針」2004年，1頁。
(44) 「平成16年度県政運営方針」では，「施策・事業に取り組むに当たって」と題し，「目的・目標をどのようなやり方で達成するかは，総括室長（県民局部長），室長のリーダーシップとマネジメント，そして室員のチームワークにまかされています。」と述べている。
(45) 三重県「戦略計画」2004年。
(46) 三重県総務局に問い合わせて回答を得た。
(47) 三重県，前掲(38)，30-31頁。
(48) 三重県，三重県ホームページ「みえ政策評価システムとは？」www. pref. mie. jp/gyosei/plan/hyouka/system/p01.htm
(49) 戦略計画では，施策63，基本事業229となっているが，このうち警察本部に関わる施策1，基本事業5は目的評価表を作成していないため，作成された評価表が施策62，基本事業224となっている。三重県「平成15年度目的評価表（実績）の構成について」。
(50) 三重県は，公共関与を行う根拠を以下のように説明している。①公共財：等量消費と排除不可能性の性質を持った財・サービスで受益者が特定できず，コストに見合う料金の徴収が困難なもの，または，徴収するコストが高いので徴収することが合理的でないもの，②外部（不）経済：ある経済主体の市場での活動がその経済取引（市場）の当事者以外のものに利益をもたらしたり（外部経済），不利益をもたらす（外部不経済）場合で，その社会的効果が市場価格に確実に反映されにくいため，公共部門が市場機構に介入し，社会的に望ましい供給がなされるよう調整する必要があるもの，③独占性：1社が独占すれば，市場

における適正な価格が保障されないため，価格について公的関与が必要なもの，④市場の不完全性：投資に必要な資金やリスクが大きく民間では負担しきれない等市場のメカニズムが働かないもの，⑤ナショナル・ミニマムの確保：県民が健康的で文化的な生活を享受するために不可欠な最低限の基準を確保しようとするもの，⑥その他。また，県の関与の根拠としては，①複数の市町村にまたがる広域事業，②主要な市町村で実施されているが，小規模な市町村では実施することの困難な事務の補足的執行，③市町村では実施が難しい大規模な公共施設の設置・管理，④広域的な地域計画の企画・立案，市町村間の行政事務の連絡調整，格差の是正，技術的援助，争議の裁定にかかわる事務，⑤その他を挙げている（三重県「平成15年度目的評価表（実績）をご覧になる際の参考資料」2. 公共関与・県の関与の判断基準）。

(51) 三重県，前掲 (38)，21頁。
(52) 「日本経営品質賞」とは，米国で1988年に始まったマルコム・ボルドリッジ賞（米国大統領が毎年，最も優れた6組織に賞を与える）の日本版であり，明確な経営理念の下で経営幹部のリーダーシップによって優れた経営品質と高い成果をあげている組織を毎年1回表彰する制度として1995年に財団法人社会経済生産性本部が中心となって創設したものである。これは，組織の「経営品質」を「アセスメント基準」という共通の物差しにより8つのカテゴリー（①経営幹部のリーダーシップ，②経営における社会的責任，③顧客・市場の理解と対応，④戦略の策定と展開，⑤個人と組織の能力向上，⑥顧客価値創造のプロセス，⑦情報マネジメント，⑧活動結果）の20のアセスメント項目を組織外部の審査員が測定し（1,000点満点），優れた組織を表彰する制度である。「日本経営品質賞」と「アセスメント基準」の真の狙いは，「アセスメント基準」を「日本経営品質賞」の審査のためだけに用いるのではなく，経営品質向上を目指す企業や組織が自己診断（セルフ・アセスメント）のツールとして活用することにより，各組織の何が強みで今後それをどう活かしさらに強化すればよいのか，どこをどう改善すればいいのかを明らかにし，顧客本位にもとづく卓越した業績の達成に役立たせることであると説明されている。詳しくは，社会経済性本部『2004年度版日本経営品質賞とは何か』生産性出版，2004年，および，大久保寛司『経営の質を高める8つの基準，日本経営品質賞のねらい』かんき出版，1997年参照。
(53) この「アセスメント基準」の基本理念は，顧客本位，独自能力，社員重視，社会との調和の4つであり，経営品質を向上させるための原点は，組織が「顧客」「競争市場」「社員」「社会」との対話を通して，絶えず変化する現状を把握し，改善・改革への気づきを組織的に実行することであるという。社会経済性

本部,同上書,15-16頁。
(54)　社会経済性本部,同上書,31頁。
(55)　アセッサーになるためには,組織がアセスメント基準の基本的な考え方に沿った活動を行い成果をあげているか否かを正しく評価するために,経営品質協議会が定める研修を受けなければならない。
(56)　社会経済性本部,同上書,36-40頁。
(57)　大久保寛司,前掲書,214-215頁。
(58)　部局間相互アセスメントでは,外部の視点でのアセスメントの実施と内部アセッサーの資質向上のために,各部局のアセスメントを実施するアセスメントチーム（アセッサー6人で構成）の半数の3人を外部アセッサー（県職員ではない）とし,外部からアセッサーを招聘している（三重県「行政経営品質向上活動・平成16年度の取組」）。
(59)　「日本経営品質賞」では,組織の経営能力を組織の成熟度ととらえ,評点総括レベルによりD,C－,C＋,B－,B＋,A－,A＋,AA－,AA＋,AAAの10段階で評価を行う。ちなみに「日本経営品質賞」の受賞にはA＋レベル以上の評点が必要である。
(60)　三重県,前掲(38),32-33頁。および,三重県財政問題検討会「財政問題検討会報告」2004年,90-92頁。
(61)　また,配分された予算を必要がないのに使い切ることを改善するために,予算節約制度を平成8年度から導入している。これは,経費節約の努力の成果として予算を節約した場合には,節約額全額を次年度の予算に加算するものである（平成14年度予算までは節約額の半分までだったが平成15年度予算から全額になった）。三重県予算調整室の回答による。
(62)　HM Treasury, *CSR 1999-2002, op. cit.,* p.11.
(63)　適切な目標値として,特定でき（Specific）,測定可能（Measurable）,かつ実現可能（Achievable）であり,目的適合（Relevant）および適時（Timed）でなければならないことは,その頭文字をとってSMARTと呼ばれている。*Ibid.,* p.1.
(64)　HM Treasury et, *FABRIC, op. cit.,* p.24.
(65)　三重県「政策推進システムの基本的な考え方」2002年。この政策推進システムでは,数値目標の見直しとして,アウトカム指標を採用することの他に,定性的目標を定量的目標に改めること,数値目標に使用する指標はデータ入手が容易な実用的なものにすること等を挙げている。
(66)　社会経済性本部,前掲書,27-30頁,および,207-217頁。
(67)　石原俊彦,前掲書,18頁。目的評価表は,情報公開総合窓口の常設コーナ

一で，いつでも閲覧・コピーができるとともに，インターネットでの公表も行われている（中嶋年規「行政を変え，地域を変える可能性を秘めた評価システム～三重県事務事業評価システムの現状と課題～」『JICPAジャーナル』第538号（2000年5月），18-23頁。

(68) 三重県「平成10年度行政システム改革の主な取組成果（平成10年度から平成15年度）」2004年，22頁。三重県では，2000年に管理職にたいし業績を反映させる「管理職員定期勤務評定制度」を導入するとともに，2001年に「管理職員の希望降任制度」を，2004年に複線型人事として専門監，スペシャリストコースを設置している。

(69) 石原俊彦「三重県における企業会計方式の導入」『JICPAジャーナル』第515号（1998年6月），27-35頁。

(70) 三重県財政問題検討会「財政問題検討会報告：危機的な財政の健全化に向けて」2004年。この報告書では，県財政の健全化の目標として，10年後に経常収支比率を90％前後にすること，および，公債費負担比率を20％以下にすることの2つを掲げている。

(71) このように，三重県では全庁的な観点から発生主義会計情報を利用する資産マネジメントは行われていないといえるが，平成12年度以降建設する大規模施設については，発生主義会計に基づく予想貸借対照表および予想損益計算書（収支計算書）を個々に作成し，建設の適否の意思決定に利用するとともに，平成12年度以降建設した大規模施設については，各施設の貸借対照表と収支計算書を作成し，施設運営の効率性の追求に役立てるとしている。三重県「県有建築物の望ましい姿」2000年3月。

(72) 三重県「平成10年度継続事務事業目的評価表」政策体系一覧。

(73) 三重県，同上書，指導主事活動費。

(74) 三重県「三重県における行政経営品質向上活動の進め方」www.pref.mie.jp/gyosei/gyosei/guide/keihin/susumekata.htm

(75) 石原俊彦「地方自治体における行政評価システムの導入」『JICPAジャーナル』第538号（2000年5月），12-17頁。

(76) 中嶋年規，前掲書。中嶋氏は2000年当時，三重県の総務局政策評価推進課所属である

(77) 総務省自治行政局行政体制整備室，前掲書。総務省は，平成11年度以前に行政評価制度を導入した団体，行政評価制度を専門に担当する部署を有する団体，および，総務省設置の行政評価についての研究会が推薦する団体として以下の21団体を選出し，書面およびヒアリング調査を行った。21団体の構成：北海道，青森県，岩手県，宮城県，秋田県，群馬県，埼玉県，石川県，静岡県，

三重県,滋賀県,大阪府,兵庫県,岡山県,山口県,佐賀県,札幌市,川崎市,埼玉県草加市,新潟県発田市,三重県四日市市。
(78) 総務省自治行政局行政体制整備室,同上書,18-20頁,および,34-37頁。
(79) 日本公認会計士協会近畿会社会公会計委員会「近畿圏における行政評価システム導入とBS・行政コスト計算書に関する現状分析(中間報告)」2003年。これは,近畿圏109団体(2府5県102市)にたいし,2002年3月から5月にかけて実施したアンケート調査(回答率62.4%)に基づく分析である。
(80) 隅田一豊『自治体行財政改革のための公会計入門』ぎょうせい,2001年,136頁。
(81) 三重県では,2002年から,県民から寄せられた意見,および,その意見にどのように対応したかを施策別に検索できる「県民の声」をインターネットで公開している。
(82) 平成14年度の行政監査では,13施策を対象に,①事業妥当性,②目標達成度,③有効性,④経済性・効率性,⑤品質十分性,⑥公平性・計画性,⑦行政活動,の7つの評価項目について1から5までの評点を付し,それを総合判定してAA, A, B, C, Dの5段階による評価を行っている。三重県監査委員「平成14年度行政監査(評価)結果報告書」2002年。
(83) HM Treasury, *CSR1999-2002, op.cit.*, p.i.
(84) *Ibid.*, p.i.
(85) HM Treasury, *Spending Review 2000 : Public Service Agreements 2001-2004, op. cit.*, Chapter 2.
(86) 石原俊彦,前掲書,222頁。

終章　本書のまとめと今後の課題

1　はじめに

　本書の課題は，わが国自治体がアカウンタビリティを果たすためには，発生主義会計の導入が必要不可欠であるという認識のもと，自治体に発生主義会計を導入する意義をあらためて考察したうえで，わが国自治体に適した発生主義会計制度，情報開示制度，および，行政評価制度の枠組みはいかにあるべきかを明らかにすることであった。

　本章では，第1章から第7章までのまとめを行い，地方公会計制度に関する今後の課題を明らかにする。

2　各章のまとめ

　第1章「発生主義会計導入の意義」では，米国，英国，ニュージーランド等地方政府等に既に発生主義会計を導入した国々から報告されている発生主義会計導入によるメリットを整理し，わが国自治体へ発生主義会計を導入することの意義を考察した。その結果，自治体へ発生主義会計を導入する意義は，①財務報告の外部利用者がアカウンタビリティを評価し，意思決定を行ううえで有用な情報を提供すること，および，②行政内部利用者が意思決定を行ううえで有用な情報を提供することであることを明らかにした。これは，伝統的な現金主義会計のもとで十分に示し得なかった実体の財政状態，活動コスト，財務業績等の会計情報を外部および内部利用者に明らかにすることにより，従来必ず

しも効率的な運営がなされてこなかった行財政活動の改善に資することが最も大きな理由である。具体的には，①適切な資産・負債マネジメントを行うこと，②世代間負担の衡平性に配慮した長期的な意思決定を行うこと，および③経済的，効率的，効果的なサービス提供を行うこと，を促すことである。これを会計情報の構成要素別にみれば，資産情報は，資産の維持・更新，余剰資産の処分，資産の効率的な利用といった資産マネジメントに有用な情報を提供する。負債情報は，単に借入金だけでなく自治体に全ての負債の存在を自覚させ返済計画の策定を可能にするなど，適切な負債マネジメントに資する情報を提供する。純資産情報は，自治体の財政状態の重要な指標として，自治体が資産と負債との相対関係で借入金の水準を監視しマネジメントを行うことに役立つ情報を提供する。そして，収益・費用情報は自治体が提供したサービスのコストを明らかにし，コスト管理に役立つ情報を提供するとともに，収益と費用の差額である財務業績を明らかにすることで，当期の税金およびその他の収益が当期のコストをカバーするのに十分であったか否かを示し世代間の負担の衡平性の評価を行うのに役立つ情報を提供するのである。

　第2章「固定資産会計」では，わが国自治体に発生主義会計を導入する場合に，有形固定資産の再評価を行うべきか否か，および，歴史的遺産およびインフラ資産の資本化を行うか否かに焦点をあて，有形固定資産の会計処理について考察を行った。そこではまず，国・地方政府会計の先進国である英国，米国，ニュージーランドの各国会計規定およびIAS,IPSASの概要を明らかにしたうえで，各会計規定が有する背景について私企業の会計規定との比較を通して検討を行った。その結果，国・地方政府の各国会計規定が各国固有の歴史的背景・文化を基礎に形成されてきた企業会計のGAAPとの整合性を有していることを明らかにした。特に，英国およびニュージーランドで時価による有形固定資産の再評価が行われている背景には，英国では古くから土地および建物を定期的に再評価する実務慣行があったこと，および，利得と損失を広範に認識し個々の構成要素を示すことが業績判断に有用であるとする情報セットアプローチという独自の考え方が存在することを示した。

次に，わが国企業会計で有形固定資産の再評価が認められない論拠を検討し，自治体会計においてそれが適用できるか否かを考察した。その結果，利益の獲得を目的としない自治体においては，企業会計の論拠のみでは有形固定資産の再評価を認めない論拠になりえず，アカウンタビリティを評価するという別の観点から考えることの重要性を指摘した。

すなわち，自治体の財務報告の目的は，利用者がアカウンタビリティを評価し，かつ，経済的，政治的，社会的意思決定に有用な情報を提供することであるという観点にたった場合，取得原価による費用配分こそが住民の実際負担分を示し，アカウンタビリティ情報としてのコストとして適切である。

また，歴史的遺産については，資産性が認められる以上，他の資産と扱いを異にする理由は見あたらず，むしろ資産として認識せずに膨大なオフバランス項目にすることが不適切であることを明らかにした。さらに，社会資本整備の蓄積であるインフラ資産についても，資産である以上，資本化し減価償却を行うべきであることを明らかにした。

第3章「負債会計」では，実体が私企業であるか自治体であるかを問わず，会計上の負債の定義は，「過去の取引または事象の結果として発生した現在の債務からもたらされる将来の経済的便益の犠牲」であり，その認識規準は「発生の可能性が高いこと」，かつ，「信頼性をもって測定できること」が国際的な合意であることを明らかにした。そして，この負債の定義および認識規準から，交付税措置が行われる地方債を負債として認識すべきか否かを考察した。地方債の交付税措置見込額が自治体に実際に現金として交付され，元金償還の財源となるか否かは，普通交付税額の算定式（普通交付税額＝基準財政需要額－基準財政収入額）の「基準財政需要額」と「基準財政収入額」の変動に大きく左右される。したがって，地方債の元金償還に対する交付税措置見込額が実際に普通交付税額として交付される「発生の可能性」は必ずしも高いとはいえず，また，「信頼性をもって測定できる」ものでもないことから，自治体の貸借対照表に負債として計上すべき地方債の額は，あくまでも期末発行残高であるべきことを明らかにした。

次に，わが国自治体の退職給与引当金の見積方法として企業会計の退職給付会計基準を適用することの可否を考察した。武蔵野市が採用している退職給付会計基準に準ずる見積方法を検討した結果，自治体に退職給付会計基準を適用することは，信頼性の観点からいくつかの問題があることを明らかにした。それらは，①モデル職員を使った簡便的な見積計算は，アクチュアリー等の保険数理の専門家による個々の職員の退職給付を計算する方法に比べ乖離が相当程度大きくなる可能性があること，②割引率等の基礎率の変動により見積額が大きい影響を受けること，さらに，③わが国自治体では退職一時金制度のみを扱うため，退職給与引当金計見積額が確定給付債務である期末要支給額を下回るケースが出現する可能性が年金制度を併せ持つ企業に比べ高いこと，の3点である。さらに，企業会計と同様の精緻な保険数理計算を行うには，相応の費用と労力が必要となる。これらのことを考えると，わが国自治体に企業会計の退職給付会計基準による退職給与引当金の見積方法を適用することは，信頼性の観点から，さらには費用と便益の観点から適切ではないと考える。自治体の退職給与引当金の見積方法としては，総務省方式の期末要支給額方式の方がより信頼性が高く，かつ，費用と便益の観点からも優れていることを明らかにした。

　第4章「収益・費用会計」では，わが国自治体に発生主義会計を導入した場合に，非交換取引から生ずる収益をどのように認識すべきか，および，利益獲得を目的としない自治体における減価償却，退職給与引当金繰入の意義を考察した。

　利益獲得を目的としない自治体では，補助金や寄付金収益を獲得するために費用が発生するのではなく，費用をまかなうために収益を用いるため，売上と売上原価というような直接的な因果関係は存在しない。したがって，非交換取引から生ずる収益は，費用に対応させて収益を認識する伝統的アプローチではなく，純資産が増加した時に収益を認識する資産・負債アプローチを採用すべきであることを明らかにした。

　また，自治体における減価償却および退職給与引当金繰入を計上する意義

終章　本書のまとめと今後の課題　249

は，企業会計における意義とは異なり，正確な損益計算のためではなく，用役の提供を受けた世代に発生した費用を負担させることで，当期の税金およびその他の収益が当期のコストをカバーするのに十分であったか否かを明らかにして世代間の負担の衡平性の判断に資することであることを明らかにした。さらに，自治体がサービス提供のために要したコストが経済的であるか否か，提供したサービス（アウトプット）がコストと比較して効率的であるか否か，サービス提供による効果（アウトカム）がコストと比較して満足できるものであるか否かというサービス業績評価の基礎としてコスト情報は重要であり，自治体が減価償却費，および，退職給与引当金繰入を計上するもう一つの意義はコスト情報を提供することであることを明らかにした。

　第5章「純資産会計」では，自治体における純資産の意義，および，あるべき開示を考察した。私企業と異なり，利益の獲得を目的とせず，また株主からの拠出も株主への資産の分配もない自治体における純資産の意義は，資産の資金調達源泉を示すことではなく，財政状態の判断に資する多様で有用な情報を提供することである。そのためには，純資産を拘束の程度で分類し，資本的資産への純投資額，利用に制限のある積立金，および，利用に制限のない純資産の3つに分類掲記することが重要である。

　現在わが国の自治体の多くが採用している総務省方式のバランスシートにおける純資産の部は，資産の資金調達源泉を示すことに焦点が置かれている。しかしながら，自治体において資産の資金調達源泉を示すことは，財政状態を判断するうえでそれほど有用な情報を提供するとはいえない。過去に国や県から得た補助金で取得した固定資産の現有簿価を示すことは，地方分権が今後ますます進展していくなかで自治体の経営の健全性を判断するために特に大きな意味をなさないといえる。純資産を拘束の程度により分類し明らかにすることの方が，各拘束区分の経年比較を可能にし，各自治体の財務情報の内部利用者，および，外部利用者がそれぞれの自治体の純資産の各拘束区分の適正水準がどの程度なのか，今後どのような水準にしていくべきかという意思決定を可能にするものである。したがって，純資産を拘束の程度により分類表示すること

は，総額としての純資産が示す以上に有用な財政状態の指標を提供すると考える。

第6章「情報開示制度」では，米国，英国，ニュージーランドの財務報告制度，IPSASが規定した財務諸表を検討した。その結果，米国，英国，ニュージーランドの地方政府等の財務報告制度における共通点は，まず第一に，財務諸表として最低限，連結貸借対照表，行政コスト計算書，キャッシュ・フロー計算書が公表されていることである。そして，第二に，独立の監査人による監査報告書が会計年度終了後4ヶ月から7ヶ月半の間に作成されていること，第三に財務諸表をわかりやすく説明する工夫がなされていることが挙げられる。また，財務報告の中に位置づけるか否かの差はあるが，業績評価のために有用な非財務情報が公表されている。さらに，公表すべき情報が詳細に規定されている結果，地方政府間で提供される情報の質と量に大きな差が生じる可能性は低いといえる。

わが国自治体において提供する財務情報が，目的適合性，信頼性，理解可能性，適時性，さらに，自治体間の比較可能性を具備するためには，現行会計制度の抜本的改革が必要である。まず，単式簿記による現金主義会計を改め，複式簿記と経済資源を測定の焦点とする発生主義会計を導入し，会計記録から有機的に貸借対照表，行政コスト計算書，キャッシュ・フロー計算書等の財務諸表を作成するとともに，会計監査人による財務諸表監査を導入すべきである。また，自治体の全体像を把握するためには，一般会計と特別会計をあわせた財務諸表を提供すべきだろう。さらに，業績を適切に評価するための非財務情報を財務情報とあわせて公表すべきである。くわえて，各自治体が公表する情報の量と質に著しい差が生じないように，また，一般の住民にわかりやすくするためにも公表すべき最低限の内容は詳細に規定されるべきであると考える。

第7章「行政評価制度」では，行政評価制度の先進的な事例として英国の政策評価制度と三重県の行政評価制度をとりあげ，わが国自治体の行政評価制度がより良く機能するための課題，および，課題克服のシナリオを考察した。

英国制度と三重県制度の比較を行った結果，両者の共通点として，①目標と

リンクした予算，および，裁量権の拡大，②戦略的かつ適切な目標値および指標の設定，③目標達成に向けてのインセンティブ，の3点を指摘し，これらが評価制度を機能させるために非常に重要であることを明らかにした。しかし，英国政策評価制度では発生主義会計・予算制度が政策評価制度の中に組み込まれ，限られた資源を効率的に活用するインセンティブが強く働くよう制度設計されているのにたいし，三重県を含むわが国自治体の行政評価制度にはそれがないことを明らかにした。つまり，わが国の自治体の行政評価制度では，発生主義会計情報を利用して，行政コストの経済性・効率性を追求することや減価償却費，退職給与引当金等を考慮にいれた長期的な資産・負債マネジメントを行っていないといえる。日常の管理に資する正確なコストを事務事業毎に把握しコスト削減のインセンティブを働かせるためには，いいかえれば，行政評価制度と発生主義会計をリンクさせるためには，総務省方式のように年に一度，決算統計を用いて発生主義会計に準拠した財務諸表を作成するのではなく，現行の単式簿記・現金主義会計に代えて，複式簿記・発生主義会計を導入するなど公会計制度の抜本的な改革が必要である。

3　今後の課題

　発生主義会計は，実体の財政状態，財務業績，キャッシュ・フローをありのまま映し出すツールであり，発生主義会計の導入が即，期待される便益を最大限もたらすとは限らない。既に明らかにしたように，発生主義会計導入による便益を十分に達成するためには，発生主義会計情報が多様な意思決定において利用される制度設計が不可欠である。

　わが国の多くの自治体において，総務省方式の決算統計を用いたバランスシートや行政コスト計算書の作成が他の自治体が導入しているからという理由で導入され，必ずしも有効に機能していないという現状を無視することはできない。効率的な行財政運営の実現のために発生主義会計情報を利用するためには，①予算の策定および議会での審議段階において，発生主義会計情報を参照する過程を組み込むこと，②行政活動のマネジメントに常に発生主義会計情報

を利用することが可能な制度を導入すること,および,③議会,内部管理者,外部利用者が発生主義会計情報について徹底した分析と議論を行えるよう財務報告の透明性と理解可能性を高めていくことが必要である。

特に,現行の自治体予算制度は,増分主義や予算を既得権とみなし費用の節約努力が不十分であること,事務事業ごとのトータルコストの把握と分析を行っていないこと,長期的な視点に欠け事業計画の全体像がわかりにくこと,費用対効果の分析が不十分なこと等の問題を有している[1]。これらを解決するためには,事務事業別の予算と発生主義会計による決算を結び付け,これを行政評価に反映させるとともに,評価結果を次年度の予算に適切にフィードバックできるよう予算制度を改革していく必要があるだろう。

また,自治体の全体としての活動を適切に評価するためには,普通会計だけではなく,地方公営事業や外郭団体等を含む連結財務諸表の作成と公表が必要であろう。とくに,膨大な不良資産と多額の累積債務を負っている土地開発公社や巨額の累積欠損金を計上し財政破綻の状態にある第三セクター等を抱える自治体の場合には,連結決算を行わない限り財政の全体像を正確に把握することは不可能であり,連結決算制度の導入は必要不可欠であるといえる[2]。

(注)
 (1) 隅田一豊『自治体行財政改革のための公会計入門』ぎょうせい,2001年,257頁。
 (2) 隅田一豊,前掲書,258頁。

参 考 文 献

I. 欧文参考文献

Accounting Standards Board (ASB), *Financial Reporting Standard (FRS) 11: Impairment of fixed assets and goodwill,* 1998.
―――― FRS3: Reporting financial performance, 1992.
―――― *Statement of Principles for Financial Reporting,* 1999.
―――― *FRS15: Tangible fixed assets,* 1999.
―――― *FRS17: Retirement benefit,* 2000.
Australian Accounting Research Foundation, *Australian Accounting Guidance 14: Recognition of Contributions to Local Goverrnments,* 1993.
Federal Accounting Standards Advisory Board (FASAB), *Statement of Federal Financial Accounting Standards* (SFFAS) *No.6: Accoounting for Property, Plant, and Equipment,* 1995.
―――― *SFFAS No.8: Supplementary Stewardship Reporting,* 1996.
―――― *SFFAS No.16: Amendments to Accounting for Property, Plant, and Equipment- Measurement and Reporting for Multi-Use Heritage Assets,* 1999.
Financial Accounting Standards Board (FASB), *Statement of Financial Accounting Concepts No.4: Objectives of Financial Reporting by Non business Organizations,* 1980.
―――― *Statement of Financial Accounting Concepts No.5: Recognition and Measurement in Financial Statements of Business Enterprises, 1984.*
―――― *Statement of Financial Accounting Concepts No.6: Elements of Financial Statements,* 1985.
―――― *Statement of Financial Accounting Standards* (SFAS) *No.87: Employers' Accounting for Pensions,* 1985.
―――― *EITF 88-1 : Determination of Vested Benefit Obligation for a Defined Benefit Pension Plan,* 1988.
―――― *SFAS No.116 : Accounting for Contributions Received and Contributions Made,* 1993.
Financial Reporting Standards Board (FRSB), *Financial Reporting Standard* (FRS) *No.2 : Presentation of Financial Reports,* 1994.
―――― *FRS No.3 : Accounting for Property, Plant and Equipment,* 2001.

Governmental Accounting Standards Board (GASB), *Discussion Memorandum, an analysis of issues related to Measurement Focus and Basis of Accounting - Governmental Fund*, 1985.
──────── *Concepts Statement No.1 : Objectives of Financial Reporting*, 1987.
──────── *Concepts Statement No.2 : Service Efforts and Accomplishments Reporting*, 1994.
──────── *Statement No.27: Accounting for Pensions by State and Local Government*, 1994.
──────── *Exposure Draft, Basic Financial Statements-and Management's Discussion and Analysis for State and Local Governments*, 1997.
──────── *Statement No.33: Accounting and Financial Reporting for Non exchange Transaction*, 1998.
──────── *Statement No.34 Basic Financial Statements and Management's Discussion and Analysis for State and Local Governments*, 1999.
──────── *Codification of Governmental Accounting and Financial Reporting Standards as of June 30, 2003.* 2003.
GASB and National Academy of Public Administration, *Report on Survey of State and Local Government Use and Reporting of Performance Measures-First Questionnaire Result*, 1997.
G4+1 Report, M.Westwood and A.mackenzie, *Accounting by Recipients for Non-Reciprocal Transfers, Excluding Contributions by Owners :Their Definition, Recognition and Measurement*, 1999.
International Accounting Standards Board (IASB), *IASB Activities : Liabilities and Revenue Recognition , Topic Summary* 2003/03/01, 2003.
International Accounting Standards Committee (IASC), *Framework for the Preparation and Presentation of Financial Statements*, 1989.
──────── International *Accounting Standards* (IAS) 7 : Cash Flow Statements, 1992.
──────── *IAS 18 : Revenue*, 1993.
──────── *IAS 20 : Accounting for Government Grants and Disclosure of Government Assistance*, 1994.
──────── *IAS 1: Presentation of Financial Statements*, 1997.
──────── *IAS 16 :*Property, Plant and Equipment, 1998.
──────── *IAS 19 :*Employee Benefits, 2000.
──────── *IAS 41 :Agriculture*, 2001.
International Federation of Accountants (IFAC), Public Sector Committee (PSC), *Occasional Paper 1: Implementing Accrual Accounting in Government: The New Zealand Experience*, 1994.

―――― *Occasional Paper 3: Perspective on Accrual Accounting,* 1996.
―――― *Study 9: Definition and Recognition of Revenues,* 1996.
―――― *Study11: Government Financial Reporting : Accounting Issues and Practices,* 2000,
―――― *Preface to International Public Sector Accounting Standards,* 2000.
―――― *International Public Sector Accounting Standard*（IPSAS）*1: Presentation of Financial Statements,* 2000,
―――― IPSAS 2 : Cash Flow Statement, 2000
―――― *IPSAS 9: Revenue from Exchange Transactions,* 2001.
―――― *IPSAS17: Property, Plant and Equipment,* 2001.
―――― *Study14:Transition to the Accrual Basis of Accounting: Guidance for Governments and Government Entities,* 2002.
―――― *The Modernization of Government Accounting in France: The Current Situation, the Issues, the Outlook,* 2003.
―――― *Invitation to Comment: Revenue from Non-Exchange Transactions （Including Taxes and Transfers）,* 2004.
Ken Wild, Brian Creghton, Deloite&Touche Technical department, *GAAP 2000 UK financial reporting and accounting,* 2000.
Organization for Economic Co-operation and Development（OECD）, *Occasional Papers on Public Management, Accounting for What? : The Value of Accrual Accounting to the Public Sector,* 1993.
―――― *Accrual Accounting and Budgeting Practice in Member Countories: Overview,* 2000.
Statement of Standard Accounting Practice（SSAP）4 : *Accounting for government grants,* 1974（amended 1992）.
The Chartered Institute of Public Finance and Accountancy（CIPFA）, *Code of Practice on Local Authority Accounting in the United Kingdom,* 2002.
The Council, New Zealand Society of Accountants, *Statement of Concepts for General Purpose Financial Reporting,* 1993.
Tony van Ziji, and Stephen Walker, *The New Zealand Convergence Handbook* , Institute of Chartered Accountants of New Zealand, 2001.
＜国・地方政府等＞
＜英国＞
Department for Education and Employment, *Service Delivery Agreement for the Department for Education and Employment 2001-02 to 2003-04,* 2000.

Department for Education and Employment, *Departmental Investment Strategy 2001-04*, 2000.

HM Government, *Better Accounting for the Taxpayer's Money :Resource Accounting and Budgeting in Government*, A Consultation Paper, 1994.

HM Treasury, *Public Service for the Future: Modernization, Reform, Accountability Comprehensive Spending Review: Public Service Agreements 1999-2002*, Cm4181, 1998.

HM Treasury, *The Government's Measures of Success, Output and Performance Analyses*, 1999.

HM Treasury, *Spending Review 2000:Public Service Agreements 2001-2004*, Cm4808, 2000.

HM Treasury, *Spending Review 2000: Service Delivery Agreements 2001-2004: A Guide to the Service Delivery Agreements*, Cm4915, 2000.

HM Treasury, *Prudent for a Purpose:Building Opportunity and Security For All, Spending Review 2000, New Public Spending Plans 2001-2004*, Cm4807, 2000.

HM Treasury, *Resource Budgeting and the 2000 Spending Review*, 2000.

HM Treasury, *Spending Review 2000: Investing in the Future, Departmental Investment Strategies:A Summary*, Cm4916, 2000.

HM Treasury, *Aspect of the 2000 Spending Review*, 2000.

HM Treasury, *Managing Resources:Full Implementation of Resource Accounting and Budgeting*, 2001.

HM Treaury, *Resource Accounting Manual*, 2001.

HM Treasury, *Managing Resources: Analysing resource accounts: user's guide*, 2001.

HM Treasury, Cabinet Office, National Audit Office, Audit Commission, Office For National Statistics, *Choosing the right FABRIC, A Framework for Performance Information*, 2001.

London Borough of Camden, *Statement of Accounts 2002-2003*, 2003.

London Borough of Newham, *Statement of Accounts for the Year ended 31st March 2003*, 2003.

＜米国＞

City and County of San Francisco, California, *Comprehensive Annual Financial Report for the Year Ended June 30, 2003*, 2003.

City of Los Angeles California, *Comprehensive Annual Financial Report for the Fiscal Year Ended June 30, 2003*, 2003.

City of Portland, Oregon, *Comprehensive Annual Financial Report for the Year Ended*

June 30, 2003, 2003.
Government Performance and Results Act, 1993.
The City of New York, *Comprehensive Annual Financial Report of the Comptroller for the Fiscal Year Ended June 30,* 2003.
United States Government, *Financial Reporting of the United States Government 1997.*
United States Government, *Financial Reporting of the United States Government 1998.*
＜ニュージーランド＞
Porirua City Council, *Porirua City Council Annual Report 2002/03,* 2003.
NZ Treasury, *Treasury Instructions 2002,* 2002.
Wellington City Council, *Wellington City Council Annual Report 2002/03,* 2003.

Ⅱ．邦文参考文献
朝日新聞，2002年10月14日湘南版。
東　信男「NPMにおける会計検査院の役割―その国際的動向」『会計検査研究』第26号，257-279頁，2002年。
阿部斉・新藤宗幸『概説日本の地方自治』東京大学出版会，1997年。
新井清光「取得原価主義会計の再検討」『會計』第103巻第1号，15-36頁，1973年。
────『企業会計原則論』森山書店，1985年。
────「資産再評価をめぐる諸問題」『税経通信』1993年4月。
飯野利夫『財務会計論』同文舘出版，1982年。
飯野利夫・矢澤富太郎『現代会計理論と会計実践』税務経理協会，1996年。
石原俊彦「三重県における企業会計方式の導入―行政システムの改革と発生主義―」『JICPAジャーナル』第515号，27-35頁，1998年。
────『地方自治体の事業評価と発生主義会計』中央経済社，1999年。
────「地方自治体における行政評価システムの導入」『JICPAジャーナル』第538号，12-17頁，2000年。
井上良二『制度会計の論点』税務経理協会，2000年。
今福愛志『年金の会計学』新世社，2000年。
────「退職給付会計と現在価値」『企業会計』第52巻第8号，31-37頁，2000年。
今福愛志・田中建二「資産と負債の会計学の考え方と捉え方」『企業会計』第53巻第4号，121-128頁，2001年。
今福愛志・田中建二「経営者の意図と企業活動の展開」『企業会計』第53巻第10号，112-117頁，2001年。
岩崎　勇「英国における収益認識規準の展開」『企業会計』第55巻第11号，43-50頁，2003年。

上山信一『行政評価の時代』NTT出版，1988年。
大久保寛司『経営の質を高める8つの基準，日本経営品質賞のねらい』かんき出版，1997年。
大住荘四郎「New Public Management の展望と課題」『神戸大学経済学研究』年報第44号，33-81頁，1997年。
─────『ニュー・パブリック・マネジメント─理論・ビジョン・戦略─』日本評論社，1999年。
大日方隆「原価評価─実現基準の本質と時価評価の根拠」横浜国立大学経営学部ワーキング・ペーパーシリーズ第119号，1996年。
─────「利益の概念と情報価値─純利益と包括利益」『会計基準の基礎概念』(斎藤静樹編著)，中央経済社，375-417頁，2002年。
加古宜士『財務会計概論』中央経済社，1994年。
加古宜士他「座談会：国際会計基準公開草案第32号をめぐって」『JICPAジャーナル』第409号，1989年。
鹿児島重治『要説地方公務員制度』学陽書房，2000年。
加藤恭彦編著『EUにおける会計・監査制度の調和化』中央経済社，1998年。
兼村高文「分権時代の財務会計システム─公会計を中心に─」『地方財務』第508号，57-72頁，1996年。
─────「イギリス政府の資源予算・会計の導入をめぐって(上・下)」『地方財務』第524号，95-104頁，第525号，198-206頁，1998年。
─────「自治体財政と発生主義会計」『都市問題』第92巻第1号，41-51頁，2001年。
河野　保「退職金費用の期間配分法(提要)」『會計』第152巻第4号，50-61頁，1997年。
企業会計審議会「退職給付に係る会計基準の設定に関する意見書」1998年。
─────「退職給付に係る会計基準」1998年。
─────「固定資産の減損に係る会計基準の設定に関する意見書」2002年。
─────「企業会計原則と会計諸法令との調整に関する連続意見書第三」1960年。
(財)企業財務制度研究会『減損会計をめぐる論点』1998年。
岸　道雄「海外4ヶ国の公的セクター改革と日本への視点」『FRI(富士通総研)Review』第2巻第1号，1998年。
木下照嶽・野村健太郎・黒川保美『政府/非営利組織の経営・管理会計』創成社，2000年。
木原俊夫『退職給付会計入門』中央経済社，2000年。
郡司　健『現代会計の基礎』中央経済社，1989年。

減損会計研究委員会『減損会計をめぐる論点』企業財務制度研究会，1998年。
公認会計士協会公会計特別委員会「我が国と諸外国の公会計制度の国際比較について」『JICPAジャーナル』第437号，109-116頁，1991年。
公認会計士協会公会計特別委員会「地方公共団体の決算書類の内容を充実するための提案の討議資料（中間報告）」『JICPAジャーナル』第477号，117-125頁，1995年。
神戸都市問題研究所編『自治体公会計の理論と実践』勁草書房，1985年。
国際会計基準審議会『国際会計基準書2001』同文舘出版，2001年。
斎藤静樹『企業会計における資産評価基準』第一法規出版，1994年。
────『財務会計』有斐閣，1999年。
────「資産・負債の評価基準─金融商品を中心に」『企業会計』第51巻第1号，170-176頁，1999年。
斎藤静樹他「座談会：固定資産の会計処理に関する論点の整理について」『企業会計』第52巻第9号，68-86頁，2000年。
斎藤静樹他「座談会：業績報告をめぐるIASBの活動とその論点について」『JICPAジャーナル』第572号，33-45頁，2003年。
財務会計基準機構『収益認識に関する調査』（財）財務会計基準機構，2003年。
桜井久勝『テキスト国際会計基準』白桃書房，2001年。
柴　健次「金融負債の現在価値」『企業会計』第52巻第8号，38-47頁，2000年。
島田春雄・三菱総合研究所『行政評価』東洋経済新報社，1999年。
社会経済性本部『2004年度版日本経営品質賞とは何か』生産性出版，2004年。
白川一郎・富士通総研経済研究所『行政改革をどう進めるか』日本放送出版協会，1998年。
白鳥栄一「全面・部分時価評価方法の検討」『企業会計』第49巻第13号，25-32頁，1997年。
神野直彦・池上岳彦『地方交付税何が問題か』東洋経済新報社，2003年。
鈴木豊・杉山学『非営利組織体の会計』中央経済社，2002年。
隅田一豊「地方自治体における会計責任概念の拡充とSEA報告─民主的にして能率的な行政の確保をめざして」『横浜経営研究』第15巻第3号，28-46頁，1994年。
────「地方自治体における業績測定と報告」『横浜経営研究』第16巻第1号，28-37頁，1995年。
────『住民自治とアカウンタビリティ』税務経理協会，1998年。
────「地方行政改革の推進と総合管理システムの確立─民主的・能率的な行政の確立をめざして」『横浜経営研究』第21巻第1・2号，85-97頁，2000年。
────「行政組織にマネジメント手法を導入する現代的意義」『JICPAジャーナル』

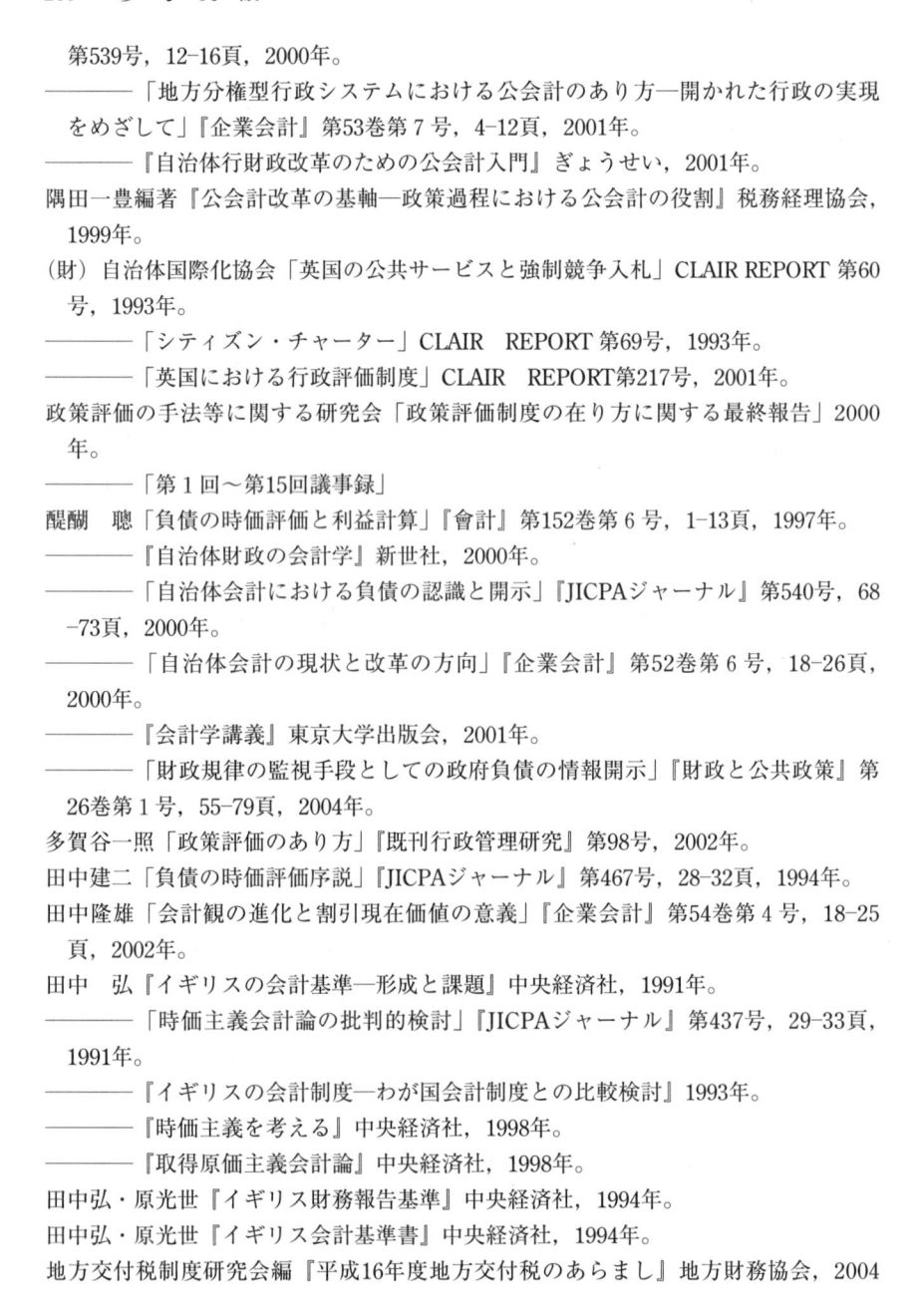

第539号，12-16頁，2000年。
─────「地方分権型行政システムにおける公会計のあり方─開かれた行政の実現をめざして」『企業会計』第53巻第7号，4-12頁，2001年。
─────『自治体行財政改革のための公会計入門』ぎょうせい，2001年。
隅田一豊編著『公会計改革の基軸─政策過程における公会計の役割』税務経理協会，1999年。
(財) 自治体国際化協会「英国の公共サービスと強制競争入札」CLAIR REPORT 第60号，1993年。
─────「シティズン・チャーター」CLAIR REPORT 第69号，1993年。
─────「英国における行政評価制度」CLAIR REPORT第217号，2001年。
政策評価の手法等に関する研究会「政策評価制度の在り方に関する最終報告」2000年。
─────「第1回～第15回議事録」
醍醐　聰「負債の時価評価と利益計算」『會計』第152巻第6号，1-13頁，1997年。
─────『自治体財政の会計学』新世社，2000年。
─────「自治体会計における負債の認識と開示」『JICPAジャーナル』第540号，68-73頁，2000年。
─────「自治体会計の現状と改革の方向」『企業会計』第52巻第6号，18-26頁，2000年。
─────『会計学講義』東京大学出版会，2001年。
─────「財政規律の監視手段としての政府負債の情報開示」『財政と公共政策』第26巻第1号，55-79頁，2004年。
多賀谷一照「政策評価のあり方」『既刊行政管理研究』第98号，2002年。
田中建二「負債の時価評価序説」『JICPAジャーナル』第467号，28-32頁，1994年。
田中隆雄「会計観の進化と割引現在価値の意義」『企業会計』第54巻第4号，18-25頁，2002年。
田中　弘『イギリスの会計基準─形成と課題』中央経済社，1991年。
─────「時価主義会計論の批判的検討」『JICPAジャーナル』第437号，29-33頁，1991年。
─────『イギリスの会計制度─わが国会計制度との比較検討』1993年。
─────『時価主義を考える』中央経済社，1998年。
─────『取得原価主義会計論』中央経済社，1998年。
田中弘・原光世『イギリス財務報告基準』中央経済社，1994年。
田中弘・原光世『イギリス会計基準書』中央経済社，1994年。
地方交付税制度研究会編『平成16年度地方交付税のあらまし』地方財務協会，2004

年。
地方公務員年金制度研究会編集『地方公務員共済年金制度の解説』ぎょうせい，1944年。
中央青山監査法人研究センター『収益の認識　グローバル時代の理論と実務』白桃書房，2004年。
辻山栄子「時価会計をめぐる2つの潮流」『武蔵大学論集』第47巻第3・4号，623-647頁，2000年。
―――「固定資産の評価」『企業会計』第53巻第1号，31-39頁，2001年。
―――「事業用資産の評価―再評価と不動産投資」『会計基準の基礎概念』(斎藤静樹編著)，中央経済社，349-374頁，2002年。
辻山栄子他「座談会：固定資産の減損に係る会計基準の設定に関する意見書をめぐって」『JICPAジャーナル』第568号，11-24頁，2002年。
津守常弘「FASB基礎的概念構造プロジェクトの到達点と問題点」『企業会計』第37巻第11号，4-12頁，1985年。
―――『FASB財務会計の概念フレームワーク』中央経済社，1997年。
―――『会計基準形成の論理』森山書店，2002年。
―――「収益認識をめぐる問題点とその考え方」『企業会計』第55巻第11号，18-25頁，2003年。
徳賀芳弘「退職給付会計の光と影―その理論的帰結と経済的帰結について―」『税経通信』第56巻第1号，65-71頁，2001年。
―――「退職給付会計と利益概念」『會計』第159巻第3号，14-26頁，2001年。
―――「資産負債中心観における収益認識」『企業会計』第55巻第11号，35-42頁，2003年。
中嶋年規「行政を変え，地域を変える可能性を秘めた評価システム―三重県事務事業評価システムの現状と課題―」『JICPAジャーナル』第538号，18-23頁，2000年。
中野　誠「企業年金会計におけるABO対PBOの実証研究」『企業会計』第52巻第5号，101-110頁，2000年。
中村　忠『新版財務諸表論セミナー』白桃書房，1987年。
―――『新版財務会計論』白桃書房，1997年。
中村忠監修『最新会計諸則の学び方』税務経理協会，2001年。
鳴海正泰『現代日本の地方自治と地方財政』公人社，1994年。
西　浩明「最近の英国における時価主義会計の論議」『JICPAジャーナル』第459号，68-69頁，1993年。
日本監査研究学会『EUにおける会計・監査制度の調和化』中央経済社，1998年。
日本経済新聞，2003年2月17日。

日本公認会計士協会「特集：国際会計基準公開草案第32号「財務諸表の比較可能性」をめぐって」『JICPAジャーナル』第409号，13-26頁，1989年。

日本公認会計士協会近畿会社会公会計委員会「近畿圏における行政評価システム導入とBS・行政コスト計算書に関する現状分析（中間報告）」2003年。

濱本道正「利益情報の役割と資産評価」『企業会計』第48巻第9号，113-118頁，1996年。

林　宜嗣『地方分権の経済学』日本評論社，1995年。

――――「日本経済―地方の課題②」日本経済新聞，2002年2月11日。

原　光世「イギリスにおける会計基準の設定主体」『JICPAジャーナル』第437号，24-28頁，1991年。

――――「イギリスにおける固定資産再評価をめぐって」『JICPAジャーナル』第453号，53-57頁，1993年。

――――「取得原価主義会計の立脚基盤」『企業会計』第48巻第11号，84-89頁，1996年。

肥後雅博・中川裕希子「地方単独事業と地方交付税制度が抱える諸問題―地方交付税を用いた地方自治体への財政支援策の効果と弊害―」『日本銀行調査統計局 Working Paper』第1巻第9号，1-35頁，2001年。

広瀬義州・平松一夫『FASB財務会計の諸概念』中央経済社，1990年。

広瀬義州「取得原価主義会計のフレームワーク」『取得原価主義会計論』（田中弘編著）中央経済社，19-33頁，1998年。

――――『財務会計第4版』中央経済社，2003年。

藤井秀樹『公会計の概念フレームワーク』中央経済社，2003年。

不破貞春『時価評価論』同文舘出版，1979年。

松本敏史「わが国の退職給付会計統合の視点」『會計』第148巻第5号，48-63頁，1995年。

――――「収益費用中心観における収益認識」『企業会計』第55巻第11号，26-34頁，2003年。

宮川公男「アメリカ連邦政府の行政改革―GPRAを中心にして―」『経済経営研究』第20巻第1号，1999年。

宮川昭義「退職給付会計の体系的概念と会計処理の整合性」『北海道大学経済学研究』第52巻第3号，111-123頁，2002年。

宮本幸平「自治体インフラの償却における更新会計の適用」『會計』第161巻第6号，106-117頁，2002年。

村山徳五郎他「IASC代表団に聞く会計基準の国際的調和の動向」『JICPAジャーナル』第438号，15-21頁，1992年。

森川八洲男「原価主義会計の展開方向―英米の基準書を手がかりにして―」『JICPAジャーナル』第480号, 53-59頁, 1995年。
森田哲彌「原価主義会計と時価評価」『企業会計』第44巻第11号, 73-80頁, 1992年。
守屋俊晴「退職給付会計と実務上の諸問題」『企業会計』第52巻第4号, 121-127頁, 2000年。
山口　修「退職給付会計における割引評価」『企業会計』第54巻第4号, 26-31頁, 2002年。
山本　清「政府部門における固定資産会計の国際的動向と展望」『會計』第152巻第5号, 108-119頁, 1997年。
――――『政府会計の改革』中央経済社, 2001年。
――――「自治体における企業会計的手法の有用性と課題」『地方自治研究』第17巻第1号, 3-11頁, 2002年。
山田辰巳「退職給付会計基準」『企業会計』第52巻第4号, 86-93頁, 2000年。
吉田　寛『地方自治と会計責任』税務経理協会, 1980年。
――――「資産評価と決算」『企業会計』第44巻第10号, 62-70頁, 1992年。
吉田寛・原田富士雄編『公会計の基本問題』森山書店, 1989年。
若杉　明『精説財務諸表論』中央経済社, 1996年。
――――『会計学原理』税務経理協会, 2000年。
和田八束・野呂昭朗・星野泉・青木宗明『現代の地方財政』有斐閣ブックス, 2000年。

<国, 自治体等>
<国>
閣議決定「経済財政運営と構造改革に関する基本方針2003」2003年。
――――「経済財政運営と構造改革の基本方針2004」2004年。
――――「政策評価に関する基本方針」2001年。
「行政機関が行う政策の評価に関する法律」2001年。
行政改革会議（会長：橋本総理大臣）「最終報告」1997年。
経済財政諮問会議「今後の経済財政運営及び経済社会の構造改革に関する基本方針」, 2001年。
――――「平成14年度予算編成の基本方針」, 2001年。
自治省「地方公共団体の総合的な財政分析に関する調査研究会報告書」2000年。
総務省（自治省）「地方公共団体の総合的な財政分析に関する調査研究会報告書」2000年。
――――「地方公共団体の総合的な財政分析に関する調査研究会報告書」2001年。
――――「平成13年度土地開発公社事業実績調査結果」2002年。

————「地方公共団体のバランスシート等の作成状況」2002年。
————「平成14年度土地開発公社事業実績調査結果」2003年。
————「平成16年度地方財政対策の概要」2003年。
————「地方公共団体のバランスシート等の作成状況：調査日平成16年3月31日」，2004年。
————「平成16年版地方財政白書の概要」2004年。
————「平成16年度地方財政計画の概要」2004年。
総務省自治行政局行政体制整備室「地方公共団体に行政評価を円滑に導入するための進め方」2000年。
————「行政評価導入上の悩みと解決策」2001年。
————「行政評価指標設定の課題と考え方」2002年。
————「地方公共団体における行政評価の導入の実態と今後の展開について」2003年。

＜自治体＞
臼杵市，「臼杵市貸借対照表（平成13年度）」
————「ばらんすのおとNo.4：住民自治の資料としてのバランスシート」
佐賀県「佐賀県の財政状況（平成14年度下半期）」2003年。
東京都「機能するバランスシート—東京都の経営を改革する冷徹な用具—」2001年。
————「東京都の機能するバランスシート平成13年度決算速報版」2003年。
————「東京都の会計制度改革の基本的考え方と今後の方向」2003年。
三重県「県有建築物の望ましい姿」2000年。
————「政策推進システムの基本的な考え方」2002年。
————『「みえ行政経営体系」による県政運営（トータルマネジメントシステムの検討　結果』，2004年。
————「平成16年度県政運営方針」2004年。
————「戦略計画」2004年。
————「三重県総合計画・県民しあわせプラン」，2004年。
————「県民しあわせプラン・概要版」2004年。
————「平成16年度県政運営方針」2004年。
————「平成10年度行政システム改革の主な取組成果（平成10年度から平成15年度）」2004年。
————「みえ政策評価システムとは？」
www.pref.mie.jp/gyosei/plan/hyouka/system/p01.htm
————「三重県における行政経営品質向上活動の進め方」
www.pref.mie.jp/gyosei/gyosei/guide/keihin/susumekata.htm

――――「平成10年度継続事務事業目的評価表」
三重県監査委員会「平成14年度行政監査（評価）結果報告書」2002年。
三重県財政問題検討会「財政問題検討会報告：危機的な財政の健全化に向けて」
　2004年。
三重県総務局行政システム改革チーム「三重県の行政経営品質向上活動の取組」
　2003年。
武蔵野市「武蔵野市職員の退職手当に関する条例（2002年改正）」2002年。
――――「武蔵野市のバランスシート2002（平成13年度版）」2002年。
――――「武蔵野市のバランスシート2003（平成14年度版）」2003年。
横浜市「横浜市の財政状況平成14年度版」2002年。
――――「平成16年度予算案について」2004年。

索　引

あ行

アウトカム ……………………22, 134, 190
アウトプット …………………22, 133, 178, 190
アカウンタビリティ ………………2, 7, 23
アセスメント基準 …………………………223
IAS 第 1 号 …………………………………182
──第 7 号 ……………………………182
──第 16 号 ……………………………56
──第 18 号 ……………………………130
──第 19 号 ……………………………93
──第 20 号 ……………………………121, 130
──第 41 号 ……………………………130
IAS「財務諸表の作成及び表示に関する
　フレームワーク」……53, 81, 115, 126,
　　　　　　　　　　　　130, 189
IFAC 研究報告書第 11 号 ………………20
──────第 14 号 ………………23
IFAC 事例報告書第 3 号 …………………20
IFAC の ITC『非交換取引による収益』
　………………………………………117
IPSAS 序文 …………………………………81
──第 1 号 ……………………81, 182, 191
──第 2 号 ……………………………182
──第 9 号 ……………………………117, 130
──第 17 号 …………………………52

一時拘束純資産 …………………………146
一般会計 ……………………………………9
一般財源等 ………………………………154
一般目的財務報告概念書 ……55, 81, 120
インフラ資産 …………50-52, 57, 60, 67
臼杵市 ………………………………………97
運営歴史的遺産 …………………………50
永久拘束純資産 …………………………146
エージェンシー …………………………204
SFAC 第 4 号 ……………………………8
──第 5 号 ……………………………80, 130
──第 6 号 ……………………………59, 80, 146
SFAS 第 87 号 ……………………………93
──第 116 号 …………………………59
SSAP 第 4 号 ……………………………122
FRS（英）第 3 号 …………………………54
──第 15 号 ……………………………47
──第 17 号 ……………………………93
FRS（ニュージーランド）第 2 号……177
──────────第 3 号　48, 121
OECD 報告書 ……………………………28

か行

各省庁歳出上限（Departmental
　Expenditure Limits, DEL）…………206
確定給付債務 ……………………………100
課税可能事象 ……………………………119
過疎対策事業債 …………………………84
合併特例債 ………………………………84
カレント価値 ……………………………47
監査委員会…………………………………205

基準財政収入額 …………………87-89
基準財政需要額 ………………83, 87-89
キャッシュ・フロー計算書 174, 182, 186
キャピタル・チャージ……28, 30, 35, 208
行政管理者の検討と分析 …164, 168, 189
強制競争入札制度 ……………………205
行政コスト計算書……………………11, 187
強制的法の請求権 ……………………114
行政評価制度 …………………………2, 215

偶発事象の要件 ………………………115
繰延収益 …………………121, 122, 126

経営品質向上活動 …………223, 226, 230
経済性 ……………………21, 133, 204
経常収支比率 ……………………………4
決算統計 ………………………………153
決算報告書 ……………………………171
決算報告書に対する責任報告書 ……171
決算要領の公表 ………………………163
減価償却 ………………………………131
現金主義会計 …………………10, 20-22
減税補てん債 …………………………83

公営企業会計 ……………………………9
交換取引 …………………………113, 117
公債費負担比率 …………………………4
公正価値…………………………………48
拘束純資産 ……………………144, 166
拘束ファンド …………………………151, 181
公的サービス協定（PSA）……………199
交付税措置……………………83, 86, 92
効率性……………………………21, 133, 204
国防有形固定資産………………………51
5条債 ……………………………………83

コスト情報……………………………25, 133
国庫支出金 ……………………………153
固定資産再評価積立金 …………149, 174
コミュニティ資産………………………50

さ行

財源対策債……………………………………84
歳出計画 ………………………………206
歳出見直し ……………………………199
財政状況の公表 ………………………163
財政状態報告書 ……………179, 182, 186
財政のあらまし ………………………163
歳入歳出決算書………………………………10
再評価積立金 …………………………151, 181
財務業績…………………………………26
財務業績報告書 ……………179, 182, 186
財務区分 ………………………………164
財務諸表監査 …………………………188
財務負担行為……………………………79
財務報告の諸原則………………………82
裁量権の拡大 …………………………225
サービス業績報告書 …………………178
サービス提供協定（SDA）……………200
サービス提供努力と成果（SEA）…8, 191
三位一体改革……………………………90

時間要件 ………………………115, 120, 125
資源会計マニュアル……………………47
資源会計・予算（Resource Accounting and Budgeting, RAB）…………30, 208
資産・負債アプローチ ……118, 128, 130
自発的非交換取引 ………………113, 123
資本資金調達積立金 ……………149, 174
資本的資産への純投資 …………144, 166
市民憲章 ………………………………205

索引 269

事務事業評価 …………………………215
収益・費用アプローチ ………………130
収益費用対応の原則 ………121, 126, 129
修繕積立金 ……………………………149
住民・行政責任累積 …………………156
取得原価主義会計 ………………………61
純資産／持分変動報告書 ……………182
省庁投資戦略（Departmental Investment
　　Strategy, DIS）……………………209
情報セットアプローチ…………………54
正味財産 ………………………………156
正味資産 ………………………………153
使用目的の拘束 ……………115, 116, 120
序論区分 ………………………………164
G4＋1報告書 …………………115, 123
GASB概念報告書第1号……………7, 190
─────第2号…………………8, 191
GASB基準書第27号……………………93
───基準書第33号 ……………113, 123
───基準書第34号 ……59, 82, 144, 189
GASB公開草案 …………………………60
GASB「討議資料」……………………32

出納整理期間……………………10, 136
スチュワードシップ有形固定資産……51

政策評価制度…………………31, 197, 198
政府強制非交換取引 ……………113, 123
政府全体活動報告書 …………………168
政府全体純資産報告書 ………………166
政府補助金 ……………………………121
世代間の負担の衡平性 ………26, 58, 133
説明序文 ………………………………171

総合計画 ………………………………216

総務省方式……………………85, 96, 97, 153
測定単位…………………………………87
率先実行取組 …………………………220

た行

退職給付会計基準………………………94
退職給与引当金 ……………95-99, 134
単位費用…………………………………87
単式簿記…………………………………10

地域総合整備事業債……………………84
地方債 …………………………………4, 83
地方財政計画……………………………91
地方政府会計コード……47, 122, 149, 171
地方分権一括法 …………………………5
地方分権推進法 …………………………5

適格要件 ………………………115, 123, 124
適切な目標値 …………………………226
伝統的アプローチ ………………126, 128

東京都 …………………………………156
統計区分 ………………………………164
特別会計 …………………………………9
特例債……………………………………83
都道府県支出金 ………………………153

な行

内部財務管理システム報告書 ………171

日本経営品質賞 ………………………223
ニュージーランドconvergenceハンドブ
　　ック …………………………………121
ニュー・パブリック・マネジメント
　　（NPM）……………………………45, 198

270

年次管理歳出（Annually Managed Expenditure, AME）……………206
年次報告書 ……………………182

は行

派生税収益取引 ………………113, 123
発生主義会計 ……………23-36, 228, 232
発生主義予算 ………………31, 36

非運営歴史的遺産………………50
非交換取引 ………………112, 123, 154
非拘束純資産 ……………144, 146, 166
非財務諸表 ……………………178
PFI………………………………205

ファンド累計残高・留保利益 …151, 181
賦課非交換収益取引 ……………113, 123
複式簿記………………………11
複数年度予算制度 ……………207
付帯条件 ……………116, 120, 124
普通会計 ………………………9
普通交付税額……………………87
VFM監査………………………204
VFMターゲット………………199

辺地対策事業債…………………84

包括的年次財務報告書 …………164
補助金 …………………………125
補正係数 ………………………87
補足スチュワードシップ報告書………51

ま行

三重県 …………………………215

武蔵野市 ……………………96-98

目標とリンクした予算 …………225
持分変動報告書 ………………179

や行

有形固定資産の再評価…………47, 52, 61
有効性……………………21, 133, 204

予算・歳出管理制度 ………205, 211
予算要領の公表 ………………163
予測給付債務 …………………100

ら行

利用可能資本収入積立金 ………149, 174
臨時財政対策債 ………………83, 91

累積給付債務 …………………100

歴史的遺産………………49, 57, 66
連結経常収支計算書 ……………172
連結貸借対照表 ………………174
連邦会計基準諮問審議会（FASAB）…48

わ行

割引率……………………………99

初 出 一 覧

第1章：「わが国地方公共団体への発生主義会計導入の意義」『横浜国際社会科学研究』第8巻第5号，2004年1月，25-38頁。
第2章：「地方公共団体の固定資産会計に関する一考察─諸外国等の会計基準の比較検討を中心に─」『横浜国際社会科学研究』第8巻第3号，2003年9月，27-45頁。
第3章：「わが国地方公共団体の負債会計─地方債および退職給与引当金の取り扱いについて─」『横浜国際社会科学研究』第9巻第2号，2004年8月，13-31頁。
第4章：「わが国地方公共団体の収益・費用会計に関する一考察」『情報研究』第34号，2006年1月，53-72頁。
第6章：「わが国地方自治体の情報開示制度に関する一考察」『公会計研究』第6巻第1号，2004年12月，25-35頁に増補を行っている。
第7章：「中央政府の政策評価制度に関する一考察─英国政府の政策評価制度を中心に─」『横浜経営研究』第23巻第2・3号，2002年12月，11-31頁，および，「わが国地方公共団体の行政評価制度に関する一考察─英国中央政府と三重県行政評価制度の比較研究─」『横浜経営研究』第26巻第1号，2005年6月，133-161頁。

著者紹介

石田　晴美（いしだ・はるみ）
1985年　明治大学法学部卒業。
1988年　公認会計士第二次試験合格。
1992年　公認会計士第三次試験合格。
1999年　横浜国立大学大学院国際社会科学研究科入学。
2005年　同大学院にて博士（経営学）取得。
2005年　文教大学情報学部専任講師となり現在に至る。

ちほうじちたいかいけいかいかくろん
地方自治体会計改革論

2006年7月10日　初版第1刷発行

著書　ⓒ石　田　晴　美
発行者　菅　田　直　文
発行所　有限会社　森山書店　東京都千代田区神田錦町
　　　　　　　　　　　　　1―10林ビル（〒101-0054）
TEL 03-3293-7061 FAX 03-3293-7063　振替口座 00180-9-32919

落丁・乱丁本はお取りかえします　　印刷／製本・シナノ
本書の内容の一部あるいは全部を無断で複写複製する
ことは、著作権および出版社の権利の侵害となります
ので、その場合は予め小社あて許諾を求めてください。

ISBN 4―8394―2035―1